高校入試実戦シリーズ

実力判定テスト10 改訂版

国語

偏差値65

※解答用紙はプリントアウトしてご利用いただけます。弊社HPの商品詳細ページよりダウンロードしてください。

目次

この問題集の特色と使い方

☆本書の特長

本書は、実際の入試に役立つ実戦力を身につけるための問題集です。いわゆる〝難関校〟の、近年の入学試験で実際に出題された問題を精査、分類、厳選し、全10回のテスト形式に編集しました。さらに、入試難易度によって、準難関校・難関校・最難関校と分類し、それぞれのレベルに応じて、『偏差値60』・『偏差値65』・『偏差値70』の3種類の問題集を用意しています。

この問題集は、問題編と解答・解説編からなり、第1回から第10回まで、回を重ねるごとに徐々に難しくなるような構成となっています。出題内容は、特におさえておきたい基本的な事柄や、近年の傾向として慣れておきたい出題形式・内容などに注目し、実戦力の向上につながるものにポイントを絞って選びました。さまざまな種類の問題に取り組むことによって、実際の高校入試の出題傾向に慣れてください。そして、繰り返し問題を解くことによって学力を定着させましょう。

解答・解説は全問に及んでいます。誤答した問題はもちろんのこと、それ以外の問題の解答・解説も確認することで、出題者の意図や入試の傾向を把握することができます。自分の苦手分野や知識が不足している分野を見つけ、それらを克服し、強化していきましょう。

実際の試験のつもりで取り組み、これからの学習の方向性を探るための目安として、あるいは高校入試のための学習の総仕上げとして活用してください。

☆問題集の使い方の例

①指定時間内に、問題を解く

時間を計り、各回に示されている試験時間内で問題を解いてみましょう。

②解答ページを見て、自己採点する

1回分を解き終えたら、本書後半の解答ページを見て、自分自身で採点をしましょう。

正解した問題は、問題ページの□欄に✓を入れましょう（自信がなかったものの正解できた問題には△を書き入れるなどして、区別してもよいでしょう）。

配点表を見て、合計点を算出し、記入しましょう。

③解説を読む

特に正解できなかった問題は、理解できるまで解説をよく読みましょう。

正解した問題でも、より確実な、あるいは効率的な解答の導き方があるかもしれませんので、解説には目を通しましょう。うろ覚えだったり知らなかったりした事柄は、ノートにまとめて、しっかり身につけましょう。

④復習する

問題ページの□欄に✓がつかなかった問題を解き直し、全ての□欄に✓が入るまで繰り返しましょう。

第10回まで全て終えたら、後日改めて第1回から全問解き直してみるのもよいでしょう。

☆問題を解くときのアドバイス

◎試験問題を解き始める前に全問をざっと確認し、指定時間内で解くための時間配分を考えることが大切です。一つの問題に長時間とらわれすぎないようにしましょう。

◎かならずしも大問1から順に解く必要はありません。見慣れた形式の問題や得意分野の問題から解くなど、自分なりの工夫をしましょう。

◎問題文を丁寧に読みましょう。「適切でないものを選びなさい」「全て書きなさい」など、重要な部分は線を引いたり○で囲んだりして、確認しましょう。

◎記述問題では、問われていることを過不足なく書くことが重要です。別の言葉で言い換えたり、短くまとめて書かれてある部分を使ったりして、字数以内（あるいは解答欄）に収まるようにまとめましょう。

◎時間が余ったら、必ず見直しをしましょう。

☆各問題形式のアドバイス

◎論説文では、筆者が意見をわかりやすく伝えるために具体例を挙げたり、対比をさせたりしながら、順序立てて説明をしています。具体例については、何を説明するための例なのか、対比においては共通点や相違点から伝えたい内容を読み取りましょう。

◎特定の語句を何度も用いたり、言い換え・比喩・具体例などが形を変えて出てきたりして、筆者の言いたいことが繰り返し述べられていることがあります。そういった箇所に線を引きながら、的確に読み進めましょう。

◎小説や随筆では、行動・表情・会話などの表現を手掛かりにして、場面の様子や登場人物の人物像・心情を正確に読み取ることが重要です。また、会話文だけでなく、地の文が登場人物の誰の目線を通した文になっているのかに着眼しましょう。

◎古文では、主語が省略されていることが多くあります。誰の動作か、誰を指しているのか、話の流れをしっかりとつかむことが重要です。

◎古文は、和歌の表現技法なども含めて知識を充実させましょう。古語の意味を知らないと答えにくい問題が出題されることもあるので、ふだんから意識して古語を覚えていくのと同時に、前後の文脈から推測する練習もしておきましょう。基本的な文法の知識を把握しておくことも、内容理解の助けになります。

◎知識問題は確実に得点しておきたいところです。読解問題の解答時間を確保するためにも、ふだんから意識して漢字・語句・文法・文学史などの国語の知識を身につけておきましょう。

☆過去問題集への取り組み

ひととおり学習が進んだら、志望校の過去問題集に取り組みましょう。国立・私立高校は、学校ごとに問題も出題傾向も異なります。また、公立高校においても、都道府県ごとの問題にそれぞれ特色があります。自分が受ける高校の入試問題を研究し、対策を練ることが重要です。

一方で、これらの学習は、高校入学後の学習の基にもなりますので、入試が終われば必要ないというものではありません。そのことも忘れずに、取り組んでください。

頑張りましょう！

65 第1回

出題の分類

一 論説文　二 小説
三 古文　四 知識問題

※特別な指示がない限り、句読点や記号も一字とする。

▼解答・解説は P.158

時間：50分
目標点数：80点

1回目	／100
2回目	／100
3回目	／100

一　次の文章を読んで、あとの各問いに答えなさい。

正義の味方を㋐自ショウする中年男がバスの席に座っていたところ、一人の若者がシルバーシートに腰掛けた。中年男はちょっと気に入らなかったが、まだ黙っていた。ある停留所で老人が乗り込んできてその若者の前に立った。正義の実践を㋑信ジョウとしている男は、むらむらと「正義」の怒りがこみ上げ、若者に「なぜ老人に席を譲らないのか」と怒鳴りつけたのである。バツ悪そうにうつむきながら若者は立ち上がり、席を譲った。男は自分の正義が勝利したと喜び「正義は必ず勝つ！　今後も正義を実践していくぞ！」と勝利の余韻に浸っていた。

一見、「徳の価値観」にもとづく「懲悪型」正義の実践例かと思いきや、この話には続きがある。

男は、若者がバスを降りていく姿を眼で追っていたが、その眼が若者の足に向けられた瞬間、男の体は凍りついた。なんと若者の足は義足だったのである。その姿を見て愕然とした男は、ⓐ自分の正義が脆くも崩れ去っていくのを感じた。己の正義が、いかに自己陶酔型の正義であったかを痛感させられたのである。

自分の正義に酔いしれるあまり、短絡的に悪を規定して、「正義の批判」は他者に向けられがちである。ここにおいて己の不完全性への自覚は、思考回路から完全に抜け落ちている。シルバーシートに座った若者を不逞の輩と判断する前に、なぜ若者はここに座っているのだろう、何か理由があるのではないかと、なぜ考え及ばなかったのか。若者を怒鳴り散らす前に、なぜ自分が席を替わってやらなかったと、男は㋒自セキの念にかられた。男はここに至り、ようやく「正義」というものは「悪なる相手」を批判することの中にではなく、その矛先を「己の完全性へのうぬぼれ」に向けてはじめて成り立つことを悟ったのである。

「徳の価値観」を過信するあまり、その正義が「懲悪的」なものとして他者へと向けられた場合、こうした「独善」に陥ることも多いようである。

もう一つの例は、「徳の価値観」を確信して「勧善型」正義を遂行しようとする際生じたものである。

かつてⓑ「割り箸廃止運動」なるものが起きた。環境保全の一環として森林を保護しなければならないというかけ声のもと、大衆が身近にできる森林保護運動として「使い捨ての割り箸を廃止しよう」という運動が生じたのである。環境破壊に歯止めをかけねばならないと常々思っていた人は、「徳の価値観」にもとづく「勧善型」正義としての「割り箸廃止運動」に飛びついた。

Ⅰ、環境を守らねばならないという「徳の価値観」にもとづいたその人達の心底には㊁イチモウの不純さもないだろう。だが悲しいかな、完全な誤解がそこには含まれているのだ。植林に従事したことのある者ならだれもが経験済みであるが、杉や檜を大きくまっすぐ育てるためにはある時期「間伐」というものを行う。たとえば、一メートル間隔で植えられた木を三メートル間隔にするため、間の二本を伐るのである。間伐材はそのまま放置され数年の年月を経て土に還ることになるが、こうした間伐材を放置せず再利用して割り箸は作られることになる。

Ⅱ、割り箸は間伐材の再利用であって、割り箸を作るために森林が破壊されるのではないのである。メディアも、割り箸製造業者や林業従事者からこのことを指摘され、廃止運動は一気にトーンダウン、その後消滅した。

Ⅲ、割り箸の大量消費を奨励しようという意図はない。事実、大量消費が自然環境に様々な悪影響を与えていることは、今更論を俟たない。だが、そうした環境問題に取り組む際に、我々がまずしなければならないことは、メディアや他人がお膳立てした環境問題を、「勧善型」正義の実践とばかり盲信する前に、その正しさを自律的な視座によってあらためて検証してみるというような、「自己に対する批判的態度」を実践することなのである。

正義を「懲悪」と捉えた場合、我々はついつい「悪」の対象を「他者」に向けてしまう。だが、相手の悪をたくさんあげつらうだけなら殺人犯のような極悪人でもできることで、それは決して「まっとうな正義」とは言えないものである。また、「割り箸廃止運動」の例でも見たように、善き社会を築こうとする「勧善型」正義も、己の不完全性ゆえに誤った方向へと進むこともある。これらはいずれも、己の「正義」を過信することで生じたことである。

Ⅳ、そうならないためにはどうすればよいのか？　そのためには、「他者」に対して「懲悪」や「勧善」を為す前に、「己の不完全性」を懲らしめようとする「内省」を有さなければならない。その時はじめて、「より善い己」を目指そうとする「勧善型」正義の芽も生じてくる。ⓒ「まっとうな正義」とは、「他者に向けられる正義」ではなく、まずは「己の不完全性(＝悪)」を懲らしめることによって「より善い己」を目指そうとする「己自身に向けられる正義」のことなのである。

このように考えると、その人がまっとうかそうでないかは、今の自分を不完全なるものと見なし、自己を高めようとする心を持っているかどうかにかかっている。他者の欠点を指摘する前に自己の欠点に目を向けようとする人、そういう人に出会ったとき、イデオロギーを越えてその人に対する尊敬の念が生じることになる。そうした人が集まった社会は、制度でがんじがらめに縛られた社会より、もっとましな社会と言えるであろう。

人間は己の信じる「正義」ゆえに、異なる正義を悪と見なし、徹底した争いを引き起こす。時に、正義に殉じ自らの命を捨てることもあれば、殺人をも正義の名のもとに正当化してしまう。だがこうした己の正義への確信もそれが絶対であると証することは、常に不完全性を有するという人間の本性上、不可能なことである。したがって我々が考えなければならないことは、己の信念に「自己の不完全性への内省」を常に伴わせなければならないということである。

かくして、徳の価値観にもとづいた自分の主張を正義であると信じ、相反する主張を批判するというレベルに留まるのではなく、己が信じる徳の価値観、その不完全性をさらに内省しようとする精神を有してこそ、その人の有する正義はまっとうであると言えるのである。

「まっとうな正義」とは、己の心中に「もう一人の道徳的完全性を有する自分」を措定(そてい)することによって、「如何に生きたか」という視点から今の自分を批判的に見て、その理念に向かうことを命じるところの自己内在的道徳に他ならない。道徳とは何も、社会が個人を規制することだけを意味するものではない。「もう一人のまっとうな自分」が今の自分をどう規制するかということも含まれるのである。その意味でまっとうな正義としての自己内在的道徳とは、悪しき他者との戦いではなく、己自身との戦いなのである。

かくして、自分の考え方と真っ向から対立する立場があったにせよ、そこに自己内在的規範を有しておれば、その精神においてそれは「まっとうな正義」に値すると言えることになる。*西郷南洲の敗戦例を見ても分かるように、往々にして己の「理」が世間に通らぬこともある。だが、その精神に自己内省を有しておれば、その「理」がその時は評価されないにしても、その「理」を支える「義」(道徳的信念)においては十全な価値を持ちうるのである。

西郷南洲の言葉をもう一度思い出してみたい。「人を相手にせず、天を相手にせよ。天を相手にして、己を尽くして人を咎(とが)めず、我が誠の足らざるを尋ぬべし。」(「西郷南洲遺訓」岩波文庫)「まっとうな正義」を端的に表した至言である。

このような「まっとうな正義」を有する人々が集まった社会こそが「まっとうな社会」と呼ぶに値する。「まっとうな人」が集まれば規則も最少ですむ。

だが、現代の社会正義論はこうした点を見落とし、あるいは無視し、規則や制度を扱う政策論争のみに(オ)シュウ始している。より善い社会を造るため様々な立法措置がなされているが、学校の規則のように、法律でがんじがらめに縛れば善き社会ができるなど、幻想以外の何物でもない。

たしかに法規制による社会正義の実現は、正直者がバカを見ないために必要不可欠なことではあるが、それより先に忘れてならないことがある。それは、「法の存在するのは不正義の存在するひとびとの間においてである」(アリストテレス「ニコマコス倫理学」上巻、岩波文庫)ということである。法によるこうした規制が目指す社会正義の実現は、常に、不義不正なるものを前提としているということである。逆に言えば不義不正を犯すものがいなければ、多くの法は必要とされないのである。

したがって、「まっとうな社会」を造るという意味での社会正義の実現は、法規制という観点からだけでなく、常にまっとうな個々人を造るという倫理的観点から考えるべきだということを忘れてはならない。規則で縛られた社会が善き社会であるはずもなく、まっとうな人間が集まった結果、最少の規則で事足りる社会こそ、まっとうな善き社会と言えるのだ。こうした観点から善き社会を目指そうとした場合、我々が最初にしなければならないことは、「社会制度」を論じるⓓ「為政者の正義」を語ることではなく、「個人の正義」を確立することなのである。

(山口意友「正義を疑え!」による)

〈注〉西郷南洲――西郷隆盛。文政十年~明治十年。西南の役に敗れて「国賊」となったが、十年後復権し、英雄となった。

問1 ――部㋐~㋔のカタカナを漢字に改めた場合、それと同じ漢字に該当するものを、次の①~⑤のうちからそれぞれ一つずつ選び、番号で答えなさい。

□ ㋐「自ショウ」
① 自己ショウ介　② 気ショウ予報
③ 身元をショウ会する　④ 左右対ショウ
⑤ ショウ明写真

□ ㋑「信ジョウ」
① 相ジョウ効果　② 平ジョウ心を保つ
③ ジョウ景を描写する　④ 日米修好通商ジョウ約
⑤ 彼の言葉に逆ジョウする

□ ㋒「自セキ」
① 成セキを上げる　② 痛セキに堪えない
③ セキ任感の強い人　④ 犯人を追セキする
⑤ 仲間から排セキする

□ ㋓「一モウ」
① 不モウな議論　② モウ想にふける
③ モウ目的な愛情　④ 目標にモウ進する
⑤ 権力のモウ者

□ ㋔「シュウ始」
① シュウ学義務　② 有シュウの美
③ シュウ知の事実　④ 勝敗にシュウ着する
⑤ 事態をシュウ拾する

□問2 [Ⅰ]~[Ⅳ]に入る語句の組み合わせとして最も適当な

ものを次のうちから選び、番号で答えなさい。

① Ⅰ たしかに　Ⅱ もっとも　Ⅲ けれども　Ⅳ では
② Ⅰ しかし　Ⅱ もっとも　Ⅲ むろん　Ⅳ では
③ Ⅰ たしかに　Ⅱ つまり　Ⅲ むろん　Ⅳ では
④ Ⅰ しかし　Ⅱ つまり　Ⅲ むしろ　Ⅳ もしくは
⑤ Ⅰ たしかに　Ⅱ もっとも　Ⅲ けれども　Ⅳ もしくは

□問３ ――部ⓐとあるが、その理由として最も適当なものを次のうちから選び、番号で答えなさい。

① 己の信じた正義の実践ばかりに気を取られ老人に席を譲らない若者を怒鳴りつけるという行動をとったが、真の正義とは実践することではなく、自己について深く内省することであったことを初めて悟ったから。
② 自分の実践した正義とは、老人に席を譲ることをしない若者を、自分の懲らしめるべき「悪なる相手」として正当化することでしか成立することができない、非常に脆いものであったことに気づかされたから。
③ 自分が正義の実践者であることに酔いしれ、老人に席を譲らなかった義足の若者が怒鳴られた後どのような感情を持つかについて考えの及ばなかったことに思い至り、いかに独善的な正義であったかを痛感したから。
④ 老人に席を譲らない若者を悪と決めつけ、その悪に立ち向かう己を正義と思い込み、若者の事情や自らの行動を省みることなく若者を怒鳴りつけるという安直な正義感を振りかざしてしまったことに気づいたから。
⑤ 自分の怒鳴ってしまった若者が実は義足であったことを知り、思考回路から己の不完全性を欠如させてしまっていたことに気づき、真の正義のためには己の完全性の獲得こそが必要であることを初めて理解したから。

□問４ ――部ⓑとあるが、その説明として最も適当なものを次のうちから選び、番号で答えなさい。

① 大衆が気軽に行うことのできる環境保全の一つの運動として広まったが、間伐材を材料としている割り箸は大量消費されることがかえって環境によい影響を及ぼしていることが明らかになった。
② 「徳の価値観」にもとづき、割り箸の大量消費を促す割り箸製造業者を「悪」と規定した「懲悪型」の運動であり、その運動に加担した人々には「自己に対する批判的態度」が欠如してしまっていた。
③ 環境破壊に歯止めをかけることのできる身近な活動として

世間で広まったが、営林のために不可欠な間伐材が再利用されないという事態を引き起こし、かえって環境破壊を促進するものであった。

④　メディアが事実を歪曲（わいきょく）して作り上げた環境保全のための運動であり、それに対して、大衆がおのおの自律した視座をもってあらためて検証を行ったことによって、運動は下火になっていった。

⑤　森林の保護という旗印のもと、人々が手軽にできる活動として広まっていったが、割り箸は間伐材を材料としているので、割り箸の廃止と森林保護とは必ずしも直結するものではなかった。

□問５　――部ⓒとあるが、その説明として最も適当なものを次のうちから選び、番号で答えなさい。

①　己が信じる徳の価値観と、己の不完全性を内省しようとする精神との両者を併せ持って初めて成り立つものであり、さらに相反する主張を批判できるレベルに至っている必要もある。

②　己の心中に「もう一人の道徳的完全性を有する自分」という視点を設け、その視点から今の己の正義を相対化し、内省を一層深めていくことによって、絶対性を獲得したものである。

③　現在の自分は不完全なものでありながらも完全性をも備えていると信じ、己の中に目指すべき「もう一人のまっとうな自分」が指し示してくれる方向に向かい続けていくことである。

④　己の不完全性を悪と見なし、その己の悪を懲らしめるという懲悪型正義を発展させ、より善い己を目指していくという勧善型正義を行う、懲悪と勧善の両面を兼ね備えたものである。

⑤　他人の目ではなく天の目を意識して行動し、他人と向き合うのではなく天と向き合い、他者を咎めるのではなく自分の力が及ばなくとも他者のために尽くそうとする心のことである。

□問６　――部ⓓとあるが、それによって行われていることの説明として最も適当なものを次のうちから選び、番号で答えなさい。

①　より善い社会を実現していくために、実直な人間が被害者にならないための立法措置を行うこと。

②　不完全性の補完を目的とした、個人を規則や制度によって縛り付けて完全な個人を作り上げること。

③　正義のために争いや殺人をも是とすることのできる国民を作り上げるための政策を繰り広げること。

④　不義不正を前提としながらも、不義不正のない幻想的な世界を目指すための法を編み出すこと。

⑤　「まっとうな社会」を作り上げるため、法規制をできる限り少なくするための論争を進めること。

□問７　本文の特徴に関する説明として最も適当なものを次のうちから選び、番号で答えなさい。

①　かつての日本で存在していた「天」という概念が現代日本においては希薄になってしまったため、筆者は「己の正義へ

の確信」や「もう一人の道徳的完全性を有する自分」、「自己内在的道徳」などと何度も言い換えて読者の了解を得ようとしている。

② 筆者の理想とする「まっとうな社会」の実現のため、現代日本に存在する、相反する性質の「為政者の正義」と「個人の正義」とを共存させる必要性を述べ、共存のためには個々人が倫理的な観点から「為政者」を正す必要があることを訴えている。

③ 「まっとうな正義」を持ち、それを実際に行動に移した人物の具体例を日本の偉人に求めることで筆者の主張の実現が可能であることを示し、「まっとうな社会」の在り方の根拠を古代西洋の偉人の言葉に求めることで筆者の主張の正当性を補強している。

④ 現代日本において正義が曲解されていることを憂い、「実践」ばかりに気を取られ「内省」の欠如している正義の具体例を現代日本から二例取り上げ、古代には「内省」重視の精神があったにもかかわらず現状に至ってしまった原因を追究している。

⑤ 定義することのできない「まっとうな正義」についての読者の理解を深めるために、「まっとう」ではない正義である「懲悪型」正義と「勧善型」正義の具体的な例を二つ提示することによって消去法的に「まっとうな正義」の定義を行っている。

二 次の文章を読んで、あとの各問いに答えなさい。なお、送り仮名等は作者の表記に従った。

ああ、人間は、ものを食べなければ生きて居られないとは、何という不体裁な事でしょう。「おい、戦争がもっと苛烈になって来て、にぎりめし一つを奪い合いしなければ生きてゆけないようになったら、おれはもう、生きるのをやめるよ。にぎりめし争奪戦参加の権利は放棄するつもりだからね。気の毒だが、お前もその時には子供と一緒に死ぬる覚悟をきめるんだね。それがもう、いまでは、おれの唯一の、せめてものプライドなんだから。」とかねて妻に向って宣言していたのですが、「その時」がいま来たように思われました。

窓外の風景をただぼんやり眺めているだけで、私には別になんのいい智慧（ちえ）も思い浮びません。或る（あ）小さい駅から、桃とトマトの一ぱいはいっている籠をさげて乗り込んで来たおかみさんがありました。

たちまち、そのおかみさんは乗客たちに包囲され、何かひそひそ囁（ささ）やかれています。「だめだよ。」とおかみさんは強気のひとらしく、甲高い声で拒否し、「売り物じゃないんだ。とおしてくれよ、歩かれないじゃないか！」人波をかきわけて、まっすぐに私のところへ来て私のとなりに坐（すわ）り込みました。この時の、私の気持は、妙なものでした。私は自分を、女の心理に非常に通暁（つうぎょう）[a]している一種の色魔なのではないかしらと錯覚し、いやらしい思いをしました。ボロ服の乞食姿で、子供を二人も連れている色魔もないものですが、しかし、①幽かに私には心理の駈引きがあったのです。他の乗客が、その果物籠をめがけて集り大騒ぎをしているあいだも、私はそれには全く興味がなさそうに、窓の外の景色をぼんやり眺めていたのです。内心は、私こそ誰よりも最も、その籠の内容物に関心を持っていたに違いないのですが、けれども私は、我慢してその方向には一瞥もくれなかったのでした。それが成功したのかも知れない、と思うと、なんだか自分が、案外に女たらしの才能のある男のような感じがして、ᵇうしろぐらい気が致しました。

「どこまで？」

おかみさんは、せかせかした口調で、前の席に坐っている妻に話掛けます。

「青森のもっと向うです。」

と妻はぶあいそに答えます。

「それは、たいへんだね。やっぱり罹災したのですか。」

「はあ。」

妻は、いったいに、無口な女です。

「どこで？」

「甲府で。」

「子供を連れているんでは、やっかいだ。あがりませんか？」

桃とトマトを十ばかり、すばやく妻の膝の上に乗せてやって、

「隠して下さい。他の野郎たちが、うるさいから。」

ᶜ果して、大型の紙幣を片手に握ってそれとなく見せびらかし、「いくつでもいいよ、売ってくれ」と小声で言って迫る男があらわれました。

「うるさいよ。」

おかみさんは顔をしかめ、

「売り物じゃないんだよ。」

と叫んで追い払います。

②それから、妻は、まずい事を仕出かしました。突然お金を、そのおかみさんに握らせようとしたのです。たちまち、

ま！

いや！

いいえ！

さ！

どう！

などと、殆んど言葉にも何もなっていない小さい叫びが二人の口から交互に火花の如くぱっぱっと飛び出て、そのあいだ、眼にもとまらぬ早さでお金がそっち へ行ったりこっちへ来たりしていました。

じんどう！

たしかに、おかみさんの口から、そんな言葉も飛び出しました。

「そりゃ、失礼だよ。」

と私は低い声で言って妻をたしなめました。

こうして書くと長たらしくなりますが、妻がお金を出して、それから火花がぱっぱっと散って、それから私が仲裁にはいって、妻がしぶしぶまた金をひっこめるまで五秒とかからなかったでしょう。実に電光の如く、一瞬のあいだの出来事でした。

私の観察に依れば、そのおかみさんが「売り物でない」と言ってはいるけれども、しかし、それは汽車の中では売りたくないというだけの事で、やはり商売人に違いないのでした。自分の家に持ち運んで、それを誰か特定の人にゆずるのかどうか、そこまではわかりませんが、とにかく「売り物」には違いないようでした。しかし、既に人道というけなげな言葉が発せられている以上、私たちはそのおかみさんを商売人として扱うわけにはゆかなくなりました。

人道。

もちろん、おかみさんのその心意気を、ありがたく、うれしく思わぬわけではないのですが、しかしまた、胸底に於いていささか閉口の気もありました。

人道。

私は、お礼の言葉に窮しました。思案のあげく、私のいま持っているもので一ばん大事なものを、このおかみさんに差上げる事にしました。私にはまだ煙草が二十本ほどありました。そのうちの十本を、私はおかみさんに差し出しました。

おかみさんは、お金の時ほど強く拒絶しませんでした。私は、やっと、ほっとしました。そのおかみさんは仙台の少し手前の小さい駅で下車しましたが、おかみさんがいなくなってから、私は妻に向って苦笑し、

「人道には、おどろいたな。」

と③恩人をひやかすような事を低く言いました。乞食の負け惜しみというのでしょうか、虚栄というのでしょうか。アメリカの烏賊の缶詰の味を、ひそひそ批評しているのと相似たる心理でした。まことに、どうも、度し難いものです。

私たちの計画は、とにかくこの汽車で終点の小牛田まで行き、東北本線では青森市のずっと手前で下車を命ぜられるという噂も聞いているし、また本線の混雑はよほどのものだろうと思われ、とても親子四人がその中へ割り込める自信は無かったし、方向をかえて、小牛田から日本海のほうに抜け、つまり小牛田から陸羽線に乗りかえて山形県の新庄に出て、それから奥羽線に乗りかえて北上し、秋田を過ぎ東能代駅で下車し、そこから五能線に乗りかえ、謂わば、青森県の裏口からはいって行って五所川原駅で降りて、それからいよいよ津軽鉄道に乗りかえて生れ故郷の金木という町にたどり着くという段取りであったのですが、思えば前途雲煙のかなたにあり、うまくいっても三昼夜はたっぷりかかる旅程なのです。トマトと桃の恵投にあずかり、これで上の子のきょう一日の食料が出来たとはいうものの、下の子がいまに眼をさま

して、乳を求めて泣き叫びはじめたら、どうしたらいいでしょうか。小牛田までは、まだ四時間以上もあるでしょう。また、小牛田に着いても、それは夜の十時ちかくの筈（はず）ですから、ミルクを作ったり、おかゆを煮てもらったりする便宜が得られないに違いない。

仙台が焼けてさえいなかったら、仙台には二、三の知人もいるし、途中下車して、何とか頼んで見る事も出来るでしょうが、ご存じの如く、仙台市は既に大半焼けてしまっているようでしたから、それもかなわず、ええ、もう、この下の子は、餓死にきまった、自分も三十七まで生きて来たばかりに、いろいろの苦労をなめるわい、思えば、つまらねえ三十七年間であった、などとそれこそ思いが愚かしく千々に乱れ、上の女の子に桃の皮をむいてやったりしているうちに、そろそろ下の男の子が眼をさまし、むずかり出しました。

「何も、もう無いんだろう。」

「ええ。」

「蒸しパンでもあるといいんだがなあ。」

その私の絶望の声に応ずるが如く、

「蒸しパンなら、あの、わたくし、……」

という不思議な囁きが天（そら）から聞えました。

誇張ではありません。たしかに、私の頭の上から聞えたのです。ふり仰ぐと、それまで私のうしろに立っていたらしい若い女のひとが、いましも腕を伸ばして網棚（あみだな）の上の白いズックの鞄（かばん）をおろそうとしているところでした。たくさんの蒸しパンが包まれているらしい清潔なハトロン紙の包みが、私の膝の上に載せられました。私は黙っていました。

「あの、お昼につくったのですから、大丈夫だと思いますけど。それから、……これは、お赤飯です。それから、……これは、卵です。」

つぎつぎと、ハトロン紙の包が私の膝の上に積み重ねられました。私は何も言えず、ただぼんやり、窓の外を眺めていました。夕焼けに映えて森が真赤に燃えていました。汽車がとまって、そこは仙台駅でした。

「失礼します。お嬢ちゃん、さようなら。」

女のひとは、そう言って私のところの窓からさっさと降りてゆきました。

私も妻も、一言も何もお礼を言うひまが、なかったのです。

そのひとに、その女のひとに、私は逢いたいのです。としの頃は、はたち前後。その時の服装は、白い半袖（はんそで）のシャツに、久留米（くるめ）絣（かすり）のモンペをつけていました。

逢って、私は言いたいのです。一種のにくしみを含めて言いたいのです。

④「お嬢さん。あの時は、たすかりました。あの時の乞食は、私です。」と。

（太宰治「たずねびと」による）

問1　――部aからcの語句の本文中での意味として最も適当なものを次のうちからそれぞれ選び、記号で答えなさい。

□　a　通暁している

ア　人情の機微に通じている　　イ　よく知り抜いている

ウ　たがいに通じている　　エ　強く心に感じ取る

オ　相手の考えをさとる

□　b　うしろぐらい

ア　弱みを握られてしまい、逃げる

イ　かげにいて、世話をしたり助けたりする

ウ　内心やましいものを持っていて気がとがめる

エ　かげで悪口を言われる

オ　消極的な態度で進歩などに逆行する

□　c　果して

ア　案の定　　イ　実際に　　ウ　ただちに

エ　こっそり　　オ　必死に

□問2　――部①について、「心理の駈引き」の説明として最も適当なものを次のうちから選び、記号で答えなさい。

ア　籠の中の食べ物にものすごく関心を持っていたので、わざとおかみさんという女性に興味があるふりをすることで気を惹こうとした。

イ　おかみさんの籠の中の食べ物を欲しがる他の乗客の様子を見て、食べ物を彼らに譲ろうとすることで、逆に気を惹こうとした。

ウ　籠の中の食べ物と気さくそうなおかみさんと両方に興味があったが、食べ物に関心がないふりをすることで、逆に気を惹こうとした。

エ　おかみさんの食べ物を獲得するためには、自分達の近くに座らせなければならないので、女性心理を上手く利用して気を惹こうとした。

オ　おかみさんが列車に乗り込んで来た時に、食べ物を欲しがる他の乗客とは反対に、食べ物に関心がない素振りをすることで気を惹こうとした。

□問3　――部②について、なぜそう思ったのか。その理由の説明として最も適当なものを次のうちから選び、記号で答えなさい。

ア　おかみさんが汽車を降りる時にそっとお金を渡すのが礼儀なのに、いきなり妻がお金を渡したのでこれでは受け取ってくれないと思ったから。

イ　他の人たちがうるさいから早くしまえというおかみさんの言葉を無視して、そのまま膝の上に乗せていたのでは他の乗客にとられてしまうと思ったから。

ウ　同情して桃とトマトをくれたおかみさんの気持ちを踏みにじることになり、他の人たちを強く拒んでいた立場も台無しにしてしまうと思ったから。

エ　食べ物を早くしまわないと、他の乗客が自分達よりもよけ

いにお金を払って、おかみさんの気持ちが変わって横取りされてしまうと思ったから。

オ 「人道」から自分達に食べ物を渡してくれたおかみさんの気持ちを無視することになり、お礼の煙草を受け取ってくれないと思ったから。

□問4 ――部③について、その理由の説明として最も適当なものを次のうちから選び、記号で答えなさい。

ア おかみさんの行為に対しては感謝しているものの、何度も「人道」と言っていたので、うれしさが半減してしまったから。

イ 商売人としてのおかみさんが自らの素性を隠そうとして、「人道」という倫理的な難しい言葉を何度も使っていたから。

ウ 売り物を自分達にくれるために「人道」という言葉を使って「売り物ではない」と周囲の乗客に主張していたから。

エ おかみさんの「人道」で食料を得たが、普段の自分の発言に反しており、気恥ずかしさをごまかそうとしたから。

オ おかみさんが何度か発した「人道」という言葉が、同情されたという事実を強調しているようで、恥辱を感じたから。

□問5 ――部④から、「私」のどのような心理が読み取れるか。最も適当なものを次のうちから選び、記号で答えなさい。

ア 絶望感から蒸しパンのことをつぶやいたところ、若い女の人が偶然にも蒸しパンだけでなく他の食べ物までも提供してくれたことに、あっけなさを感じている。

イ 不思議な囁きが天から聞こえてきてふと見ると、白い清潔なイメージの若い天使のような女性だったので、緊張を感じている。

ウ 若い女性から施しを受けたときに感謝がなかったわけではないが、食べ物をもらうことに対する恥辱から、プライドが傷つけられ惨めさを感じている。

エ おかみさんからもらった食べ物で上の子の食料ができ、下の子の食べ物もまた得ることができたので、若い女性に感謝すると共に世の中の不可思議さを感じている。

オ 若い女性から過分な食べ物の施しを受けて感謝しきれないが、おかみさんの時のようにお礼として手渡すものがなかったことに対して罪の意識を感じている。

□問6 〰〰部について、「私」の食べ物に対する本心として最も適当なものを次のうちから選び、記号で答えなさい。

ア 人間は生きていくために食べなければいけないが、戦争が激しくなったら奪い合いをすることはさもしいことなので、死ぬことにする。

イ 生きるために食べることを格好が悪いと思っているので、戦争がもっと激しくなるとにぎりめし争奪戦参加の権利を放棄でき、自分のプライドが保てる。

ウ 生きるために食べ物を争うということがあさましいことであるという感覚があると共に、家族もこれに同調していると信じている。

エ　食べ物を口にしなければ生きられないことを格好が悪いことだと思っており、食べ物に関して全く興味がなく生きることに後ろめたささえ感じている。

オ　食べ物で争うことなどあさましいことだと思っているにもかかわらず、食べ物への欲求を強く抱いており、それを表に出すのが格好が悪いと思っている。

□問７　本文の表現の説明として最も適当なものを次のうちから選び、記号で答えなさい。

ア　全体的に難しい言葉を使うことを極力避け、平易な描写をすることによって、ノスタルジックな情景と夢幻的な雰囲気が同時に表現されている。

イ　比喩表現を多用することによって将来の敗戦の混迷を象徴的に描写し、素直に平和の到来を祝福できない複雑な心が表現されている。

ウ　独白調により私小説的に主人公の内面を描き、人間の心に共通する優しさや戦時中懸命に生き延びようとする人々の姿が表現されている。

エ　前半と後半に微妙な違いのあるエピソードを挿入することで、生命への賛歌を寓話（ぐうわ）的に描き、ユーモラスに表現されている。

オ　登場人物の心理や状態が「私」の視点を通して描かれており、途中、独特の「語り口」を用いることで、「私」の人生が芝居のように表現されている。

三　次の文章を読んで、あとの各問いに答えなさい。文章は一部読みやすいように改変している。

これも今は昔、ある僧、①人のもとへ行きけり。酒などすすめけるに、氷魚（ひお）はじめて出（い）できたりければ、あるじ、めづらしく思ひて、②もてなしけり。あるじ、ａ用の事ありて、内へ入て、又、出（い）でたりけるに、この氷魚の、ことのほかにすくなく成（なり）たりければ、あるじ③いかにと思へども、④いふべきやうもなかりければ、物がたりしゐたりける程に、この僧ｂの鼻より氷魚の一（ひとつ）、ふと出（い）でたりければ、あるじ、⑤あやしうおぼえて、「その御鼻より氷魚ｃの出（いで）たるは、いかなる事にか」といひければ、⑥とりもあへず、「このごろｄの氷魚は目鼻より降り候（そうろう）なるぞ」といひたりければ、人みな、⑦「は」とわらひけり。

（『宇治拾遺物語』第七十九段による）

〈注〉氷魚――氷のように無色半透明の鮎（あゆ）の稚魚（ちぎょ）。古来より珍味とされていた魚。

□問１　――部①「人」とあるが、同じ意味を示している別の言葉を本文中から探し、答えなさい。

□問２　――部②「もてなしけり」の本文中の意味として最も適当なものを次のうちから選び、記号で答えなさい。

ア　調理した　　イ　お世話した
ウ　盛り上がった　エ　ごちそうした

□問３　――部ａｂｃｄ「の」の中で、一つだけ他のものと文法の意味が違うものがある。その記号を答えなさい。

□問４　――部③「いかにと思へども」とあるが、なぜそのように思ったのか。理由として最もふさわしいものを次のうちから選び、記号で答えなさい。
ア　あるじが部屋に戻ってくると、思いのほか氷魚が少なくなっていたから。
イ　僧が部屋に入ると、あるじが氷魚の料理の準備を始めていたから。
ウ　召使が、氷魚の調理について質問があると急にあるじを外から呼んだから。
エ　僧であるのに、魚や酒を好んで食べるのをあるじは不審に思ったから。

□問５　――部④「いふべきやう」を現代仮名遣いに直し、すべて平仮名で書きなさい。

□問６　――部⑤「あやしうおぼえて」とあるが、それはなぜか。理由として最もふさわしいものを次のうちから選び、記号で答えなさい。
ア　僧の話が長くなって、あるじは辛く感じたから。
イ　僧の鼻から氷魚が出ており、あるじは不思議に思ったから。
ウ　僧が氷魚の捕まえ方を知っているので、おかしいと思ったから。
エ　僧の鼻が太くはれあがり、心配になったから。

□問７　――部⑥「とりもあへず」の意味として最もふさわしいものを次のうちから選び、記号で答えなさい。
ア　即座に　　イ　慌てもせずに
ウ　何としてでも　エ　手っ取り早く

□問８　――部⑦「『は』とわらひけり」とあるが、それはなぜか。理由として最もふさわしいものを次のうちから選び、記号で答えなさい。
ア　僧が、この頃顔つきが氷魚に似てきて困っていると真剣に悩んでいたため。
イ　僧が、氷魚を食べる時は目と鼻を魚に近づけるようにするのが作法と教えたため。
ウ　僧が、最近の氷魚は空からではなく鼻から降るのだと説明したため。
エ　僧が、氷魚の良しあしは、鼻をよく利かせて判断するようにと助言したため。

□問９　この物語は「宇治拾遺物語」に収められている。宇治拾遺物語のジャンルは何か。次のうちから選び、記号で答えなさい。
ア　随筆　　イ　説話　　ウ　日記　　エ　歴史物語

四 次の各問いに答えなさい。

□問1 次の文を三字熟語の意味として選んだとき、余るものはどれか。あとのア～オから選び、記号で答えなさい。

①脇目もふらずに急ぎ走る様子。
②現実にはありそうもない作り事。
③大事なことを手軽にやる様子。
④人気がなく静かな様子。

ア 大団円　イ 絵空事　ウ 閑古鳥
エ 無造作　オ 一目散

□問2 次の表現と関連のある語を選んだとき、余るものはどれか。あとのア～オから選び、記号で答えなさい。

①実るほど頭を垂れる稲穂かな
②時は金なり
③負けるが勝ち
④骨折り損のくたびれもうけ

ア 比喩　イ 徒労　ウ 逆説
エ 謙虚　オ 悔恨

□問3 次の熟語をカタカナで表したとき、余るものはどれか。あとのア～オから選び、記号で答えなさい。

①専門　②素人　③象徴　④反応

ア リアクション　イ コントラスト　ウ シンボル
エ エキスパート　オ アマチュア

□問4 次の――部と同じ使われ方をしているものはどれか。あとのア～オから選び、記号で答えなさい。

・母の笑顔がふと思い出される。

ア 妹が兄に泣かされる。
イ 到着される時刻はいつですか。
ウ 彼女からの手紙が待たれる。
エ 僕はやれる、そう思った。
オ 目の前で絵が描かれる。

□問5 次の――部の慣用句の使い方が適当でないものはどれか。ア～オから選び、記号で答えなさい。

ア あまりに多忙で枚挙にいとまがない。
イ 人をあごで使うような態度はよくない。
ウ 大勢の前で失敗して顔から火が出る。
エ 彼の歯に衣着せぬ言い方に腹が立つ。
オ 尊敬する先生の前でえりを正す。

□問6 次の慣用句の□に入る語を選んだとき、余るものはどれか。あとのア～オから選び、記号で答えなさい。

①□心あれば水心　②立つ□あとを濁さず
③虎の威を借る□　④□の耳に念仏

ア 狐　イ 馬　ウ 魚　エ 豚　オ 鳥

□問7 次の作者と作品の組み合わせとして正しくないものはどれか。ア～オから選び、記号で答えなさい。

ア　森鷗外　　『高瀬舟』
イ　井伏鱒二　『黒い雨』
ウ　夏目漱石　『夜明け前』
エ　芥川龍之介　『トロッコ』
オ　川端康成　『伊豆の踊子』

□問8　次の作品を成立順に並べたとき、正しいものはどれか。ア～オから選び、記号で答えなさい。
ア　竹取物語－源氏物語－平家物語－奥の細道
イ　竹取物語－平家物語－源氏物語－奥の細道
ウ　竹取物語－源氏物語－奥の細道－平家物語
エ　源氏物語－竹取物語－平家物語－奥の細道
オ　源氏物語－奥の細道－竹取物語－平家物語

問9　次の文章を読んで、あとの各問いに答えなさい。

つれづれなるままに、日暮らし硯に向かひて、心にうつりゆくよしなしごとを、そこはかとなく書きつくれば、あやしうこそものぐるほしけれ。

□①――部「よしなしごと」の意味は何か。次のア～オから選び、記号で答えなさい。
ア　楽しいこと　　イ　悲しいこと
ウ　うれしいこと　エ　気になること
オ　つまらないこと

□②この文章の作者は誰か。次のア～オから選び、記号で答えなさい。
ア　鴨長明　　イ　紀貫之　　ウ　兼好法師
エ　清少納言　オ　松尾芭蕉

第2回

出題の分類

一 論説文　二 小説
三 論説文　四 知識問題

※特別な指示がない限り、句読点や記号も一字とする。

▼解答・解説はP.163

時　間：50分
目標点数：80点

1回目	/100
2回目	/100
3回目	/100

一　次の文章を読んで、あとの各問いに答えなさい。

「文学の終わり」①とは誰もが聞き飽きた表現である。しかもそれは、少なくとも半世紀前から、日本でのみならず、世界で言われてきた。いや、一世紀前からすでに言われてきた。

だが近年になって、「文学の終わり」を憂える声はいよいよ緊迫した響きを帯びている。日本でのみならず、世界においてそうである。インターネットの普及によって〈書き言葉〉を読むという行為そのものはますます重要になってきているというのに、文学、ことに今まで広く読まれてきた小説が読まれなくなってきている。おまけに、今や、広く読まれる小説といえば、つまらないものばかりになってきていると、人はいう。

ここでもう一度日本を離れ、「文学の終わり」について考えてみたい。

今、世界中の多くの人が「文学の終わり」を憂えているが、それは、過去に黄金の時代を見出(みいだ)しては懐かしむという老いの繰り言の類いのものではない。人が「文学の終わり」を憂える背景にはまごうことのない時の移り変わりがあるのである。そこには歴史的な根拠がある。

その歴史的な根拠とは何か？

一つは、科学の急速な進歩②。二つは、〈文化商品〉の多様化。そして三つは、大衆消費社会の実現。主にこの三つの歴史的な理由によって、近代に入って〈文学〉とよばれてきたもののありがたさが、今、どうしようもなく、加速度をつけて失われていっているのである。

まずは、科学の急速な進歩。

「人間とは何か」という、私たち人間にとってこの上なく大切な問い——その問いに答えるのに、小説なんぞを読むよりも、最新の科学の発見を知ること、ことに、遺伝学や脳科学の最新の発見を知ることのほうがずっと意味をもってきている。「自分とは誰か」という問いも、まずは、ＤＮＡを調べたり、脳をスキャンしたりしたほうが A にわかる。アルコール依存症におちいりやすい体質をしていたり、他人の痛みに敏感だったりするのが、 A にわかる。科学の重要性が増しているのは、どの国の大学でも文学部が容赦なく縮小されているのに、もっとも露骨に現れている。

次に〈文化商品〉の多様化。

〈文化商品〉とは芸術と娯楽を兼ねる商品である。文学は、それが本という形をとって市場に流通しはじめてからは、唯一ふつうの人の手に届く〈文化商品〉として栄えてきた。長旅をして教会や寺院に辿りつかなければ絵や彫刻に触れることができなかった時代、生演奏でしか音楽を聴くことができなかった時代、都市に住んでいなければ舞台を観られなかった時代。そんな時代に、本、ことに小説は、*ベネディクト・アンダーソンがいう「大量生産工業商品」としての〈文化商品〉として人々のあいだに広がっていったのである。しかも、いくらでも写せる、紙というもち運びやすいものに写せるという、〈書き言葉〉の本領を発揮しつつ広がっていったのである。小説が〈国民文学〉として最盛期を迎えた時代は、小説が〈文化商品〉の市場を独占し、その王座に君臨していた時代であった。

ところが、やがて新しい廉価な〈文化商品〉が次々と現れるようになった。新しい技術によって、レコードやラジオや映画といった、やはり「大量生産工業商品」である〈文化商品〉が二十世紀前半には出回る。テレビが二十世紀後半には出回る。やがて、ビデオ、CD、DVD、ビデオゲーム、*iTunes、*YouTubeなどなどが矢継ぎ早に続く。

ことに映画、そして今アメリカを中心にテレビ番組の主流の一角を占める連続ドラマ。それらは、視聴覚にも関わりながら、人が生きることの意味を問う点において、極めて文学的な総合芸術である。「人はいかに生きるべきか」という問いを問いかけるという、小説がもつ役割の一部は、それらの〈文化商品〉によって取って代わられてしまった。③小説は〈文化商品〉の王座から転げ落ち、あまたある廉価な〈文化商品〉のうちの一つになってしまった。

そこへ追い討ちをかけるのに大衆消費社会の出現がある。

人類が書いた言葉は、それが本という形をとって流通する〈文化商品〉となってからは、常に、二つの異なった価値を内在する運命にあった。かたや、その本がどれほど〈読まれるべき言葉〉か、すなわち、その本にどれぐらいの〈文学価値〉があるか。かたや、その本がどれほど売れる商品か、すなわち、その本にどれぐらいの〈流通価値〉があるか。ヨーロッパで、本として最初に市場に出回った〈書き言葉〉が『聖書』であったという事実ほど、それを B に表すことはないであろう。『聖書』は文字どおり「聖典」であると同時に「商品」だったのである。以来、本は、常に〈文学価値〉と〈流通価値〉という、二つの異なった価値を内在するものとなった。

大衆消費社会の実現は、その二つの価値のあいだにある恣意性を、さらに大きく広げることになったのである。

すべての〈文化商品〉は、それが廉価なものであればあるほど、もっとも多くの人が好むものが、もっとも多く売れるようになるからである。

利休茶碗*を好む人は、しかたなしに利休茶碗に似たものを買ってがまんするかもしれない。だが、二十世紀最高のプリマドンナ*、マリア・カラス*の歌を聴きたい人が、財布の中身と相談し、泣く泣く、二十世紀末のポップスの女王、マドンナ*の歌を買ってがまんしたりすることはない。どちらの歌も大差なく安くに手に入り、それゆえに、マドンナの歌を買う人は、マドンナが聴きたいから買っているのである。廉価な〈文化商品〉は、それが市場でどれぐらい売れるかが、そのまま消費者の嗜好の［C］となる。そして、当然のことながら、小説の場合も、もっとも多くの人に売れるもの、すなわち、もっとも〈［D］〉をもつものが、もっとも〈［E］〉をもつとは限らない。

それが芸術の崇高なところである。

良心的な編集者や出版社や書店の夢は〈文学価値〉をもった本が、飛ぶように売れることであろうが、そのような美しいとも［F］がよいともいえる状況は現実ではなかなか望めない。

それだけではない。

大衆消費社会の出現は、大衆現象の一環として、何かの拍子にある一冊の本を爆発的に流通させる。なぜなら、大衆消費社会とは、本が安くなっただけでなく、情報が安くなった──情報がほとんどただになった社会だからである。大衆消費社会の出現が、ラジオやテレビの普及とともに、電波を通じ、すべての家の中にただで情報が入りこむようになったのと時を一にしていたのは必然であった。大衆消費社会とは、マスメディアを通じて、富豪も文無しもやんごとなき*も庶民も深い教養人も気の毒なほど無知な人も、みながほぼ同じ情報を共有せざるをえない社会であり、そこでは、みながほぼ同じ情報を共有せざるをえないがゆえに、みなが大衆の一員でしかありえない。

ということは、大衆消費社会においては、人はみながどういう本を買っているかを知っている。そして、知っているから、自分もその本を買い、それを知ったほかの人も、さらにその本を買う。その連鎖反応に勢いがつき、④大衆現象の一環として、ある時ある本が爆発的に流通するようになるのである。

（水村美苗「増補　日本語が亡びるとき──英語の世紀の中で」による）

〈注〉ベネディクト・アンダーソン──一九三六～二〇一五年。アメリカ合衆国の政治学者。

iTunes──アップル・コンピューター社が開発したマルチディア管理ソフト。

YouTube──動画共有サイト。

利休──千利休のこと。一五二二～一五九一年。安土桃山時代の茶人で、千家流茶道の開祖。

プリマドンナ──歌劇団の中で第一位の女性歌手。主役をつとめる女性歌手。

マリア・カラス──一九二三～一九七七年。ニューヨーク生まれのギリシャ系ソプラノ歌手。

マドンナ――一九五八年〜。アメリカ合衆国の歌手、女優。

やんごとなき――高貴な身分の人、の意。

問１　空欄［A］・［B］に補うのに最もふさわしい語をそれぞれ選び、記号で答えなさい。

□A　ア　歴史的　イ　文化的　ウ　大衆的　エ　客観的　オ　主観的

□B　ア　機能的　イ　象徴的　ウ　観念的　エ　抽象的　オ　一般的

問２　空欄［C］・［F］に補うのに最もふさわしい語をそれぞれ選び、記号で答えなさい。

□C　ア　鏡　イ　顔　ウ　庭　エ　服　オ　海

□F　ア　風　イ　虫　ウ　目　エ　水　オ　道

□問３　空欄［D］・［E］に補うのに最もふさわしい語をそれぞれ漢字四字で本文中から抜き出しなさい。

□問４　――部①「文学の終わり」とあるが、「文学」に対する人々のとらえ方はどのようになったと筆者は述べているか。――部②「科学の急速な進歩」という観点から、四十字以上五十字以内で答えなさい。

□問５　――部③「小説は〈文化商品〉の王座から転げ落ち、あまたある廉価な〈文化商品〉のうちの一つになってしまった」とあるが、どういうことか。その説明として最もふさわしいものを次のうちから選び、記号で答えなさい。

ア　小説が〈書き言葉〉の本領を発揮して、〈文化商品〉の頂点に君臨していたはずが、様々な新技術の登場によって多くの「大量生産工業商品」の中にいつのまにか埋もれてしまったということ。

イ　小説が〈国民文学〉として最盛期にあって〈文化商品〉を大衆に広めることに成功したはずが、人生の疲れを癒すという点で絵や彫刻や音楽と価値が変わらないものとなってしまったということ。

ウ　小説が〈書き言葉〉の代表物となって〈文化商品〉の多様化に貢献していたはずが、文化的な総合芸術であるという点でCD、DVDなどと価値が変わらないものとなってしまったということ。

エ　小説が〈国民文学〉として隆盛を極めて市場を独占していたはずが、人生の意味を問うという〈文化商品〉の役割を果たすことがどうしてもできなくなってしまったということ。

オ　小説が〈書き言葉〉の特性を活かして〈文化商品〉の市場の最上位にあったはずが、人生の苦難の乗り越え方を示す点でテレビやビデオと価値が変わらないものとなってしまったということ。

□問６　――部④「大衆現象の一環として、ある時ある本が爆発的に流通するようになるのである」とあるが、なぜこのようになるのか。その理由として最もふさわしいものを次のうちから選び、記号で答えなさい。

ア　同じ情報を共有することで周囲との境が見えづらくなったので、一歩抜きん出るために〈文学価値〉をもった本を求めるという現象が広がるから。

イ　人々が情報の行き交う中を生き抜こうとして、また庶民が教養人に追いつこうとして、〈文学価値〉をもった本を買うという現象が広がるから。

ウ　万人に情報が入るようになったため教養の度合いも同程度になり、その状態を崩すまいとして他人が買った本を買うという現象が広がるから。

エ　情報が手に入りやすくなった大衆消費社会に慣れきってしまい、だれもが家にいながらにして手軽に本を購入するという現象が広がるから。

オ　情報が格段に安くなったため、それを共有することが容易になり、世間で売れている本を知って自分もそれを買うという現象が広がるから。

□問7　筆者の考えの説明として最もふさわしいものを次のうちから選び、記号で答えなさい。

ア　インターネットの普及によって〈書き言葉〉を読むという行為は重要度を増しているが、小説は読まれなくなってきており、しかも〈流通価値〉の低いものばかりになっている。

イ　世間が「文学の終わり」を感じるのは、過去の黄金の時代を懐かしむ姿勢によるものではなく、歴史の中に根拠を求めて解決を図ろうという思いがあるからである。

ウ　科学の重要性が高まるのにつれて大学の文学部が縮小される傾向にあるのは、世間が〈文化商品〉の価値を認めなくなってきているからである。

エ　言葉が本という形で流通する文化商品となってからは、どれほど読まれるべきものか、またどれほど売れるものか、という二つの異なった価値が内在するようになった。

オ　全ての編集者や出版社や書店は、内容的に良質な本が世間に流通することを望むが、現実は困難で、多くの人が好む一部の本の売れ行きを伸ばさざるを得ない。

二

朱里、新、衣花の三人は瀬戸内海にある冴島に住んでいる高校生である。ある日、朱里たちは島外からやってきた作家だという霧崎から、島にあるという「幻の脚本」について尋ねられる。霧崎に不信感を抱いた朱里たちは、以前に島外から移住してきた本木に相談することにした。これに続く次の文章を読んで、あとの問いに答えなさい。

朱里が「これ」と母から頼まれたお裾分けの鯛の煮物と桃の瓶詰めを渡すと、本木が大袈裟なほど大きく「わあ！」と声を上げた。受け取ったタッパーを開けると、うちと同じ味噌の匂いが周りに広がって、新や衣花を前に恥ずかしくなる。だけど、本木は上機嫌に「ありがとう、ありがとう」と喜んでいる。

「明実*さんによろしく伝えて。本当にすごく嬉しいよ。僕の生命線だから」

「自炊しなそうだもんね、モトちゃん」

「うん。おかげで生の野菜とみかんばっかり食べてる」

魚が特においしいと言われる島の中でももったいない話だと思うが、本木には、そんなふうに［A］が薄いところがある。田舎(いなか)暮らしを自分から希望してここに来たはずなのに、なんとなくぼんやりとして頼りなく、危機感が薄いというか、生活に対する［B］が薄い。「いい子なんやけど、今どきの子」というのが、朱里の母と祖母の、本木に対する共通意見だった。

島のおじさんおばさんたちから、仕事のことでも生活の仕方でも、怒られるたびに落ち込むそぶりを見せつつも、しばらくすると復活してくる姿勢を「へこたれない」と褒(ほ)める人もいたし、「へらへらして」と悪く言う人もいたが、一年もすると、誰も何も言わなくなった。

ここで生まれ育った朱里にはわからないが、Iターン*たちに聞くと、島の住民の物言いは外の人には随分きつく響くらしい。限られた人間関係の中で、互いに思ったことをため込まず、即座に相手に遠慮なくぶつける。けれど、それもまた、島の中のことだから、ぶつけ合った後で長くそれを引きずることもない。怒られて、これはもうここで暮らしていけない、と思った翌朝に、無視されることもなく平然と挨拶されるようなことを繰り返したせいで、随分図太くなった、と本木も言っていた。

夏でも自分で麦茶を作るようなことはなさそうな本木が、冷蔵庫から『さえじま』の商品であるみかん缶ジュースを出してきて、朱里たちの前に一本ずつ置く。自分でも一本プルタブを引く。首もとのタオルで頬の汗を拭(ぬぐ)った。

「霧崎さん、荻原*さんのところ、昨日で辞めちゃったよ」

霧崎の話がしたい、ということはすでに伝えてあった。けれど、聞いた言葉に仰天(ぎょうてん)する。

「もう、ですか？」と新が声を上げた。

「島に来て、まだ一週間くらいなのに」

「うん。荻原さんのところで僕と一緒に働いてたのは、三日間だけ。まあ、荻原さんも忙しい時期だけのバイトだからって気にしてないけど、僕らみたいな両方ともあんまり頼りにならない男二人しか今季の人材がいなくて申し訳なかったな」

「霧崎さん、みかんの入った袋提(さ)げてたのに」

昨日の夕方、源樹*に話しかけた彼の手には、みかんが入ったビニール袋が握られていた。だから順調に働いているものと思っていたけど、荻原さんはきっと急に辞めるような相手であっても、ただそういうものだから、と自分の家のみかんを持たせて帰らせたのだろう。たとえ怒りながらでも「持ってけ」と、売り物にならない、傷ができたみかんを渡す。もったいないからというのがその理由だ。朱里の母もそうだが、島の大人たちには、①そういうところがある。

本木が「珍しいことじゃないよ」と口では言いながら、けれど、弱ったようにため息をついた。

「本当は、そういうことされると同じくＩターンで来た者として肩身が狭いから困るんだけど……。たぶん、長くいる気もないんだろうなあ。霧崎さん、島のこともほとんど下調べなしにやってきたみたいだし、口だけは〝住む〟って言ってるけど、実質は少し長めの観光滞在みたいな気持ちなんだろうなあ」

（　ア　）島に移住を考える人たちは、役場に問い合わせたり、現地に何度も調査に来たり、丁寧に情報を集める。本木もそうやって、冴島だけではなく、いくつかの場所の情報を集めたと言っていた。

けれど、霧崎はそうではない。初めから冴島に決めて、ネットと電話で手続きしただけで、直（じか）に現地に来た。

「〝幻の脚本〟については聞きました？」

「聞いた、なんとなく」

本木がますます困ったように笑う。

「島の中のものを探したいから、住んだり、溶け込もうとしたりってことみたいだけど。でも、難しそうだね。現実にそんなものある？」

「それが聞いたことなくて」

新が首を振る。

「俺、演劇部だし、自分でも脚本書くから、島の図書館にある演劇の本とかは全部読んでたんですけど、その中では見たことないです」

「え、新、自分で脚本書くの？」

衣花が驚いたように声を上げる。新が「え、そうだけど」と照れくさそうに下を向くが、追及はやまない。

「今も書いてるの？　どんなやつ？」

「ちょっとミステリ仕立てなんだけど……。もう、いいじゃないか、俺のことは。本当はそんなに興味ないくせに」

ごまかすように最後はちょっと声を荒らげた。本木に向き直る。

「霧崎さんは、その〝幻の脚本〟を書いた作家のファンかなんかなんでしょうか？　前にもその脚本を探しに来た人がいたみたいなんです」

どうしてそんな噂が立ったのかはわからないが、新が小学校の謝恩会に来たという本土からの客のことを話す。本木は黙ったまま聞いていたが、やがて、聞き終えてからふいに真面目な顔つきになった。

話そうかどうか、迷うような表情を一瞬浮かべた後で「憶測を、話してもいいかな」と続けた。

「霧崎さん、ひょっとしたら、その脚本を自分のものにしたいんじゃないかな」

「え?」

「わからない。霧崎さんの人格を軽んじるような、本当に僕の思い込みの推測だよ。失礼もいいところなんだけど……」

「モトちゃん、前置きはいい」

衣花がきっぱりと言い放つと、本木が「うん……」と気乗りしない様子で頷(うなず)いた。意を決したように続ける。

「……誰も知らないからこそ、の〝幻〟なんでしょ?」

「はい」

「で、それを書いたと思われる脚本家は、その未発表原稿をみんなが探すような、たぶん、すごく才能のある人」

「はい」

「そんな人が書いた脚本が、誰にも知られずにどこかにある。そして、霧崎さんは作家。……だけど、こう言ったらアレだけど、僕は名前を聞いたことがなかった。つまりは代表作も、ないような状態なんだと思う」

「つまりこう言いたいの?」

衣花が首を傾(かし)げる。

「霧崎は、幻の脚本を、ここで見つけて持ち逃げして、自分のものとして発表する。盗作するつもりだ、ってそういうこと?」

「憶測だけど」

②本木が気まずそうに缶ジュースを飲む。朱里と新は顔を見合わせた。ありそうなことのような気がしてきたからだ。黙ってしまった二人の前で、衣花が「舐(な)められたもんだわ」と声を張り上げた。

「この島からなら、脚本を盗んだところで誰も騒がないとでも思ってるわけ? あっきれた。ふざけるんじゃないわよ」

「だから、憶測の域を出ない話だよ。衣花ちゃん、落ち着いて」

本木が困ったようにおろおろと宥(なだ)める。とにかく、と続けた。

「霧崎さんの目的が、脚本にしかないことは明らかだと思う。ああいう人は、それはそれで人とつきあうのが苦手だろうから、大変だとは思うけど。Iターン同士の集まりにも来ることは来たけど、やっぱり浮いてたし」

浮いている、というと聞こえがいいけど、それは言い換えると、衣花が昨日言ったような〝嫌われる〟ということだ。Iターンとして島にやってきたけど、島にも、Iターン同士で作るコミュニティからもあぶれて孤立する人や家をたまに見る。

そういう人たちが島の家を引き払ってここを去るのを、朱里はいつも、自分たちが追い出してしまったような一抹(いちまつ)の[C]を抱えて見送る。たとえ、その人と直接かかわることがなかったとしても。かかわらなかった、という事実そのものに、よそ者を受け入れなかったような心の狭さや後ろめたさを感じてしまう。

Iターン同士での仲間はずれのような現象が起きるのも、見ていて気持ちのいいものではなかった。だからこそ、衣花も〝不穏分子〟なんていう言い方をしたのだろう。

「モトちゃんの言い方、優しいなあ。あんなの本人の責任じゃない」

衣花がまた、はっきりと言い切った。

「あんなに上から目線で話してたら当然だよ。向こうに、仲良くしよう、うまくやっていこうっていう気がないんだもん。仕方ない」

「そうかな。ひょっとしたら、本人はすごくつらいのかもしれないよ」

本木が言って、意外に思う。彼の口調は至って静かだった。衣花が［　D　］、本木を見つめる。

「仲良くしたくてもどうしていいかわからなくて、上からしか話ができない人もいる。——どうして相手が自分の話に靡(なび)かないのかもわからない。わからないから、自分をよく見せる話を重ねてしまって、それがさらに距離を遠ざける。そんな感じなのかもしれない」

「そんなふうには見えないけど」

（　イ　）衣花が［　E　］頬を膨らませる。

「僕の、一意見だけどね」と本木が穏やかに笑った。

「霧崎さん、分析しちゃうんだ。Iターンの飲み会でも、段階についての話をしてた」

「段階？」

「うん。島の人たちが、外の人間に対して心を開いて、仲良くなってくのには段階があるんだって。たぶん、それもここに来る前に本とかで読んだんだと思うんだけど」

（　ウ　）本木が続ける。

「無関心が一番悪い状態。次は、文句を言われる。『都会の人間は嫌いだ』とか、構われるのは、相手が自分に興味がある証拠で、だけど、話しかけられてる以上は脈がある。次の段階として、『どこから来た』とか、興味を示される段階、『不便なことはないか』と心配される段階……と移っていく。自分は、来る時に、おしゃれなスーツケースを『気取りやがって』って島の人に言われたから、脈があるんだって言ってた」

「バッカじゃないの」

衣花が言い放つ。

「腹立つ！　そういうのが上から目線だっていうのよ。そんな段階段階ごとに、現実がきれいに色分けできるわけないじゃない」

「うーん。そういう、親しさの段階分けみたいなものをしないと不安だっていうのは、同じIターンとしてわからないわけじゃないけど、その一つ一つの段階を飛び越えるのって、相当時間も必要だし、③<u>頭でそんなふうに考えちゃうんだとしたらつらいだろうなって思ったんだよ。</u>ともかく、霧崎さんはそういう〝考える人〟だ」

「ふうん」

（　エ　）衣花がまだ納得できない様子で鼻息を洩(も)ら

す。どんな表情を浮かべたところで、相変わらず人形みたいにきれいな顔だ。その横顔が［　F　］、ジュースを一口、口に運んだ。

（辻村深月「島はぼくらと」による）

〈注〉明実――朱里の母親。
Iターン――都会の出身者が地方で就職し、定住すること。また は、そうして定住した人のこと。
荻原さん――冴島に住む、みかん農家の人。
源樹――冴島に住む高校生。

□問１　空欄Ａ～Ｃにあてはまる語句として適切なものを次のうちから一つずつ選び、記号で答えなさい。

ア　悲壮感　　イ　切迫感　　ウ　罪悪感　　エ　充実感
オ　生活感

□問２　――部①「そういうところ」とあるが、これはどのようなところか。その説明として適切なものを次のうちから一つ選び、記号で答えなさい。

ア　物がむだにならないように、相手の態度に関わりなく他人に分け与えるようなところ。
イ　好意を持てないような相手であっても、関わりをもった以上は可能な限り世話を焼くようなところ。
ウ　素直に優しさを見せることができず、手助けをするにも何かと理由をつけるようなところ。
エ　相手がどんな人物であろうと興味を示さず、淡々と自分の役割をこなすようなところ。

□問３　次の文が入る箇所を〈ア〉～〈エ〉から一つ選び、記号で答えなさい。

だとしても、よくそんなことをここで何年も先に暮らしているIターンの先輩たちに話せるものだ。

□問４　――部②「本木が気まずそうに缶ジュースを飲む」とあるが、本木が「気まずそうに」しているのはなぜか。その理由として適切なものを次のうちから一つ選び、記号で答えなさい。

ア　必要なこととはいえ、結果的に冴島を馬鹿にして衣花を怒らせるような事実を告げてしまったから。
イ　わずかな間とはいえ、信頼を寄せてくれていた霧崎を裏切るようなことをしてしまったから。
ウ　根拠のない考えであるのに、朱里たちに不安を抱かせるような話をしてしまったから。
エ　自分の想像に過ぎないのに、霧崎を悪意ある人物であるかのように語ってしまったから。

□問５　空欄Ｄ～Ｆにあてはまる語句として適切なものを次のうちから一つずつ選び、記号で答えなさい。

ア　つまらなそうに　　イ　怪訝（けげん）そうに
ウ　えらそうに　　エ　不服そうに

□問６　――部③「頭でそんなふうに考えちゃうんだとしたらつらいだろうなって思ったんだよ」とあるが、本木はどのようなつらさがあると考えているか。その内容を五十字以内で説明しなさい。

三　次の文章を読んで、あとの各問いに答えなさい。

子供は何でも自分の仲間のように感じることができるらしく、イヌ、ネコに話しかけるのはもちろんのこと、おもちゃの人形から雨や風、山や川にも語りかける。そういう言葉を聞いた大人が、子供は生まれながらの詩人だとおどろくことがすくなくない。しかし、これは、詩というものについての誤解のせいである。

子供の心には、人間もイヌもネコも山や川も相手としてあまり違うところがない。とにかく呼びかけることのできる相手であると思っている。自と他の境目がはっきりしていなくて、人間の感情が無生物の中へ自由に流れ込んで、それを擬人化してしまう。①こういうのんきな認識の方式だけでは詩が生まれるのにも不充分であるけれども、しいて近いものを求めるならばロマンティックな詩であろうか。

詩人は生まれるもので、つくられるものではない、と言うが、子供のときの「詩」を天成の詩人の作品と考えるのはすこし無理である。自然のすべてが歌っているというのでは芸術とはならない。選択と人工の加わる必要がある。どれほど純粋な感情であっても、それを手放しに吐露しただけでは芸術ではない。この意味での自然主義をはき違えるから、志士の文学や*プロパガンダの芸術が、当事者たちの意図がどうであろうと、芸術として高い価値と永い生命をもちにくいことになる。つまり、子供的なのである。

②幼児の〝汎詩〟主義の時代もやがて理性の発育とともにすこしずつ影がうすくなって、分析の時代に入る。人間と動物が言葉をかわす童話を喜んでいた子供がやがてそういう混淆（こんこう）に見切りをつける。動物は人間とは違ったものとして、さらには、ひとつひとつの動物の間にも大小の差異があることに興味をもつようになるのである。そうなると、山が笑ったり、風が歌ったりすることはなくなる。同じように真紅でも花と火は違うことがはっきりする。自と他の区別も明らかになってくる。こうしてものの見方がすこしずつやかましくなる。大らかにすべてをうたう心は、それに遠慮して後退する。物心がつくのである。

二十五歳を過ぎてなお詩人でありつづけるためには、伝統の感覚を身につけていなくてはならない。あるヨーロッパの詩人がそう言ったのは有名であるが、年老いてなお詩人でありつづけるためには、詩をやかましい精神と両立させることに成功しなくてはならない。東洋の詩歌が長寿であるのは、それが東洋ではある程度解決していることを暗示する。他方、西洋の近代詩がつねに青春の文芸であるのは、③やかましい心の介入とともに詩がショウ（イ）メツすることを物語るように思われる。いい意味でもわるい意味でも子供的なのである。

芸術に二つの相反する作用、感情移入と抽象を想定したのはドイツの美学者ヴォリンガーであった。それを展開させたイギリスのT・E・ヒュームは、感情移入によって生まれたのがルネッサンス以降のギリシア的芸術であり、抽象作用によって創られたのが東洋やエジプトに見られる幾何学的芸術であるとした。ヒュームのこの幾何学的芸術の考えをもう一歩進めたのがハーバート・リードの抽象芸術の哲学であるのは今日ではすでに常識である。

それはとにかく、感情移入の芸術では、作者の感情がつよく対象に流入する。［ ④ ］。他方の抽象芸術はそういう主体の積極的、具体的な表現を抑えて別種の美に達することを目ざす。ヴォリンガー以降の美学は、東洋の芸術をこの抽象芸術という大枠の中で眺めるのを常としてきた。われわれもあまり深くも考えないまま、その説に服してきているように思われる。

しかし、俳句における作者と自然、対象との関係を考えてみると、感情移入と抽象作用のどちらでも説明し切れない重要なはたらきがあるように思われてくる。どちらかと言えば、感情移入よりは抽象作用の方が俳句の原理に近いであろうが、なお、⑤俳句の核心をえぐるには抽象のみでは充分でないように感じられる。

感情移入ということからすれば、子供がもっとも活発な感情移入を行なっている。ときにそれは自己中心主義（エゴセントリズム）の形をとることもあるが、さきにのべたようなたくまざる詩人と見えることもすくなくない。おびただしい未知の事柄に触れて、それがとにもかくにもわかったと感じられるのも、感情移入によって対象を自己に同化することに成功しているからこそである。

理知的になるにつれて、⑥対象の強引な情緒化にブレーキがかかる。理解力が高まるにつれてそういった認識がつづけられなくなるのであろうし、わかる部分が多くなれば、その必要もなくなるのに違いない。正しい観察が重んじられるところでは、無制限の感情移入はむしろものを見る目をくもらせることがはっきりする。安易な感情のもちこみがセンチメンタルな甘い理解にしかならないことがしばしば経験されるにおよべば、人々が感情移入をロケイカイするようになっても不思議ではない。流れ出ようとする心を抑えて自然に耳を傾けると、それまで聞こえなかった音、声が聞こえるようになる。

人間が宇宙の中心にあると考える思想から自然の一部に人間が生かされているという考え方へ転換する。これはかならずしもヴォリンガー流の感情移入か、しからずんば抽象作用という二者択一では処理できないように思われる。抽象作用は正確には感情移入の対立ハガイネンでないことも改めて気付かされる。

居は気を移す、と言う。環境を変えると人間の心の中まで微妙に変化するのは、ニテンチが単に医学的に効果をもつだけでなく、しばしば心理的な回復作用をもつことによっても察せられる。心が自然に働きかけるのと同じように、いな、それよりずっと隠微でありながら、持続的に、したがって、より深刻な影響を周囲の万象がわれわれの心に及ぼしているのである。感情が外界に移入するのではなく、客観がわれわれの心の中へ移入する客観移入である。外界が何とかしてわれわれの心に印象を与えようとしてわれわれのまわりにひしめいている。その中から適当なものを選んで心にしみ入ることを許す。こうして生まれる詩が客観移入の詩歌であり、俳句はその典型だと言うことができる。人間の心を動かせてものごとを詠むのではない。対象の方が動いて詩人の心の中に入って詩となる。そこで小手先の技巧などを弄（ホ）すればどうなるかは言わなくてもはっきりしている。

（外山滋比古「俳句的」による）

〈注〉プロパガンダ――政治的意見の宣伝。

□問１　――部イ～ホについて、カタカナは漢字に直し、漢字は読みをひらがなで記しなさい。

□問２　――部①について、なぜ「不充分」なのか。その理由を文中の語句を用いて二十字以内で答えなさい。

□問３　――部②「幼児の〝汎詩〟主義」とはどういうことか。文中の語句を用いて説明しなさい。

□問４　――部③「やかましい心」とは何か。次の文の空欄にあてはまる語を文中から抜き出しなさい。

対象を□する精神。

□問５　空欄④にあてはまる文を次のうちから一つ選び、記号で答えなさい。

ア　それで対象は臨時に人間的性格をおびることになる

イ　それで対象はやがて抽象化された詩語となる

ウ　それで対象は伝統の感覚と結びついていくことになる

エ　それで対象は新たな意味を付与されることになる

□問６　――部⑤について、筆者が考える「俳句の核心」とは何か。文中から抜き出しなさい。

□問７　――部⑥「対象の強引な情緒化」とはどうすることか。文中から二十字以内で抜き出しなさい。

四　次の各問いに答えなさい。

問１　次の①～④が（　）の中の意味を表す慣用句になるように、□にあてはまる漢字一字をそれぞれ答えなさい。

□①　取り付く□もない　（態度が冷たく話にもならない）

□②　□が浮く　（軽はずみな言動に対して不快に思う）

□③　□が知らせる　（何となく予感がする）

□④　□から出たさび　（自分の悪い行いのために自分が苦しむこと）

問２　次の①～④の□には同じ文中にある語の対義語が入る。あてはまる言葉を、あとの語群から組み合わせて作り、漢字に改めて答えなさい。

□ ① 質素な生活を目標にしているが、煩雑な日常の中で［　　］に陥りがちである。

□ ② 浪費を慎み、収入に見合った消費生活をし、できる限りの［　　］を心掛けている。

□ ③ 内容重視の採点で、創造的な作品を重視しており、他の［　　］は認めない。

□ ④ 空想を膨らますのもよいが、現実の世界で実践できるか否かが重要で、その［　　］の真価が問われる。

語群【けん・ほう・やく・ろん・か・も・り・び】

65

第3回

出題の分類

一 論説文　二 小説
三 古文　四 知識問題

※特別な指示がない限り、句読点や記号も一字とする。

▼解答・解説はP.167

時　間：50分
目標点数：80点

1回目	／100
2回目	／100
3回目	／100

一　次の文章を読んで、あとの各問いに答えなさい。

わかるためにはそれなりの基礎的な知識が必要です。

たとえば、「いらっしゃいませ」という文字列を読むためには、い・ら・つ・し・や・い・ま・せ、という八個の平仮名を知っていなければなりません。これが「イラッシャイマセ」であれば、イ・ラ・ツ・シ・ヤ・イ・マ・セという八個の片仮名を知っていなければなりません。「筑摩書房」という文字列を読むためには、筑・摩・書・房の四個の漢字を知っていなければなりません。日本語を読むためには平仮名を少なくとも七一文字、片仮名も七一文字は知っていなければなりません。

漢字は少なくとも常用漢字一九四五字は知っていなければなりません。もし韓国のハングル文字で日本語の「いらっしゃいませ」が表記してあっても、ハングル文字を知らない人にはマルペケマルペケという模様の羅列のように見えてしまいます。①意味は立ち上がりません。日本の昔の書だってそうです。意味ある文字列には見えません。きれいな線が並んでいるだけです。

「いらっしゃいませ」が読めても十分ではありません。「いらっしゃいませ」の意味がわからなければ日本語を読んだことにはなりません。筑摩書房と読めても、意味がわからなければ、出版社なのか喫茶店なのか、ゲームの名前なのか、中国の地名なのかわからないでしょう。

A モノがわかるためには、大量の意味記憶が必要です。日本語をやりとりするには何千語もの単語の知識が必要です。日本語の読み書きにはさらに文字という大量の意味記憶が必要です。これらの大量の記憶を蓄えているからこそ、「いらっしゃいませ」が読め、「筑摩書房」が読めるのです。

当たり前のことをもっともらしく書くな、と思われるかもしれませんが、決して当たり前のことではありません。これだけの知識を集積するのは大変なことなのです。生まれてから、小学校卒業くらいまでかからないと、雑誌や新聞を普通に読むことは出来ません。②長い長い時間が必要なのです。

複数の類似の動物が犬というものであることを知ります。別の類似の動物が猫というものであることを知ります。さらに別の類似の動物が鼠であることを知ります。そのうち、牛を知り、馬を知ります。お寺の庭に群れている動物が鳩であり、ゴミ集積所に群れているのが烏であると知ります。こうした知識は単にその動物集団を区別しているのではありません。自分の心の中を整理しているのです。自分の心の中に動物の知識の網の目を作っているのです。

犬、猫、牛、馬、烏、鳩だけしか動物を知らない、と考えてみてください。その場合はこの六種の動物がその人の知識の網の目になります。この人がもしキツネを見かけたとしたら、犬みたいな動物と判断するでしょう。あるいは犬そのものと判断するでしょう。イタチを見かけたら猫みたいな動物と考えるでしょう。ラクダを見たら変わったタイプの馬と考えるでしょう。鷲を見ても烏と思うでしょう。とりあえずは、③自分の頭の中にある辞書を使って判断するしかないのです。そのうち、キツネ、イタチ、ラクダ、ワシと、知識の網の目が細かくなります。網の目が細かくなると判断も細かくなります。すべて「犬」では満足出来ず、犬は犬でもスピッツか、チンか、コッカースパニエルか、ということになるでしょう。烏もハシブトかハシボソか、が気になるようになります。

このように知識は意味の網の目を作ります。網の目は逆に知識を支えます。ひとつひとつだと不安定ですが、網の目になると安定度を増します。ひとつの知識だと不安定ですが、一〇〇の関連知識に支えられると、その知識は安定度を増すのです。

網の目を作るにはまず記憶が重要です。しっかりした記憶を作らないと、しっかりした網の目は出来ません。言葉の記憶の網の目がしっかりしているから言葉がわかるのです。④日本でいくら英語を勉強しても上達しないのに、アメリカやイギリスで一年も住めば結構上手になります。一日中英語の網の目で暮らしているため、いやでも自分の中に英語の網の目が立ち上がるのです。一年で獲得する知識の量が違うのです。

数学の始めは九九です。これを覚えてしまわないことには計算は始まりません。足し算も掛け算も繰り返して手続き化しないと役に立ちません。いちいち3×5の原理から考えているわけにはゆきません。みんな学校で⑤その試練を経ているから、スーパーのレジでおつりが合っているか間違っているかのチェックも出来ようというものです。

人それぞれ専門があります。服飾関係の人なら衣服のことに詳しい知識を持っています。建築関係の人は建築については人の知らないことをいっぱい知っています。農家なら季節の変化、野菜の性質、育ち方などにすごい知識を持っています。すべて、その仕事に従事している間に営々と知識の網の目を作っているのです。

学校生活には暗記という嫌な言葉があります。丸暗記などというとますます嫌なイメージです。嫌だけど覚えなければならない。無駄だけど覚えなければならない、というのが暗記のイメージです。

B 暗記という言葉が嫌なイメージだからといって記憶そのものを排斥することは間違いです。すべては記憶の上に成り立っているのです。そもそも毎日の行動そのものが記憶の上に組み立てられています。しっかりした記憶のおかげで、考えなくても我が家の中が歩きまわれ、わが町を歩きまわれるのです。記憶のない見知らぬ町へ放り出されたら、いちいち地図に相談しなければなりません。交番の厄介にならなければなりません。

心理過程はすべて記憶の重なりです。知らず知らずに覚え込んだか、意識して覚え込んだかの違いはあっても、覚え込んだものが積みあがった結果が現在の心です。覚えることに嫌悪感を持たないようにしてください。記憶を嫌がっている自分自身が記憶の上に成り立っているのです。

知識の網の目が出来ると、何がわかっていて、何がわかっていないのかがはっきりするようになります。網の目が変なものをひっかけてくれるのです。

C 次のような文が目に入るとします。

「天網恢々（かいかい）疎にして漏らさず」

わかったようでわからない難しい表現です。

まず、「天網」でひっかかります。テンノアミ？　テンモウ？　なんじゃこりゃ、と思います。つぎの「恢々」になると、読むことさえ出来ないかもしれません。なんじゃ、こりゃ。こりゃ漢字か？　どう読むのかな？　という反応を起こすでしょう。

天網は恢々であるが、疎であって漏らさない。という筋立てはわかります。日本語の知識の網の目があるからです。天網は天の網です。これもはっきりとはわかりませんが、天も網もわかりますから、天網は天に張りめぐらされている網、あるいは神様みたいな、天を支配している人が張りめぐらした網、と想像出来ます。

天という言葉が広げている意味、網という言葉が広げている意味がおたがいに重なって、なんとなくイメージを浮かべることが出来ます。恢々は辞書を引くしかありません。広く大いなるさま。ゆったりとしたさま。あるいは人に尋ねるしかありません。疎も辞書を引きましょう。粗い事。まばら。と辞書にあります。

これだけ意味が揃えば、だいたいわかります。

天が張りめぐらしている網がある。この網は広々としていて目も粗いものだが、決して獲物を逃がすことはない。［ ⑥ ］、という意味です。老子の言葉です。

この文の意味がわかるのは心に張りめぐらした知識の網のおかげです。天網に対抗して言えば、心網のおかげです。この心網が、この文を日本文としてひっかけてくれるのです。ついでその構造も網に入れてくれます。つまり、天網と恢々と疎の間で切れることがわかります。天網、恢々、疎にして、漏らさず、という構造です。この構造がわかれば、天網の意味、恢々の意味、疎の意味、というふうに個々の単語の意味を調べることが出来るのです。

⑦知識の網のおかげで、わかるところとわからないところが区別出来るのです。まったく何も知識がなければそもそも網の目が出来ていませんから、網にひっかけること自体が出来ません。すべてのものは網を遠くはずれたところをどんどん流れていってしまいます。とても天網恢々疎にして漏らさず、というわけにはゆきません。

「大きさがEのエネルギーは$m=\frac{E}{c^2}$という質量を持つ」という文はどうでしょうか・こちらは⑧皆目意味が取れません。同じように日本文ですが、どうも様子が違います。

天網恢々疎は辞書を引けばなんとかなりましたが、$m=\frac{E}{c^2}$は辞書の引きようがありません。英語の辞書を引いても、日本語の辞書を引いてもこんな式は載っていません。網の目が違うのです。

こちらは網にひっかかりようもなく、ストンと抜けてゆきます。⑨わかる・わからないの世界が違うのです。

$E=mc^2$(つまり、$m=\frac{E}{c^2}$)を理解するためにはEがエネルギーを表し、mが質量を表し、cが光速を表す、ということを知らなければなりません。これには科学についての知識の網の目が必要です。エネルギーとはどういう概念なのか、光速とはどういう概念なのか、質量とはどういう概念なのかを知っていなければなりません。エネルギーとはどういう概念かがわかっても、光速の二乗とはいったい何なのか。光速の二乗に質量をかけるとはいったいどういうことなのか。単位は何なのか、掛け合わせるということとは数字だということだろうけど、いったい何をしようとしているのか、さっぱりわかりません。関連する概念の網の目がなければ、こんな公式ひとつをもらってもなんのことだかわからないのです。⑩見当もつかないのです。ですが、科学の好きな人なら苦もなくわかるのでしょう。それだけの知識の網の目を蓄積しているからです。

誰も初めから知っているわけではありません。誰もが長い時間をかけて知識の網の目を作り上げているのです。あいつは$E=mc^2$がわかっているみたいだが、俺はわからない、ということもあるでしょう。だからといって、悲観することはまったくありません。その人の頭には⑪わかるための素材が溜めこまれているのです。その気になれば誰にでも溜められます。日本人なら誰でも日本語が理解出来、日本語が話せます。これが理解の原点です。科学の場合は、科学に必要な言葉を覚えればよいのです。ただし、近道はありません。言葉だって一〇年以上かかります。知識の網の目を作るにはそれだけの勉強が必要です。無から有は生じません。生命は自然に発生しません。パスツールが証明した通りです。知識だって同じです。⑫自然には生じません。網の目を作り上げる人と、作り上げない人がいる、というだけの差です。ただそれだけのことです。

たった一点の壷をみせられてこれは歴史に残る名作だ、と教えられても、⑬藪から棒を突き出されたようなもので、目を白黒させられるだけです。相手がそう言っているから、そういうものかと思うだけです。価値のつけようも、判断のしようもありません。ほかにも知っている壷があったり、好きな壷があったり、嫌いな壷があったり、自分も作ったことがあって、形を作るのがどういうことか、色ひとつ出すのがどういうことか、についてある程度の知識がないと、見当がつきません。網に引っかけようがないのです。ここをうまく利用されて、ただ同然の壷を何百万円もの値段で買わされた、というような事件が続いたことがありました。関連する知識の網の目がないと、良いも悪いも、相手の言葉が正しいのか、間違っているのか、判断のしようがないのです。あっさりだまされてしまいます。

何事であっても、わかるためには、それ相応の知識が要ります。知識の網の目を作らなければなりません。

（山鳥重「『わかる』とはどういうことか―認識の脳科学」による）

□問１　空欄Ａ～Ｃに入る語句としてふさわしいものを次のうちからそれぞれ選び、記号で答えなさい。

ア　つまり　　イ　そして　　ウ　たとえば
エ　何故なら　　オ　もし　　カ　でも
キ　やはり

□問２　――部①とはどういうことか、最もふさわしいものを次のうちから選び、記号で答えなさい。

ア　意味がわからないようにしてあります
イ　意味がわからなくなってしまいます
ウ　意味がわかるようにはなりません
エ　意味がわかってはいけません

□問３　――部②とはどういうことか、最もふさわしいものを次のうちから選び、記号で答えなさい。

ア　たくさんの知識を集めると、基本的なものの大切さがわかるようになるということ。
イ　当たり前のことをわかりやすくするために知識を集めるようになっていくということ。
ウ　たくさんの知識をどんなに寄せ集めても、文字の集合体にしかならないということ。
エ　基礎的な知識を積み重ねていくことによって物事を理解できるようになるということ。

□問４　――部③とはどういうことか、同じことを言い換えている言葉を文中から六字で抜き出しなさい。

□問５　――部④と同じ趣旨の一文を三十字程度で抜き出し、その最初と最後の五字を書きなさい(句読点は一字とする)。

□問６　――部⑤とはどういうことか、具体的に簡潔に答えなさい。

□問７　空欄⑥には次のどの文章が入ると思うか、最もふさわしいものを次のうちから選び、記号で答えなさい。

ア　網に引っかかったものは大きなものだけだ
イ　悪いことをすると、いつか必ず露見する

ウ　絶対にわからないようにしてほしい
エ　悪いことをしたところで見つかることはない

□問8　――部⑦とはどういうことか、最もふさわしいものを次のうちから選び、記号で答えなさい。
ア　知識の網の目ができると、何がわかっていて何がわからないことなのかがはっきりするということ。
イ　知識の網の目ができると、わかっていることが鮮明になって理解の深さが増していくということ。
ウ　知識の網の目ができると、何もわからないということが良く理解できて真実により近づくということ。
エ　知識の網の目ができると、どんなことがわかってきたかを他人に説明できるようになるということ。

問9　――部⑧、⑩の文中での意味としてふさわしいものを次のうちから選び、記号で答えなさい。
□　⑧　皆目
ア　喜んで　イ　みんなで　ウ　しばらく
エ　まったく
□　⑩　見当
ア　予想　イ　意気込み　ウ　理解　エ　連絡

□問10　――部⑨とはどういうことか、最もふさわしいものを次のうちから選び、記号で答えなさい。
ア　知っている記号だから、わからないことはほとんどないということ。
イ　知っている記号であっても、知識がないことについては全くわからないということ。
ウ　知っている記号だからこそ、知識から類推するとわかるようになるということ。
エ　知っている記号にしては、わからないことがとても多いということ。

□問11　――部⑪とは例えば何を指しているか、文中から漢字二字で答えなさい。

□問12　――部⑫と同じことを言っている部分を文中から十字以内で抜き出しなさい(句読点は含まない)。

□問13　――部⑬と同じような意味のことわざは何か、最もふさわしいものを次のうちから選び、記号で答えなさい。
ア　瓢箪から駒　イ　泣き面に蜂
ウ　二階から目薬　エ　寝耳に水

□問14　四人の生徒がこの文章について話し合いをしている。この文章の内容と合致している生徒は誰か、記号で答えなさい。

生徒A　あまり意識したことはありませんが、小さいころに苦労して覚えたことのいくつかは今に生きていることもあるような気がします。でも、ずいぶん時間をかけて頑張って覚えたのに全く意味をなさないことのほうが多くて、何だかとっても損をした気分がします。

生徒Ｂ　そんなことはないですよ。何かを理解するということは何年もかかっていろいろな知識を積み重ねていくことで成り立つのだから、無駄になるなんてことはありません。毎日毎日世界が広がっていくように理解も深くなっていくのだと思います。

生徒Ｃ　そうでしょうか？　きちんと集中して理解しようと思えば年月の積み重ねなんて全く関係ないような気がします。それよりわかろうという気合のようなものがきっと必要なのだと筆者は言っているのです。わかるわからないの違いはあまりないのかもしれません。

生徒Ｄ　確かにそうですね。私もわかろうとする気持ちがあれば何とか理解できるように思います。特に記憶はインパクトのあるものから蓄積していくものだと思っていましたし、実際に私の経験から言っても知識が積み重なってゆくという実感が得られると思います。

二　次の文章は、伊集院静の小説『親方と神様』の一部である。これを読んで、あとの各問いに答えなさい。

戦後まもない昭和二十三年の夏。鍛冶(かじ)職人の能島(のうじま)六郎は、一人の小学生由川(よしかわ)浩太と出会う。ちょうど夏休みの期間中、浩太は毎日のように六郎の仕事場を訪れて熱心に見学するうち、鍛冶屋の仕事に興味を持ち始める。ある日浩太は六郎に、中学には行かず六郎の仕事を継ぎたいと告げた。六郎は内心うれしく思うが、後日六郎を訪ねてきた浩太の母から、浩太に鍛冶職人になるのを諦めるように説得するようもちかけられ、激怒して母を追い返してしまう。その数日後、六郎はある思いを持って、浩太を鍛冶の神様が祀(まつ)られる金屋子(かなやご)神社のある山へ連れていくことにした。

神殿に続く階段を上りながら、六郎は＊あの時のことを思い出し、自分でも大人げないことをしてしまったと苦笑いをした。

「親方、ここは何という神社なんですか」

「金屋子神さんが祀ってある神社じゃ」

「かなやごさん？」

「そうじゃ、ほれ、あそこに書いてあろう。坊は勉強がようできるから読めるじゃろう。かなやごさんは鉄を造る神さまじゃ」

浩太は社の上方に掲げてある古い文字を読んでいた。〝金屋子神〟と記してある。

「わしが坊と同じ歳の頃、わしの親方がここに連れてきてくれて、ここで立派な鍛冶職人になれますようにと祈ってくれた。そうして生涯無事に鍛冶の仕事をやり通せたら、その時にまた礼を言いにこいと教えられた……」

「ふぅーん、鍛冶屋の神様がちゃんといるんですね」

そう言って浩太は本殿にむかって両手を合わせ神妙な顔をして目を閉じた。六郎も浩太の横に並んで手を合わせた。

「鍛冶屋さんは皆この神様に守ってもらっているのですか」

「他の土地の鍛冶職人がそうしとるかは知らんが、この地方では鍛冶職人はかなやごさんを大切にしとる。人の力でできることなどたいしたことではないからのう」

「そうなのですか……」

「いや、そう親方がわしにここで言うた。その言葉の意味がこの歳になって少しわかった気もする」

六郎はそう言って、頭を掻きながら本殿を見直した。

五十数年前に親方と並んで見た折の、あのひんやりとした風が抜けていくような本殿の印象はそのままだった。

――わしは何も成長しておらんということかもしれんな……。

六郎は胸の奥でつぶやいてから、隣りで本殿を見上げている浩太の横顔を見た。

二人は参拝を済ませると、神社を出て＊山径(さんけい)に入った。ほどなく地面を揺らすような水音が聞こえてきた。真砂(まさご)の滝の水音だった。

常緑樹が＊隧道(ずいどう)のようになった山径を抜けると急に視界がひらけて、そこに霧のような水煙がかかっていた。冬の陽(ひ)に水煙はきらきらとかがやき大きな光輪が浮かび上がっていた。その光輪のむこうに数段にわたって水を落とす真砂の滝が見えた。

ワァーッと浩太が声を上げた。走り出そうとする浩太に六郎が声をかけた。

「走ってはならんぞ。足元は苔(こけ)が生えて滑るでな」

六郎は浩太と並んで真砂の滝を仰ぎ見た。

耳の底から親方の声が聞こえた。

『ロク、この水が鍛冶の神様や。よう覚えとくんや』

やさしい声だった。六郎は親方にそう言われた日がつい昨日のように思えた。

二人は滝の中段と同じ高さの岩場に腰を下ろして＊トヨがこしらえた弁当を食べはじめた。山径を歩き続けたせいか、浩太はよほど腹が空いていたとみえて勢い良く弁当を平らげていく。

六郎は先刻、神社で手を合わせていた浩太の姿を思い出していた。浩太は金屋子の神様に何を祈ったのだろうか。もし浩太が金屋子の神様に自分も立派な鍛冶職人になれるように祈っていたとしたら、六郎が今日、浩太に話して聞かせようとしていることを彼は聞き入れてくれない気がした。浩太を説得してくれと担任の先生から頼まれ、それを承諾した六郎が浩太に対して説得とはまったく逆の行動をしている。六郎は①どうしたものかと滝壺(たきつぼ)を見た。

須崎という名前の若い男性教師の顔が滝壺の水面に浮かんだ。

十二月になったばかりの夕暮れ、須崎は六郎の鍛冶場に訪ねてくると、仕事場をぐるりと見回して懐かしそうに言った。

「いや懐かしいですね。私、生まれ育ったのが＊出雲(いずも)の佐田町という山の中でしてね。そこに山村の鍛冶屋が一軒あって、職人さんが一人で毎日金槌を打っていたんです。私、子供の時分、その仕事を見るのが好きで、一日中眺めていました。山で働く人には必要ないろんな道具をこしらえていたんですよ」

「ああ、知っておる。わしの兄弟弟子の一人が山鍛冶職人になったからの。あんたは浩太の担任の先生ですか。あんたがわしの所に来なさった用件はわかっています」

「いや能島さん、違うんです。私は浩太君に鍛冶屋になる夢を捨てろとは一度も言っていません。鍛冶屋さんはいい仕事だと言いました。鍛冶屋は人間が最初に作った職業のひとつだと教えたんです。浩太君が鍛冶屋になりたいと言い出したのは私のせいでもあるんです……ですから私の話を聞いて貰いたいんです。浩太君は能島さんの話なら耳を傾けてくれます。あなたのことを本当に尊敬しているんです」

須崎という教師の話には説得力があった。

その翌日、須崎に連れられて浩太の母が神妙な顔をしてあらわれ、先日の非礼を詫び、息子を説得して欲しいと頼みにきた。

「ともかく話してみましょう」

六郎は二人に約束した。

承諾はしたものの、口下手な六郎の説得をあの純粋無垢な浩太が聞き入れてくれるとは思えなかった。進学した方がおまえのためだと話せば話すほど浩太は自分に裏切られたと思うに違いない。

六郎は考えた。妙案なぞ浮かぶはずはなかった。考えた末、六郎が出した答えは彼がかつて少年の時、親方が彼に鍛冶職人がいかに素晴らしい職業かを教えてくれた、あの山径に二人で出かけ、親方が言ったことと同じ話をしてみようということだった。それは説得とはまったく逆の話なのだが、六郎は自分ができる唯一の方法だと思った。

昼食を終えて二人は岩の上で少し昼寝をした。

六郎は眠れなかった。胸元で浩太の寝息が聞こえた。

六郎の胸の上に浩太のちいさな指がかかっている。②いつかこの指が大人の男の指になるのだろうと思った。その時は自分はこの世にいない。浩太がどんな大人になるか見てみたい気がする。六郎は独りで生きてきたことを少し後悔した。

——いや、そのかわりにこの子に逢えた。

親方の言葉がまた聞こえてきた。

『玉鋼と同じもんがおまえの身体の中にもある。玉鋼のようにいろんなもんが集まって一人前になるもんじゃ。鍛冶の仕事には何ひとつ無駄なもんはない。とにかく丁寧に仕事をやっていけ』

親方の言葉が耳の底に響いた。

玉鋼は鋼の最上のものである。ちいさな砂鉄をひとつひとつ集めて玉鋼は生まれる。親方はちいさなものをおろそかにせずひとつひとつ集めたものが一番強いということを少年の六郎に言って聞かせた。その時は親方の話の意味がよくわからなかった。それが十年、二十年、三十年と続けて行くうちに理解できるようになった。③一日一日も砂鉄のようなものだったのかもしれない……。

浩太が目を覚ました。

「浩太、鋼は何からできるか知っとるや」

「鉄鉱石」

「そうじゃ。他には」

浩太が首をかしげた。

「ならそれを見せてやろう。靴を脱いで裸足（はだし）になれ」

六郎は浩太を連れて滝壷の脇の流れがゆるやかな水に膝（ひざ）まで入り、底の砂を両手で掬（すく）い上げた。そうして両手を器のようにして砂を洗い出した。浩太は六郎の大きな手の中の砂をのぞきこんでいる。やがて六郎の手の中にきらきらと光る粒が残った。六郎はその光る粒を指先につまんで浩太に見せた。

「これが砂鉄じゃ。この砂鉄を集めて火の中に入れてやると鋼ができる」

「ぼくにも見つけられますか」

「④ああできるとも。やってみろ」

浩太はズボンが濡（ぬ）れるのもかまわず水の中から砂を掬い上げると両手の中で洗うようにした。浩太のちいさな手に砂鉄が数粒残った。

「あった、あった。砂鉄があった」

浩太が嬉（うれ）しそうに声を上げ、六郎を見返した。

「それは真砂砂鉄と言う一等上等な砂鉄じゃ。このあたりにしかない。かなやごさんがこの土地に下さったもんじゃ。その砂鉄をあの岩ほど集めて、これだけの玉鋼ができる」

六郎は先刻まで二人が座っていた大岩を指さし、両手で鋼の大きさを教えた。

「あの岩ほど集めて、それだけの鋼しか取れないんですか」

「そうじゃ。そのかわり鋼を鍛えて刀に仕上げればどんなものより強い刀ができる。どんなに強い刀も、この砂鉄の一粒が生んどる」

「なら砂鉄が一番大事なものですね」

「そうじゃ。砂鉄はひとつひとつはちいさいが集まれば大きな力になる。この砂鉄と同じもんが、浩太の身体の中にある」

「ぼくの身体の中に……」

「どんなに大変そうに見えるもんでも、今はすぐにできんでもひとつひとつ丁寧に集めていけばいつか必ずできるようになる。わしの親方がそう言うた」

「ぼくも、ぼくの親方のようにいつかなれるんですね」

「………」

六郎は浩太の言葉に口ごもった。

「浩太、わしだけがおまえの親方ではない」

「どうしてですか。ぼくの親方はあなただけです。親方だけです」

浩太の顔が半べそをかきそうになっていた。六郎は浩太の頭を撫でた。

二人は滝を離れると、*青煙の中腹まで登った。そこから中国山地の美しい眺望をひとしきり眺めて下山した。

登山口のバス停で二人は並んでバスを待った。六郎はバスのくる方角を見ていた。

「⑤親方、今日はありがとうございます」

浩太がぽつりと言ってお辞儀をした。

「どうしたんじゃ急に、礼なぞ水臭い」

六郎はうつむいている浩太を見て、思い出したようにポケットの中を探った。そうしてちいさな石を浩太に差し出した。

「滝のそばで拾うた。みやげに持って行け」

それは鉄鉱石だった。浩太は石をじっと見ていた。

「いつかおまえが大きゅうなったら、この山をもう一度登るとええ。そん時は誰かを連れて行って、あの滝を見せてやれ。山も滝もずっと待ってくれとる。きっとおまえは……」

六郎が言いかける前に浩太が六郎の胸に飛び込んできた。嗚咽が聞こえた。しがみついた手が震えていた。オ、ヤ、カ、タ……。途切れ途切れに声が聞こえた。

——この子は今日の山登りを何のためにしたのか、初めっからわかっていたのかもしれん。

そう思うと泣きじゃくる浩太の背中のふくらみがいとおしく思えた。

〈注〉あの時——浩太の母親を追い返したときのこと。

山径——山の小道。

隧道——地中に掘った通路。トンネルのこと。

トヨ——六郎の食事の世話をしている人物。

出雲——島根県出雲市。

青煙——峠の名称。

問１　══部ａ「ひとしきり」、ｂ「水臭い」の意味として最も適切なものをそれぞれ選び、記号で答えなさい。

□　ａ「ひとしきり」

ア　限られた時間　　イ　とても短い間

ウ　しばらくの間　　エ　長い時間

□　ｂ「水臭い」

ア　面倒くさい　　イ　さしでがましい

ウ　うやうやしい　　エ　よそよそしい

□問２　——部①「どうしたものか」と思ったときの六郎の心情を説明したものとして、最も適切なものを次のうちから選び、記号で答えなさい。

ア　浩太の母親を追い返した負い目から、浩太を説得することを引き受けたが、自分には自信がなく、引き受けたことを後悔している。

イ　浩太の母親と須崎の思いをくんで、浩太の説得を引き受けたが、実際に浩太を目にすると、説得の方法が見つからず困感している。

ウ　浩太の母親と須崎の熱意に感動し、説得しようと試みたが、浩太が思いのほか素直なので、説得をしなくても良いと思い始めている。

エ　須崎の思いをくみとり、浩太の説得を引き受けたが、神社で手を合わせる浩太の姿を見ると、説得する勇気が出ずに戸惑っている。

オ　須崎の真面目な態度にひかれ、浩太を説得することに同意はしたが、実際の浩太の態度がかたくななので、説得を諦めかけている。

□問３　――部②「いつかこの指が大人の男の指になるのだろうと思った」とあるが、六郎は浩太の指から何を感じ取っているか。次のうちから二つ選び、記号で答えなさい。

ア　浩太が一人前に成長することへの期待

イ　浩太が今まで成長してきたという過程

ウ　浩太に対して抱くいとおしさ

エ　浩太の将来に対して抱いた迷い

オ　鍛冶職人になった浩太の姿

カ　鍛冶職人を継いでほしいという願い

□問４　――部③「一日一日も砂鉄のようなものだったのかもしれない……」という表現から読み取れる六郎の心情として、最も適切なものを次のうちから選び、記号で答えなさい。

ア　親方から言われたことを、自分が長い年月をかけて理解したように、浩太も時間をかければ理解してくれるはずだと期待している。

イ　鍛冶職人としての辛かった半生を振り返り、日々親方から教えられたことが今の自分の基礎となっていることを自覚している。

ウ　若いころは親方から言われたことに反感を抱いていたが、浩太を説得する立場になった現在、貴重なものだったと感謝している。

エ　親方からの教えを、鍛冶職人として過ごす長い年月の中で理解できたことを思うと、親方の言葉の奥深さを知り感慨深く感じている。

オ　現在の自分があるのは親方が厳しくしつけてくれたおかげだと感謝しながらも、下積みの時代には戻りたくないと感じている。

□問５　――部④「ああできるとも。やってみろ」から、――部⑤「親方、今日はありがとうございます」までの「六郎」と「浩太」の心境について話し合いをした。そのやり取りを読んで、あとの問いに答えなさい。

①六郎が浩太を砂鉄のある場所に連れてきたそもそもの目的は、鍛冶職人になることを諦めさせることだったんだよね。

②でも、六郎はそれが難しいと感じているね。
③確かに。「今日、浩太に話して聞かせようとしていることを彼は聞き入れてくれない気がした」と感じているものね。
④では、砂鉄を集めさせたのはどうしてだろう。
⑤砂鉄が集まると玉鋼になって、強い刀の元になると教えているね。
⑥そうだね。砂鉄は小さいけれども、玉鋼になくてはならないものだね。無駄にはできないものなんだ。
⑦なるほど。六郎は砂鉄を集めさせる直前に、自分の親方から言われた「ちいさなものをおろそかにせずひとつひとつ集めたものが一番強い」という言葉を思い出しているね。それと同じことを浩太に伝えるために砂鉄を集めさせたんだよ。
⑧だから、六郎は「砂鉄はひとつひとつはちいさいが集まれば大きな力になる。この砂鉄と同じもんが、浩太の身体の中にある」と直接浩太に伝えたのだね。
⑨その言葉を受けて浩太は一瞬言葉に詰まっているね。どういう心境だったのだろう。
⑩「ちいさいが集まれば大きな力になる」というところがポイントだね。浩太はすぐにでも鍛冶職人になろうと思っているけれど、この六郎の言葉を聞いて、心の中に思い当たることがあったんだよ。
⑪どういうこと？

⑫今すぐに鍛冶職人にはならなくても、ちいさなものを丁寧に集めていくように、自分の身の回りにあるものに向き合うことが必要だということを感じ取ったんだ。
⑬なるほど、自分の身の回りにあるものに向き合って、経験を積めば、（　Ａ　）や選択肢が広がるね。逆に、今すぐに弟子入りして鍛冶職人になれば、（　Ｂ　）ことで得られる、自分の（　Ａ　）を捨ててしまうことになるね。
⑭自分にとって（　Ｂ　）ことが無駄だと思って切り捨てようとする浩太の態度は、「　Ｃ　」という鍛冶職人に必要な仕事の姿勢に反することになるんじゃないかな。
⑮けれども「わしだけがおまえの親方ではない」という言葉を聞いた後、浩太は反発しているよ。
⑯でも浩太はその後、六郎の言葉の意味を考えたんだ。それで、今すぐに鍛冶職人になることは、鍛冶職人に必要な仕事の姿勢と反するものだと気が付いて、（　Ｂ　）という自分にとって意味がないと思っていたことも自分の（　Ａ　）を広げることに気が付いたんだね。
⑰それで浩太は「親方、今日はありがとうございます」とお礼を述べたんだね。

□

(1)　空欄Ａ、Ｂにあてはまる表現を、Ａは漢字三字で、Ｂは七字以上十字以内で考えて書きなさい。

□ (2) 空欄Cには、六郎の親方の言葉が入る。本文から二十字以内で抜き出し、初めの六字を答えなさい。

□ (3) 浩太が「親方、今日はありがとうございます」とお礼を述べたのはなぜか。その理由として最も適切なものを次のうちから選び、記号で答えなさい。

ア 六郎の言葉は、自分の成長に必要となるものに気づかせてくれるものであり、自分に対する六郎の深い思いに強く感謝したから。

イ 自分と距離を取ろうとしたのは、鍛冶職人への夢を諦めざるを得ないことに気づかせるためだと知って、その優しさに感謝したから。

ウ あえて自分を厳しく突き放すことによって、成長に必要なものを見つけさせようとした六郎の意図を悟り、深く感謝したから。

エ 担任の須崎と同じで、自分の苦しみを受け止めた上で、真剣に考え説得してくれた六郎への感謝の気持ちを伝えたかったから。

オ 鍛冶職人になるという幼いころからの夢を叶えるためには、多くの困難が伴うことを、身をもって教えてくれた六郎に感謝したから。

□問6 この文章の構成や表現について説明した文として最も適切なものを次のうちから選び、記号で答えなさい。

ア 浩太というかたくなな少年との会話を通し、自分の人生の意味を捉え直していく老人の心情の変化を、風景描写に重ねて描いている。

イ 六郎自身の幼い頃の回想を要所に入れることで、親方として生まれ変わろうと決心する六郎の姿を描くことに成功している。

ウ 浩太との会話を通じて、六郎自身が親方に教わった職人としての誇りを思い出すという主題を、明るい筆致で描いている。

エ 須崎と六郎のやり取りを、異なる時間の描写として切り離すことで、浩太と六郎の二人だけの幻想的で濃密な世界を描き出している。

オ 幼くも芯のしっかりした少年とのふれあいを、会話文を多用して描き、少年の真の成長を願う老人の心情を丁寧に表現している。

三

次の文章を読んで、あとの各問いに答えなさい。

*はし鷹の野守の鏡 [1]得てしがな *思ひおもはずよそながらみむ

むかし、天智天皇と申すみかどの、野にいでて鷹狩せさせ給ひけるに、御鷹、風に流れて失せにけり。むかしは、*野を守る者ありけるに、召して、「御鷹失せにたり、たしかに求めよ」と仰せられければ、かしこまりて、「[2]御鷹は、かの岡の松の*ほつえに、南にむきて、しか侍る」と申しければ、おどろかせ給ひにけり。

「そもそもなんぢ、[3]地にむかひて、かうべを地につけて、ほかを見る事なし。」いかにして、こずゑにゐたる鷹のあり所を知る」と問はせ給ひければ、野守のおきな「民は、公主におもてをまじふる事なし。*しばのうへにたまれる水を、鏡として、[4]かしらの雪をもさとり、おもてのしわをも数ふるものなれば、その鏡をまぼりて、御鷹の木居を知れり」と申しければ、そののち、野の中にたまれりける水を、野守の鏡とは言ふなり、とぞ言ひつたへたるを、野守の鏡とは徐君*［ A ］鏡なり。その鏡は、人の心のうちを照らせる鏡にて、いみじき鏡なれば、よの人、こぞりてほしがりけり。これに、さらに我持ちとげじと思ひて、塚の下にうづみてけりとぞ、またひと申しける。いづれかまことならむ。

（『俊頼髄脳』による）

〈注〉はし鷹——鷹狩に用いた鷲鷹目の鳥。

思ひおもはず——相手が自分に好意を持っているか持っていないか。

野を守る者——主として皇室所有の狩猟地に置かれた管理者。

ほつえ——上の枝。

しばのうへにたまれる水——野のくぼみにたまる水。

徐君——中国の徐国の君主。

□問1 ——部1「得てしがな」といわれている鏡はどのような鏡か、最も適当なものを次のうちから選び、記号で答えなさい。

ア 人の心の中を照らし出し、知ることができるすばらしい鏡

イ 人柄の良し悪しを映し出し、人が信用できるかを知ることができる鏡

ウ 野守のおきなの伝説になぞらえて後の世の中で作られた鏡

エ 野守のおきなが実際にのぞいていた地面にできた水たまりのような鏡

オ 野守のおきなが天智天皇の人柄の素晴らしさをのぞき見た鏡

□問2 ——部2「御鷹は、かの岡の松のほつえに、南にむきて、しか侍る」と野守がわかったのはなぜか、その理由として、最も適当な部分を六字で抜き出して答えなさい。

□問3 ——部3「地にむかひて、かうべを地につけて、ほかを見る事なし」とあるが野守がこのようにした理由として、最も適当なものを次のうちから選び、記号で答えなさい。

ア 天智天皇に鷹がいなくなったので探せという無理難題を持ちかけられたので怒っており、天智天皇の姿を目にしたくなかったから。

イ 自分のような身分の低い者が天智天皇の顔を見ることは失礼に当たると考えて、絶対に顔を上げないようにしていたから。

ウ 返事をしただけでも天皇から失礼だと言って脅されるので、顔を上げて天智天皇の顔を見たら、どんな罪に落とされるかわからないと思ったから。

エ 窪みにたまった水の中に天智天皇の姿が映っており、天智天皇の人柄まで手に取るように知れたので、顔を上げる必要

が無かったから。

オ 老人なので鷹を探して疲れ果て、つかまって天智天皇の前に連れ出された時には顔を上げる気力も無くなってしまったから。

□問4 ――部4「かしらの雪」とは何か、最も適当なものを次のうちから選び、記号で答えなさい。

ア 季節を知らせる富士山に積もった雪
イ 年老いた野守の髪の毛の様子
ウ 気品を感じさせる天智天皇の冠の輝き
エ 雪が降るかどうかという空模様
オ 地面の水で占いができるという頭のひらめき

□問5 空欄Aには「徐君の鏡である」という意味になる語が入る。あてはまる語として最も適当なものを次のうちから選び、記号で答えなさい。

ア は　イ を　ウ に　エ が　オ と

□問6 本文の内容と合致するものを次のうちから選び、記号で答えなさい。ただし、解答が複数になる場合は複数答えなさい。

ア むかし、天智天皇という方が、野原に出て鷹狩をなさったが、鷹が風に流されていなくなったので、天皇は大勢の家来に命じて鷹を探させた。

イ 野守が、野の窪みにたまった水を占いに使って、見事に鷹が木にとまっているのを言い当てた事から、野原の水たまりのことを野守の鏡と言うようになった。

ウ 天智天皇と野守の逸話とは別に、徐君の鏡のことを指して野守の鏡と呼称する話があり、その鏡が魔力を持っているために悪者はだれもがその鏡をほしがった。

エ 徐君は自分の所有していた鏡を皆がほしがっていたので、自分では所有しきれないと考えて塚の下に埋めてしまったとも言われている。

オ 野守の鏡を皆がほしがったのは、天皇に褒められるからか、普通ではわからないことを知ることができるからなのか、どちらが本当の理由かはよくわかっていない。

□問7 この作品『俊頼髄脳』は和歌について論じた書物であるが、次の勅撰和歌集の中で最も古いものはどれか、次のうちから選び、記号で答えなさい。

ア 拾遺和歌集　イ 千載和歌集　ウ 古今和歌集
エ 後撰和歌集　オ 金葉和歌集

四 次の各問いに答えなさい。

問1 次の①～③の――部と同一の漢字を用いるものはどれか、それぞれ適当なものを一つずつ選び、記号で答えなさい。

□ ① 生命のソンゲンが守られる。

ア 問題の核心にゲンキュウする。
イ 我慢にもゲンドがある。
ウ 熱にうかされてゲンカクを見る。

エ　ゲンシュクに式が行われた。

□　②大臣をコウテツする。

ア　契約をコウカイする。

イ　コウシツな素材を生かす。

ウ　コウテキな支援を受ける。

エ　線路をコウカにする。

□　③今年度は成績フシンだった。

ア　法案のシンギを重ねる。

イ　人権をシンガイする。

ウ　産業のシンコウを図る。

エ　雨水が地下にシントウする。

□問2　「捲土重来」(けんどちょうらい)の意味として、最も適当なものを次のうちから選び、記号で答えなさい。

ア　絶え間なく努力すること。　イ　意気込みが強いこと。

ウ　物事を成し遂げること。　エ　再び勢いを盛り返すこと。

□問3　「生き馬の目を抜く」の意味として、最も適当なものを次のうちから選び、記号で答えなさい。

ア　人にだまされやすい様子。　イ　油断ができない様子。

ウ　金銭にこだわる様子。　エ　口汚くののしる様子。

□問4　漢字とその部首名の組み合わせとして、適当でないものを次のうちから一つ選び、記号で答えなさい。

ア　複(しめすへん)　イ　順(おおがい)

ウ　薫(くさかんむり)　エ　建(えんにょう)

□問5　敬語の用法として、適当でないものを次のうちから一つ選び、記号で答えなさい。

ア　監督は、グラウンドにいらっしゃるだろう。

イ　母は、師匠のお宅へうかがうと申しておりました。

ウ　先生、冷めないうちにお茶をいただいてください。

エ　会場の皆さま、近くでご覧ください。

□問6　高村光太郎の作品として、適当なものを次のうちから一つ選び、記号で答えなさい。

ア　『若菜集』　イ　『智恵子抄』

ウ　『月に吠える』　エ　『春と修羅』

□問7　『南総里見八犬伝』の作者として、適当なものを次のうちから一つ選び、記号で答えなさい。

ア　滝沢馬琴　イ　井原西鶴

ウ　十返舎一九　エ　近松門左衛門

□問8　『論語』の中で、孔子は人の成長段階を年齢ごとに述べているが、十五歳を表す言葉はどれか、次のうちから適当なものを一つ選び、記号で答えなさい。

ア　志学　イ　而立　ウ　知命　エ　耳順

第４回

出題の分類

一 随筆　二 論説文
三 古文　四 知識問題

※特別な指示がない限り、句読点や記号も一字とする。

▼解答・解説はP.172

時　間：50分
目標点数：80点

1回目	／100
2回目	／100
3回目	／100

一 次の文章を読んで、あとの各問いに答えなさい。

学校の教師をしている娘が、友達に電話をかけている。

「九時半ごろいつもの所で待っている。いいでしょ。じゃーね」

私は九時半ごろというのが気に入らない。きちんと九時半と時刻をきめて約束しなければいけない、とⒶコゴトをいうのだが、いつまでたっても直さない。相手もたぶん何時ごろと時刻にゆとりをもたせたほうが気がらくなのだろう。しかし、㋑十分も十五分もおくれて来て「待った?」などと平気な顔をしていられるのは、ごろというあいまいな時刻指定をするからである。私は待つのもいやだし、待たせるのもいやだ。［Ⅰ］、きちんと九時なら九時、九時三十五分なら三十五分と、きめて約束する。自分の家にいて、雑誌の編集者などが来るのを待っているときでも、時刻を正確にまもってもらうことにしている。漫談が好きなので面会時間をのばしていくらでも自分がしゃべってしまうことは平気なくせに、何時におうかがいします、と電話してきていながら、自宅にいるのだから待たせてもよかろうくらいに思って、ゆっくりやってくる人がいるが、それはおもしろくないのである。人を待っている時間は何も手につかず、ぼんやりしていることさえできない。約束の時刻は何時何分ときっちりきめるべきで、何時ごろというのはいけない。

ところで考えてみると、ごろというアイマイないいかたもまた必要だからあるのであった。［Ⅱ］、「うちの娘ももう年ごろを過ぎてしまったので……」などとつかう。これは、はっきりしないほうがいいのである。私も内心Ⓑやきもきして、早くなんとか相手を見つけてくれないものかなアと心配していたが、先日、やっと結婚してくれた。記念帳に「やれやれ」と書いてほッとした気持ちをあらわしたが、これではあまり率直すぎるかと気がさして、「やれやれ」は、れのほうにアクセントがあるものと思ってくれと言いわけをした。それほどだから㋺幾歳幾月と正確な年齢などをいうのはやめて年ごろと、漠然といういいかたがあったほうがいい。昔は「さだすぎ*」という言葉があって、平安朝の物語には、若い娘がすぐに「さだすぎ」てしまうことが書いてある。

何時ごろという漠然としたいいかたもつかいかたによっては妥当かつ的確なのである。

自然を観察するばあい数をかぞえるような見かたをすると風趣が消えてしまう。①蕪村(ぶそん)の有名な句、

牡丹(ぼたん)散て打(うち)かさなりぬ二三片

この句の二三片を、もし正確に三片と数をかぞえていっていたら、おそらく句にはなりにくいだろう。数はあげているが、二つ三つとかぞえてたしかめたのではなく、牡丹の大きな花びらがはらりと散ってかさなった状景をよんでいるのだ。この句から目に浮かぶのは、音もなくはらりと散る牡丹の花びらを焦点として、②その周辺をソフトフォーカスにつつみこんでいる気分である。数を計算する目で見たのでは、この雰囲気はつかめない。このばあいはどうしても二三片とアイマイないいかたをすることが必要不可欠な条件なのである。

つまり③九時三十五分にお会いしましょうといったような精神のありかたとはちがう次元によって成り立っている。人間にはいろいろの感じかた考えかたがあって、領域がちがえば表現のしかたもまたちがうのがあたりまえなのだ。

時刻を指定するのに二、三時にあいましょうといったのでは通用しないが、蕪村の句のばあいでは「二三片」でなければおさまらない。数としてはアイマイだが、表現としては正確なのだ。この相違は、(ハ)内容を空白化した時間のきざみめとしての時刻を共通にするのと、客観的な風景をとらえて④主観的な内実を共通化しようとするのとの相違である。前者は二に二を加えると四という数学的な考えにつながる。これに反して後者は芸術的な認識にほかならない。そういってしまえば事柄は簡単だが、実際の生活ではつねにこの両者をつかいわけしていて、つかいわけしていること自体を意識していない。意識できないというのか、とにかく忘れている。

このことに気がついたのは、私も近年のことである。出雲(いずも)大社の裏の山を車で一時間くらい走って日本海がわの小さい入江に出たとき変な、なつかしさと寂しさを感じたことがあった。ちらりと海を見て、入江にそった道を左へ迂(う)回しながらすぐまた山へはいってしまったが、一瞬のうちに小さい入江全体が見てとれた。山の下の道と水面の差が五十センチくらいしかなく、砂浜は右側へのびて、そこに舟が四五艘(そう)ひきあげられていた。人影は全然なかった。人びとはみんな死に絶えてしまったのかと思われた。それほど風景がしんと静かに凍っていた。

通りすぎてしまってから、私の印象の中の絵で、舟はたしかに五艘あったとかぞえることができた。[Ⅲ]、その風景を文章にして書くとなると、「舟が四五艘砂浜にひきあげられていた」と書くよりしかたがない。⑤五艘と数を正確に書くと私の主観的なものが逃げてしまうのである。

このときの私の心理を反省してみると、注意して見るばあいに、ズームレンズでピントをあわせるように全体と部分とが移動しつつ注意の焦点がきまるということなのだ。ほとんど意識して

いないが、見る対象を選択して見ている。では選択にもれた対象は見ていないのかというと、そうではない。はっきり注意していないだけで、見てはいるのである。いってみれば半注意の状態で見ている。この部分が周囲に残像として記憶されるからかんじんの焦点が注意の対象として明確化するのである。数をかぞえるのは物を捨象*して数詞化する過程がそこにはいる。だから、注意の焦点である対象を意味するものとしてとらえ形象化によって注意主体の内実を意味させる表現行為とは指向が反対になる。蕪村は牡丹の花びらの散る状態、はらりとおちて、すでに落ち散っていた花びらのうえにかさなったというその状態に焦点をあわせて見ている。㊁二片の花びらのうえに三片めがおちたと数をかぞえているのではないから「二三片」といっているので、⑥このいいかたでないと牡丹の花とその周辺とが濃淡をもった絵として浮かんでこないのである。

幾時にどこそこで会いましょうというのと㋭幾時ごろ会いましょうというのとでは指向の選択の段階ですでにちがっていたといってもいいだろう。私のいいたいのは、そういう選択が無意識におこなわれることに注意して欲しいことなのだ。さもないと何かかんじんのことを忘れていることになりそうな気がするのである。

（戸井田道三「忘れの構造」による）

〈注〉　さだすぎ――盛りの年ごろを過ぎること。

捨象――事物または表象からある要素や性質を抽象するとき、それ以外の要素や性質を考察の対象から切り捨てること。

□問１　――部Ⓐ「コゴトをいう」、Ⓑ「やきもきして」の本文中での意味として最もふさわしいものをそれぞれ次のうちから選び、記号で答えなさい。

□Ⓐ　コゴト(小言)をいう

ア　小さな声で助言する
イ　あれこれと要らぬ心配をする
ウ　しつこく何度も戒める
エ　同じことをしきりに促す
オ　細かいことをいちいち取り立てて叱る

□Ⓑ　やきもきして

ア　くらくらめまいがして
イ　気をもんでいらいらして
ウ　あれこれ配慮して
エ　いろいろと熟慮して
オ　なんとなく不審に思って

□問２　空欄［Ⅰ］～［Ⅲ］に補うのに最もふさわしい語を次のうちからそれぞれ選び、記号で答えなさい。ただし、同じ記号を二度用いてはならない。

ア　たとえば　　イ　さて　　ウ　しかし
エ　そのうえ　　オ　したがって

□問３　――部①「蕪村」とは、江戸時代の俳人与謝蕪村のことである。蕪村の句を次のうちから一つ選び、記号で答えなさい。

ア　夏草や兵どもが夢の跡

イ　菜の花や月は東に日は西に

ウ　閑かさや岩にしみ入る蟬の声

エ　古池や蛙飛びこむ水の音

オ　五月雨をあつめて早し最上川

□問４　——部②「その周辺をソフトフォーカスにつつみこんでいる」とあるが、「ソフトフォーカスにつつみこんでいる」と同じ内容を別の表現で言い表している箇所を本文中より十字以上十五字以内で抜き出して答えなさい。

□問５　——部③「九時三十五分にお会いしましょうといったような精神のありかた」が表れているものを本文中の〜〜〜部㋑〜㋭のうちから三つ選び、記号で答えなさい。

□問６　——部④「主観的な内実を共通化しようとする」とあるが、それはどういうことか。その説明として最もふさわしいものを次のうちから選び、記号で答えなさい。

ア　漠然としたいいかたの方が妥当であるという共通認識を持つこと。

イ　自然の風景を、私的な印象に基づく判断で捉えることこそ、万人に共通して必要だということ。

ウ　芸術とは自己の感情を表現するものだという認識を誰もが持つべきだということ。

エ　自分の感覚によって捉えたものを、他者に通用するように表現すること。

オ　物を捨象して芸術的に認識するということに対して、共通理解を持つこと。

□問７　——部⑤「五艘と数を正確に書くと私の主観的なものが逃げてしまうのである」とあるが、この箇所とほぼ同じ内容を含む一文を本文中のこの部分より前から三十五字以上四十字以内で抜き出し、その最初の五字を答えなさい。

□問８　——部⑥「このいいかたでないと牡丹の花とその周辺とが濃淡をもった絵として浮かんでこないのである」とあるが、ここでいう「牡丹の花とその周辺とが濃淡をもった絵として浮かんで」くるとはどういうことか。その説明として最もふさわしいものを次のうちから選び、記号で答えなさい。

ア　漠然としたいいかたになるのは周囲が残像として記憶されているからであるが、そのことによって、周囲も含めた全体の細部にまで注意が向くようになるということ。

イ　漠然とした捉え方ではなく、数学的指向で計量的に観察することによって、かえって主観的な感情にピントが合い、それが正確に表現されていくこと。

ウ　はっきりとは意識せずに見る対象を選択しているが、その選択からもれた部分も周囲に残像として記憶されることで、かえってかんじんの焦点が注意の対象として明確化すること。

エ　科学的見方と芸術的見方の両者をつかいわけする際に、それを意識してすることが、バランスよく色の濃い部分と淡い部分を表現することにつながっていくこと。

オ　数をかぞえるような、物を捨象して数詞化する過程が含まれることで、むしろかんじんの焦点が注意の対象として明確化すること。

□問9　本文の内容と合致するものを次のうちからすべて選び、記号で答えなさい。

ア　何時ごろという漠然としたいいかたをしておけば、人と会う際に少々遅れても罪の意識を感じなくて済むので、実にお薦めな言葉である。

イ　蕪村の「牡丹散て」の句に見えるような芸術的な表現においては、数を計算する目で見る見方もまた必要不可欠な条件なのである。

ウ　「牡丹散て」の句の「二三片」というアイマイないいかたは、その大きな花びらの散り落ちてかさなった状景を的確に表現している。

エ　車で走りながら日本海沿いの風景を眺めた時の経験から、数というものが意外にも記憶に残らないものだということを筆者は実感した。

オ　人はかんじんの物にのみ焦点を合わせて、見る対象を意識的に選択しているので、周囲の物はまったく視界にも入らないのである。

カ　我々は実際の生活において、常に、数学的な見方と芸術的な認識との選択を無意識に行っているということに注意すべきなのである。

二　次の文章を読んで、あとの各問いに答えなさい。

生まれ変わったら一度は相撲取りになってみたいし、新潮社の入社試験で書いた作文も相撲の立ち合いについてだったし（落ちたけど）、人生で初めて文学賞に応募した作品も相撲小説だった私が今気になっているのは、相撲の本場所での応援が、コンサートのアンコールみたいに変化してきたことである。「豪、栄、道！」とか「稀勢（きせ）、の、里！」といったリズムで力士の名を呼びながら手拍子を打つのだ。このような応援の仕方はこれまでの大相撲の歴史には存在せず、相撲の応援といえば、ひいきの力士の名を館内によく響かせる声で叫ぶのが名物だった。声援は、集団ではなく個人単位だった。

数年前から沸き起こった相撲ブームとともにこの応援は発生し、広まっていき、定着しつつある。私みたいなそれ以前からの相撲ファンはたいてい<u>眉を顰（ひそ）めている</u>[A]が、また、力士からも立ち合い前には集中が削（そ）がれるので静かにしてほしいとのお願いがあったりしているが、それはそれとして、時代とともに応援のスタイルなどその競技の文化が変化するのはありうることだろう。

【 ア 】、変化には理由がある。私はそこが気になる。

毎場所、毎日、テレビの放映で手拍子を聞いているうち、私は何かに感触が似ているなと思った。やがて、はたと気づいた。サッカーの日本代表の試合後などに、渋谷のスクランブル交差点で見られるハイタッチである。私はあれを見るたびに、公共空間でも弾（はじ）けてよいというお祭り騒ぎを、日本の人たちはすさまじく①カツボウしているんだなと感じる。そして、寂しいんだな、とも。

ひとことで言えば、一体感に飢えているのだろう。一体感に飢えているのは、日常が孤独だからだろう。【 イ 】居場所がないのだ。あるいは、B所属する場はあっても、そこに過不足なく自分が収まっていると思えないのだ。浮いている、外れている、はみ出している、蚊帳（かや）の外、いてもいなくても同じ、存在感がない、微妙に無視されている、つきあいは表面的で理解し合っているとは言いがたい。そんな疎外感を常日頃からどこかに抱えている。

【 ウ 】非日常の場で、日常とはまったく違う人とのつながりを求めたくなる。力関係や利害関係から解放された、C無礼講的な水平のつながりを。その機会の一つがスクランブル交差点でのハイタッチであり、大相撲観戦での手拍子であり、ハロウィンなのかもしれない。

それだけではない。昨年の安保法案反対のデモが盛り上がったのにも、その側面があると思う。昨今の政治の言説はしばしば、マイノリティを傷つける暴力性を帯びており、そのたびに傷つき、孤独感を募らせる人は多いだろう。私自身もそうだ。

それがデモに行けば、そのような言葉に抗議しようという人たちばかりだから、傷つかないという安心感があるし、孤独も癒される。まわりに同調しなくても理解し合えるのだという、D共同性の感覚をもたらしてくれる。ヘイトスピーチ*に対するカウンター*行動に参加すれば、まさに言葉の暴力で精神に重傷を負わされた人たちが何人も、それでも暴力を止めるという意志を露（あら）わにしている。E同じ暴力を受けた当事者同士の関わりには、存在の根源を肯定し合える共感という、かけがえのない薬が含まれているだろう。

けれど、暴力を振るう側のデモや集会にも、おそらく同じ要素がある。暴力を楽しむために来ている者も少なくないだろうが、多くの人は最初は、孤独を癒す居場所を求めて、つまり F を満たしてくれる場として、ヘイトをする集まりに加わるのではないか。

そうして共同性を感じられる非日常の場に何度も参加するうち、それは非日常から次第に日常へと変わっていく。大相撲観戦だって、仮に毎場所毎日のように国技館へ通えば、それは日常になり、ちょっとした主の気分になってくる。デモも、いつも参加するうち顔なじみができて、仲間となり友だちとなり、Gそこでこそ「本当の自分」を感じられるという居場所に変わっていく。

この感覚を否定することは、誰にもできない。私たちは、たとえそれが大自然とか動物相手であっても、何らかの所属意識を持たずには生きられないのだから。

しかし、そこに所属しているという意識から、そこを自分が所有しているという意識に変わったとき、共同性は排他性へと変質する。つながりを持てることが喜びだったのに、どこまでが仲間かという線引きが始まるのである。

そのときに、共同体の物語は、排除の言葉として機能し出す。例えば、こんなにも不当にシイタげられた人間たちの本当の声を理解しない者は敵だ、というように。

共同性が生み出す物語は当初は、言語化できない経験を言葉にしたものとしてスタートする。語るのがつらい苦しみや傷、大災害やアヤマちの引き起こした事件などの記憶を、分かち合う言葉として、絞り出される。そこには、負の感情を共有することで中和する役割がある。

けれど、それが繰り返し語られ、半ば自動化された物語となるに従い、その物語を共有しない者へ、排除のキバを向け始める。

反安保法案であんなに共感しあったのに、原発再稼動には反対じゃないなんて、裏切り者だ。日本代表を応援しているのだから、中国韓国の横暴を許さないのは当然だろ。等々、踏み絵のような線引きがエスカレートしていく。この共同体は自分のものであるという所有の意識は、自分の考えこそがそこでは正義で、反対する者は出ていけ、という暴力性を生み出すのである。

どんな集団や仲間内でも、共同体には必ず、この「つながりの喜び」である I と「裏切り者の排除」である J の両方が働く。共同性の裏側には、もれなく排他性がくっついてくる。まずは共同性が人々を結びつけ、それが固定化してくると排他性が人々を切り捨て始める。これを免れる共同体は、基本的にはありえない。そしてその推進力であり正当化をするのが、共同体の物語である。

（中略）

物語を共有して、自分を偽らずにいられる居場所を獲得した。でも、その居場所が暴走を始めて、物語の解釈がどんどん変わって、厳しい資格審査を始めた。その結果、誰もが物語に合わせて自分を偽り、資格を証明するために排除に加担することを強いられる。そんな暴力を、どう食い止めたらいいのだろう。

所属意識がその人のアイデンティティに深く根を下ろし、共同体の物語にその人個人の物語が乗っ取られてしまうと、人はその物語に依存するしかなくなる。もはや自分個人の物語ではないのに、その物語に疑問を挟む者をまったく許せなくなる。

共同性もアイデンティティも、物語を介して作られる。どちらも言語で作られたフィクションなのだ。けれど、私たちはそのフィクションなしでは、生きられない。少なくとも、社会的な生活は送れなくなる。

私たちは言語で作られたフィクションによって心を形成すると

同時に、そのフィクションに縛られながら生きている。だから、文学が存在する。

　私の考えでは、文学とは、言葉にならないことを言葉だけで表現するメディアである。また、使いすぎて定型化し空虚になった言語を更新し、新たな意味を発生させる、真剣な遊戯でもある。

　先ほど述べた、苦しかったりつらかったりして意識化できない自分の感情や経験を、なんとか言葉にして自分個人の物語とするのは、言葉にならないことを言葉だけで表現するという文学の役割だ。自分がようやく実感の持てる言葉で自分の何かを表現できたとき、それはすべて文学である。自分個人の経験だけではない。そうして絞り出された他人の言葉を聞き、それを文字の物語に変えていくのも、文学だ。自分と他人の、言語化できない記憶や感情を言葉で物語化し、お互いにその物語を受け止め合ったとき、初めて共同性が生まれる。

　けれど、それが語り続けられていくうちに［M］化し、細部も耳当たりのよいように変容し、巷（ちまた）にあふれる既成の物語と似てくるとき、その物語は個人の物語であることをやめ、公の物語として排他性を発揮し始める。［N］的に規則を強要して取り締まる警察みたいになっていく。

　それを解体するのが、また文学である。個人の物語を作っておきながら、それが固定化しようとすると、自ら壊そうとする。物語が公のものとなって、権力を持ち始めるのを、阻止する。文学は物語に共同性を与える力でありながら、その共同性を批判する存在でもある。つまりＯ文学とは、永続する共同性ではなく、一瞬の共同性だけを生きる言語なのだ。だから常に更新されうる言語で書かれている。読まれる瞬間ごとに、その現在を生きる言葉となる。

　常に現在であるとは、常に新しいとも言える。過去の記憶が、今現在の、新しい記憶として体験される。だから、いつでも見慣れない光景が広がる。なぜならそれは、更新された、個人の、言葉にならない言葉で書かれているのだから。それを受容したとき、新しい共同性が一瞬、生まれるのだ。

　そのために文学が必要としていることは、物語が個人の言葉でできているのか、公の言葉にすり替わっているのかに敏感であること。そして、現場でたくさん表されている、言葉にならない言葉を、虚心に聞くこと。まずは自分の中の言葉にならない言葉を聞き、それが言語化できたら、今度は他人の中の言葉にならない言葉を聞く。その言葉の交換が、共同性の喜びを可能にする。

　私が思うに、日本の文学は、自分の声にならない声を聞くことには長（た）けているが、他人の声なき声を聞くことは苦手である。自分の声だけを聞いて個人の物語を作ることは、スタートにすぎない。他人のそれを聞いたとき、共同性は相互のものとして発動する。それを欠いていると、独善に⑤オチイっていく。自分の声の物語を聞いてもらえる場を、自分の所有する共同体と勘違いする。

意識しないうちに、自分の物語を公のものに変え、世のより大きな公の物語の排他性に、加担してしまう。私はそれが、戦争を賛美する作家を大量に生み出した一つの原動力だと考えている。そして今は、同じメンタリティが日本の文学の多くの書き手たちを覆っているように感じる。

私が文学に政治を持ち込む必要があると思うのは、文学がさまざまな言葉にならない言葉をどこかで置き去りにして、自分たちの思い描く文学の永続する共同性の中に引きこもろうとしているからだ。それは結局、公の物語の暴力に、沈黙することで力を貸すことだ。言葉を批判するのは、文学の存在意義である。私は、文学を機能させ、集団の物語の暴力の邪魔となるために、現場に出て一瞬の共同性に身を晒し続けたい。

（星野智幸「一瞬の共同性を生きる」による）

〈注〉　ヘイトスピーチ――差別的な言動。

カウンター行動――差別的な言動に対する抗議行動。

□問１　――部①～⑤のカタカナを漢字に直しなさい。

□問２　――部Aとあるが、「眉を顰める」という慣用句の使い方として正しいものを次のうちから一つ選び、番号で答えなさい。

1　だまされないよう眉を顰める。

2　安心して眉を顰める。

3　行儀の悪さに眉を顰める。

4　怒りのあまり眉を顰める。

□問３　空欄【　ア　】～【　ウ　】に入る最も適当な語を次のうちからそれぞれ選び、番号で答えなさい（一つの選択肢は一度しか使えません）。

1　だから　　2　たとえば　　3　でも　　4　つまり

□問４　――部Bとあるが、それはなぜか。その説明として最も適当なものを次のうちから選び、番号で答えなさい。

1　場において、まわりに同調して同じような行動を取ることでしか一体感を持つことができないから。

2　場においてしっくりいかない感覚があり、自分が必要とされているという実感も持つことができないから。

3　場に必要とされている実感があり、自分らしく振る舞っているのに物足りなさを感じてしまうから。

4　場に求められている実感はあるものの、要求に十分に答えられていないことに焦りを感じているから。

□問５　――部Cとあるが、これはどのような人間関係をいうのか。最も適当なものを次のうちから選び、番号で答えなさい。

1　相手と対等な立場で、遠慮なく自分の思いを表現できる関係。

2　相手の領域には踏み込まないよう配慮した、表面的な友好関係。

3　つながりの外にいる者に対して圧力をかけていくための協力関係。

4　礼儀を無視して互いに相手をぞんざいに扱ってもいい関係。

□問６　――部Ｄはどのように言い換えられるか。これより前の本文から五字以内で探し、抜き出して答えなさい。

□問７　――部Ｅとあるが、どういうことか。最も適当なものを次のうちから選び、番号で答えなさい。

１　言葉の暴力にさらされた人たちが集まることで、互いを社会的な孤独から解放し合い、最終的には集団を必要としない存在として自立していくこと。

２　言葉の暴力によって自分の居場所を失ってしまった人たちが、もう一度自分の居場所を手に入れるために効果的な活動とは何かを模索し合うこと。

３　ヘイトスピーチに対抗する活動の中で自己肯定感を満たしていった人々が、互いの中にある異なる価値観を次第に受け入れていくようになること。

４　ヘイトスピーチによって自己の尊厳を否定された人たちが、その傷を分かち合うことで、ありのままの自分を引き受けていくことができること。

□問８　空欄 F に入る最も適当な熟語を次のうちから選び、番号で答えなさい。

１　自己顕示欲　　２　承認欲求
３　保身欲　　４　支配欲

□問９　――部Ｇとあるが、ここにある「本当の自分」を感じとっている者はどのような存在か。最も適当なものを次のうちから選び、番号で答えなさい。

１　孤独を癒そうとする集まりに参加するうちに、自分も仲間と同じ疎外感を抱いていたことを自覚した存在。

２　力や利害で成り立っている関係から脱して、みずからの意志で発言し行動することができる存在。

３　無理に同調せずとも理解し合える関係の中でならば、自分という存在が適度に収まっていられると感じている存在。

４　日常の中でけっして表には出さないが、可能であれば公共の場でも弾けたい、意志を露わにしたいと思っている存在。

□問10　――部Ｈとはどういう物語か。最も適当なものを次のうちから選び、番号で答えなさい。

１　言語化できないような経験を綴（つづ）った物語。

２　辛い記憶を他者と分かち合うことを強制する物語。

３　感情を共有する者たちの中で自然発生的に語られた物語。

４　負の感情を中和する力を失って形骸化した物語。

□問11　空欄 I と J に入る語句の組み合わせとして正しいものはどれか。次のうちから一つ選び、番号で答えなさい。

１　Ｉ　所属意識　・　Ｊ　所有意識
２　Ｉ　所有意識　・　Ｊ　所属意識
３　Ｉ　日常性　・　Ｊ　非日常性
４　Ｉ　非日常性　・　Ｊ　日常性

□問12　――部Ｋとあるが、それはなぜか。その理由の説明として最も適当なものを次のうちから選び、番号で答えなさい。

1　共同体を作っていた物語が人間を分断し、その集団がこれから先も存続されるかどうかを決定づけてしまうから。

2　自分の孤独を癒してくれた物語について、自分と同じように感動してくれない他者を許せなくなってしまうから。

3　場で共有されていた物語に個人が支配され、物語を介したつながり自体に強い意味が生じてしまっているから。

4　人と人とをつなぐ共同体の物語と同化することで、初めて人は共同体の物語の本当の意味を理解するようになるから。

□問13　――部Lとあるが、どのようなことか。最も適当なものを次のうちから選び、番号で答えなさい。

1　実体のない言葉によって、人とのつながりや自分の存在の拠り所が作られているということ。

2　人と人とを結びつけるものも、個人としての人間の在り方も、結局は空虚なものであるということ。

3　自分がある集団の一部であるという感覚は存在しないため、言葉で説明することは難しいということ。

4　人と何かを共有したり人を排除したりする際には物語の力が有効に働くため、人は嘘を必要とすること。

□問14　空欄 M と N に共通して入る最も適当な語を次のうちから選び、番号で答えなさい。

1　加速　　2　一元　　3　通俗　　4　形式

□問15　――部Oとあるが、これはどのようなことを言っているのか。その説明として最も適当なものを次のうちから選び、番号で答えなさい。

1　「公」に向けた批判の言葉が権力の手で制圧されたとしても、別の新たな言葉を見いだすことで「公」への戦いを続けていく果敢な姿勢に文学の生命力はうかがえるということ。

2　文学の本質は、言語化され得ない経験が言語によって「物語」にまとめられているという逆説にあるだけではなく、その「物語」をたえず見直していく力の働きにも見出すことができるということ。

3　言葉にならないことを言葉にしようと必死に「声」を絞り出す人間の強さを賛美しつつも、フィクションに依存している人間の弱さにも厳しく目を向けているという点に文学の特質はあるということ。

4　自分の「声」を他人の「声」に合わせていく協調性を重視すればするほど、文学は、確固とした「物語」を構築するのに必要な強靭さを失ってしまうということ。

□問16　――部Pとあるが、ここにある「メンタリティ」とは、どのようなものか。その説明として最も適当なものを次のうちから選び、番号で答えなさい。

1　他人の「声」を排除することで、自己の「声」そのものと自己の「声」が響く場を純化させていこうとする心のあり方。

2　自己を深く見つめてまとめあげたその人固有の言葉を、他人の言葉と繋げていこうと配慮している心のあり方。

3　戦争の惨禍に至ったのは、文学の世界に政治を持ち込まなかったことの結果であったという事実を深く反省している心のあり方。

4　自分の「声」を聞いてもらえる場を、自分の所有する共同体と取り違えていないかを慎重に見極めようとする心のあり方。

三　次の文章を読んで、あとの各問いに答えなさい。（設問の都合上、表記を改めた部分がある。）

*成範卿（しげのりきやう）、*ことありて、召し返されて、*内裏（だいり）に参ぜられたりけるに、昔は*女房の入立（いりたち）なりし人の、今はさもａあらざりければ、女房の中より、昔をｂ思ひ出（い）でて、

雲の上はありし昔にかはらねど見し玉垂（たまだ）れのうちや恋しき
宮中は昔と変わりませんが、（あなたは今ではこの御簾（みす）の内側に入れません）以前あなたが見たこの御簾の内側が懐かしいですか

とよみ出（いだ）したりけるを、返事せむとて、灯籠（とうろう）の①きはに寄りけるほどに、*小松大臣（こまつのおとど）の②まゐりたまひければ、急ぎ立ちのくとて、灯籠の火の、*かき上げの木の端（はし）にて、「や」文字を消（け）ちて、そばに「ぞ」文字を書きて、御簾の内へさし入れて、ｃ出でられにけり。

女房、取りて見るに、③「ぞ」文字一（ひと）つにて返しをせられたりける、④ありがたかりけり。

（『十訓抄』による）

〈注〉成範卿――平安末期の歌人、藤原成範。
ことありて、召し返されて、――反逆の罪で地方へ流されたが、（許されて）京に戻ってきて、
内裏――宮中。
女房の入立なりし人――女房（貴人に仕える女性）の部屋に立ち入ることが許された者。男女は御簾（みす）（部屋を区切る簾（すだれ））などを隔てて会う風習があった。
小松大臣――平安末期の武士で内大臣である平重盛（たいらのしげもり）。
かき上げ――灯籠の中にあるものをかき出す棒。

□問1　～～部ａ「あらざりければ」・ｂ「思ひ出でて」・ｃ「出でられにけり」の主語を次のうちから一つずつ選び、記号で答えなさい。（同じ記号を何度用いてもよい。）

ア　成範卿　　イ　女房
ウ　小松大臣　エ　作者

□問2　――部①「きは」・②「まゐりたまひ」の読み方をそれぞれ現代かなづかいで書きなさい。

□問3　――部③「『ぞ』文字一つにて返しをせられたりける」とあるが、誰が、どうしたということか。三十字以内で説明しなさい。

□問4　――部④「ありがたかりけり」の文中での意味として適切なものを次のうちから一つ選び、記号で答えなさい。

ア　感謝してもしつくせないだろう。
イ　生きにくい世の中であることよ。

ウ　まれにみる素晴らしさだった。
エ　なんと無礼なことではないか。

四　次の文章の――部の①～⑤の語の品詞を次のうちから選び、それぞれ記号で答えなさい。なお、同じ記号を使っても構わない。

□　①ある日の暮方の事で②ある。一人の下人が、③羅生門の下で雨やみを待っていた。④広い門の下には、この男のほか⑤に誰もいない。

（芥川龍之介「羅生門」による）

ア　動詞　　イ　形容詞　　ウ　形容動詞　　エ　名詞
オ　連体詞　　カ　副詞　　キ　感動詞　　ク　接続詞
ケ　助詞　　コ　助動詞

65

第5回

出題の分類

一 論説文　二 小説
三 詩と鑑賞文　四 知識問題

※特別な指示がない限り、句読点や記号も一字とする。

▼解答・解説はP.177

時　間：50分
目標点数：80点

1回目	／100
2回目	／100
3回目	／100

一 次の文章を読んで、あとの各問いに答えなさい。

[A]僕らはいつしか、もので溢れる日本というものを、度を超えて許容してしまったかもしれない。世界第二位であったGDP*を、目に見えない誇りとして頭の中に①ソウチャクしてしまった結果か、あるいは、戦後の物資の乏しい時代に経験したものへの渇望がどこかで幸福を測る感覚の目盛りを狂わせてしまったのかもしれない。秋葉原にしてもブランドショップにしても、過剰なる製品供給の情景は、ものへの切実な渇望をひとたび経験した目で見るならば、確かに頼もしい勢いに見えるだろう。【ア】だから、いつの間にか日本人はものを過剰に買い込み、その異常なる量に鈍感になってしまった。

しかし、[B]そろそろ僕らはものを捨てなくてはいけない。捨てることのみを「[C]もったいない」と考えてはいけない。捨てられるものの風情に感情移入して「もったいない」と感じる心持ちにはもちろん共感できる。しかし膨大な無駄を排出した結果の、廃棄の局面でのみ機能させるのだとしたら、その「もったいない」はやや鈍感に過ぎるかもしれない。廃棄する時では遅いのだ。もしそういう心情を働かせるなら、まずは何かを大量に生産する時に感じた方がいいし、さもなければそれを購入する時に考えた方がいい。もったいないのは、捨てることではなく、廃棄を運命づけられた[a]不毛なる生産が意図され、次々と実行に移されることではないか。

だから大量生産という状況についてもう少し批評的になった方がいい。無闇に生産量を誇ってはいけないのだ。大量生産・大量消費を加速させてきたのは、企業の［D］な成長意欲だけではない。所有の果てを想像できない消費者のイマジネーションの脆弱さもそれに加担している。ものは売れてもいいが、それは世界を心地よくしていくことが前提であり、人はそのためにものを欲するのが自然である。【イ】さして必要でもないものを溜め込むことは決して快適ではないし心地よくもない。

良質な旅館に泊まると、感受性の感度が数ランク上がったように感じる。それは空間への気配りが行き届いているために安心して身も心も解放できるからである。しつらい*や調度*の基本はものを少なく配することである。何もない簡素な空間にあってこそ、畳の目の織りなす面の美しさに目が向き、壁の漆喰*の風情にそそられる。床に活けられた花や花器に目が向き、料理が盛りつけられた器の美しさを堪能できる。そして庭に満ちている自然に素直に意識が開いていくのである。ホテルにしても同様。簡潔に極まった環境であるからこそ一枚のタオルの素材に気を通わせることができ、バスローブの柔らかさを楽しむ肌の繊細さが呼び起こされてくるのである。

　これは一般の住まいにも当てはまる。現在の住まいにあるものを最小限に絞って、不要なものを処分しきれば、住空間は確実に快適になる。試しにおびただしい物品のほとんどを取り除いてみればいい。【ウ】

　無駄なものを捨てて暮らしを簡潔にするということは、家具や調度、生活用具を味わうための背景をつくるということである。芸術作品でなくとも、あらゆる道具には相応の美しさがある。b何の変哲もないグラスでも、しかるべき氷を入れてウイスキーを注げば、めくるめく琥珀*色がそこに現れる。霜の付いたグラスを優雅な紙敷の上にぴしりと置ける片付いたテーブルがひとつあれば、グラスは途端に魅力を増す。逆に、漆器が艶(つや)やかな漆黒をたたえて、陰影を礼讃(らいさん)する準備ができていたとしても、リモコンが散乱していたり、ものが溢れかえっているダイニングではその風情を味わうことは難しい。

　白木のカウンターに敷かれた一枚の白い紙や、漆の盆の上にことりと置かれた青磁*の小鉢、塗り椀(わん)の蓋を開けた瞬間に香りたつ出し汁のにおいに、ああこの国に生まれてよかったと思う刹那がある。そんなc高踏な緊張など日々の暮らしに持ち込みたくはないと言われるかもしれない。緊張ではなくゆるみや開放感こそ、心地よさにつながるのだという考え方も当然あるだろう。家は休息の場でもあるのだ。しかし、Eだらしなさへの無制限の許容がリラクゼーションにつながるという考えは、ある種の堕落をはらんではいまいか。ものを用いる時に、そこに潜在する美を発揮させられる空間や背景がわずかにあるだけで、暮らしの喜びは必ず生まれてくる。そこに人は充足を実感してきたはずである。

　伝統的な工芸品を活性化するために、様々な試みが②コウじられている。たとえば、現在の生活様式にあったデザインの導入であるとか、新しい用い方の提案とかである。【エ】自分もそんな活動に加わったこともある。そういう時に痛切に思うのは、漆器にしても陶磁器にしても、問題の本質はいかに魅力的なものを生み出すかではなく、それらを魅力的に味わう暮らしをいかに再興できるかである。漆器が売れないのは漆器の人気が失われたためではない。今日でも素晴らしい漆器を見れば人々は感動する。しかし、それを味わい楽しむ暮らしの余白がどんどんと失われているのである。

　伝統工芸品に限らず、現代のプロダクツ*も同様である。豪華さや所有の多寡ではなく、利用の深度が大事なのだ。よりよく使い込む場所がないと、ものは成就しないし、ものに託された暮らしの豊かさも成就しない。だから僕たちは今、未来に向けて住まいのかたちを変えていかなくてはならない。育つものはかたちを変える。「家」も同様である。

ものを捨てるのはその一歩である。「もったいない」をより前向きに発展させる意味で「捨てる」のである。どうでもいい家財道具を世界一たくさん所有している国の人から脱皮して、簡潔さを背景にものの素敵さを日常空間の中で開花させることのできる繊細な感受性をたずさえた国の人に立ち返らなくてはいけない。

持つよりもなくすこと。そこに住まいのかたちを作り直していくヒントがある。何もないテーブルの上に箸置きを配する。そこに箸がぴしりと決まったら、F暮らしはすでに豊かなのである。

（原研哉「日本のデザイン」による）

〈注〉　ＧＤＰ——国内総生産。一年間に国内で生産した物やサービスの利益を金額で表したもの。

しつらい——設備。飾り付け。

調度——日常に使う身のまわりの道具や器具類。

漆喰（しっくい）——壁を塗る材料の一つ。石灰などを水で練ったもの。

琥珀色（こはく）——半透明で、光沢のある黄色や赤茶色。

青磁——青緑色の光沢が特徴的な高級磁器。

プロダクツ——製品。

問１　‖部①・②と同じ漢字を書くものをそれぞれ選び、記号で答えなさい。

□　①　ソウチャク

ア　ソウゼツな戦いの末に勝利を収めた。

イ　自動車に安全ソウチを取り付ける。

ウ　休日に友人とベッソウに行く予定だ。

エ　ジョウソウ教育の必要性を説く。

□　②　コウじられている

ア　キョコウの話を信じてしまう。

イ　シンコウ勢力が台頭する。

ウ　新しいデザインをコウアンする。

エ　環境問題のコウエンカイに参加する。

問２　～～部ａ～ｃの意味として最もよいものをそれぞれ選び、記号で答えなさい。

□　ａ　不毛なる（不毛だ）

ア　旧来の考え方を一新するさま。

イ　細々と続けているさま。

ウ　何の成果も得られないさま。

エ　失敗が明らかであるさま。

□　ｂ　何の変哲もない

ア　美しさのかけらもない。

イ　ありふれていてつまらない。

ウ　心引かれる味わいがない。

エ　不思議に思う所がどこにもない。

□　c　高踏

ア　俗世間から離れて、理想を追求すること。

イ　周囲の評価を気にして、分不相応な生活をすること。

ウ　優雅な生活に憧れて、自分自身を飾り立てること。

エ　高潔な心を持って、粗悪なものを嫌うこと。

□問3　次の文が入る箇所として最もよいものを本文中の【ア】～【エ】から選び、記号で答えなさい。

おそらくは予想外に美しい空間が出現するはずだ。

□問4　——部Aの説明として最もよいものを次のうちから選び、記号で答えなさい。

ア　私たち日本人は、物資の乏しい時代を経験したことでものがないことを過剰に恐れてしまい、ものを切実に渇望して執着することの弊害を見過ごしてしまったのかもしれないということ。

イ　私たち日本人は、自国の経済力への誇りや敗戦後に経験したものを切実に欲しがる気持ちから、必要以上にものを所有してもかまわないと思ってしまったのかもしれないということ。

ウ　私たち日本人は、GDPの高さを目に見えない誇りとするという考えにとらわれ、過剰な製品供給の情景もまた誇りに感じるようになってしまったのかもしれないということ。

エ　私たち日本人は、過剰な製品供給の情景を頼もしい勢いだと考えるようになった結果、ものを過剰に買い込んでありあまる現状を受け入れてしまったのかもしれないということ。

□問5　——部Bとあるが、それは何のためか。説明として最もよいものを次のうちから選び、記号で答えなさい。

ア　必要なものだけを配置した、快適で心地よい空間を作り上げるため。

イ　大量生産品を使わないようにし、伝統的な工芸品の活性化に貢献するため。

ウ　消費者として賢い買い方を身に付け、企業の販売戦略に振り回されないため。

エ　大量に生産されるものに感情移入せず、次々と捨てて、無駄のない生活をするため。

□問6　——部Cとあるが、筆者の考えに合う「もったいない」ことの例として最もよいものを次のうちから選び、記号で答えなさい。

ア　高級な食器を、いつまでも使わずにしまっておくこと。

イ　売れ残りの食品を、賞味期限が切れる前に捨てること。

ウ　色違いの靴を、選べずに両方買うこと。

エ　今年流行している服を、大量に作り出すこと。

□問7　D に入る語として最もよいものを次のうちから選び、

記号で答えなさい。

ア　エゴイスティック(利己的)
イ　クリエイティブ(創造的)
ウ　グローバル(世界的)
エ　オートマチック(自動的)

□問８　――部Ｅとあるが、筆者の考えとして最もよいものを次のうちから選び、記号で答えなさい。

ア　節度のない生活を送ることで緊張がほぐれるという考え方は、独りよがりで周囲への配慮に欠けているということ。
イ　身の回りのものにこだわらないことで気持ちが楽になるという考え方は、真の意味での豊かな暮らしを失わせてしまうということ。
ウ　現実の時間を気にしないことで忙しい日々から解放されるという考え方は、日本の本来の美意識とはかけ離れてしまうということ。
エ　美しいものを買い込むことで心の余裕が生まれるという考え方は、非常に短絡的で空間とものの調和を無視しているということ。

□問９　――部Ｆとあるが、筆者はどのような暮らしが豊かであると考えているか。説明として最もよいものを次のうちから選び、記号で答えなさい。

ア　高級な花器に活けられた一輪の花を通して、その花が咲き乱れたり散ったりする情景が思い浮かぶような一人ひとりの多様なイマジネーションを喚起できる暮らし。
イ　旅館やホテルにおけるものの使い方や置き方を模倣することで、最小限のしつらいによって生み出された余白から緊張感や解放感を味わって普段の生活を充実させる暮らし。
ウ　良質な旅館の空間や伝統的な工芸品に対して美しさを感じるだけでなく、簡潔な生活空間の中にあるものに美しさを感じるような細やかな感受性を持つことができる暮らし。
エ　片付いたテーブルにある一つのグラスや漆の盆の上に置かれた青磁の小鉢のようにささやかなことから生きる喜びを感じ、人間として大きく成長する暮らし。

□問10　本文の内容と合致するものとして最もよいものを次のうちから選び、記号で答えなさい。

ア　これからの暮らしは、ものの表面的な美しさや所有量が重要なわけではなく、どれだけものを活かした生活ができるかということが大切である。
イ　伝統工芸品をより多くの人々に広めるために、現代において流行しているデザインを取り入れ、誰もが楽しめるように試行錯誤が重ねられている。
ウ　良質な旅館では、選び抜かれた上質のものだけを用いることで、非日常の心地よさを客に提供している。
エ　豊かな暮らしを実現するために、今所有している多くの物品を処分してしまうのは、「もったいない」ことである。

二 次の文章は、夏目漱石『門』の結末部分である。これを読んで、あとの各問いに答えなさい。

宗助は腋の下から汗が出た。安井がどう変って、どう落ち付かないのか、全く聞く気にはならなかった。ただ自分が主人に安井と同じ大学にいた事を、まだ洩らさなかったのを[1]天佑の様に難有く思った。けれども主人はその弟と安井とを晩餐に呼ぶとき、自分をこの二人に紹介しようと申し出た男である。辞退をしてその席へ顔を出す不面目だけは漸と免かれた様なものの、その晩主人が何かの機会につい自分の名を二人に洩らさないとは限らなかった。宗助は後暗い人の、変名を用いて世を渡る便利を切に感じた。彼は主人に向って、「貴方はもしや私の名を安井の前で口にしやしませんか」と聞いてみたくて堪らなかった。けれども、[A]それだけはどうしても聞けなかった。

下女が平たい大きな菓子皿に妙な菓子を盛って出た。一丁の豆腐位な大きさの＊金玉糖の中に、金魚が二疋透いて見えるのを、そのまま庖丁の刃を入れて、元の形を崩さずに、皿に移したものであった。宗助は一目見て、ただ珍らしいと感じた。けれども彼の頭は寧ろ他の方面に気を奪われていた。すると主人が、

「どうです一つ」と例の通り先ず自分から手を出した。

「これはね、昨日ある人の＊銀婚式に呼ばれて、貰って来たのだから、頗る御目出度のです。貴方も一切位肖っても可いでしょう」

主人は肖りたい名の下に、甘垂るい金玉糖を幾切か頬張った。これは酒も呑み、茶も呑み、飯も菓子も食える様に出来た、重宝で健康な男であった。

「何実を云うと、二十年も三十年も夫婦が皺だらけになって生きていたって、別に御目出度もありませんが、其所が物は比較的なところでね。私は何時か清水谷の公園の前を通って驚ろいた事がある」と[B]変な方面へ話を持って行った。こういう風に、それからそれへと客を飽かせない様に引張って行くのが、社交になれた主人の平生の調子であった。

彼の云うところによると、清水谷から弁慶橋へ通じる泥溝の様な細い流の中に、春先になると無数の蛙が生れるのだそうである。その蛙が押し合い鳴き合って生長するうちに、幾百組か幾千組の恋が泥渠の中で成立する。そうしてそれ等の愛に生きるものが重ならないばかりに隙間なく清水谷から弁慶橋へ続いて、互に睦まじく浮ていると、通り掛りの小僧だの閑人が、石を打ち付けて、無残にも蛙の夫婦を殺して行くものだから、その数が殆んど勘定し切れない程多くなるのだそうである。

「死屍累々とはあの事ですね。それが皆夫婦なんだから実際気の毒ですよ。つまりあすこを二三丁通るうちに、我々は悲劇にいくつ出逢うか分らないんです。それを考えると御互は実に幸福でさ

あ。夫婦になってるのが悪らしいって、石で頭を破られる恐れは、まあ無いですからね。しかも双方ともに二十年も三十年も安全なら、全く御目出たいに違ありませんよ。だから一切位肖って置く必要もあるでしょう」と云って、主人はわざと箸で金玉糖を挟んで、宗助の前に出した。宗助は苦笑しながら、それを受けた。

　こんな冗談交りの話を、主人はいくらでも続けるので、宗助は已むを得ず或る辺までは釣られて行った。けれども腹の中は決して主人の様に太平楽には行かなかった。辞して表へ出て、又月のない空を眺めた時は、その深く黒い色の下に、[C]何とも知れない一種の悲哀と物凄さを感じた。

　彼は坂井の家に、ただ苟くも免かれんとする料簡で行った。そうして、その目的を達するために、恥と不愉快を忍んで、好意と*真率の気に充ちた主人に対して、政略的に*談話を駆った。しかも知ろうと思う事は悉く知る事が出来なかった。己れの弱点に付いては、一言も彼の前に自白するの勇気も必要も認めなかった。

　彼の頭を掠めんとした雨雲は、辛うじて、頭に触れずに過ぎたらしかった。けれども、これに似た不安はこれから先何度でも、色々な程度に於て、繰り返さなければ済まない様な[2]虫の知らせが何処かにあった。それを繰り返させるのは天の事であった。それを逃げて回るのは宗助の事であった。

　月が変ってから寒さが大分緩んだ。*官吏の増俸問題につれて必然起るべく、多数の噂に上った局員課員の*淘汰も、月末までに略片付いた。その間ぽつりぽつりと首を斬られる知人や未知人の名前を絶えず耳にした宗助は、時々家へ帰って*御米に、

「今度は己の番かも知れない」と云う事があった。御米はそれを冗談とも聞き、又本気とも聞いた。稀には隠れた未来を故意に呼び出す不吉な言葉とも解釈した。それを口にする宗助の胸の中にも、[D]御米と同じ様な雲が去来した。

　月が改って、役所の動揺もこれで一段落だと*沙汰せられた時、宗助は生き残った自分の運命を顧りみて、当然の様にも思った。又偶然の様にも思った。立ちながら、御米を見下して、

「まあ助かった」とむずかし気に云った。その嬉しくも悲しくもない様子が、御米には天から落ちた滑稽に見えた。

　又二三日して宗助の月給が*五円昇った。

「原則通り二割五分増さないでも仕方があるまい。休められた人も、元給のままでいる人もたくさんあるんだから」と云った宗助は、この五円に自己以上の価値をもたらし帰った如く満足の色を見せた。御米は無論の事心のうちに不足を訴えるべき余地を見出さなかった。

　翌日の晩宗助はわが膳の上に頭つきの魚の、尾を皿の外に躍らす態を眺めた。小豆の色に染まった飯の香を嗅いだ。御米はわざわざ*清を遣って、坂井の家に引き移った小六を招いた。小六は、

「やあ御馳走だなあ」と云って勝手から入って来た。

梅がちらほらと眼に入る様になった。早いのは既に色を失なって散りかけた。雨は烟る様に降り始めた。それが霽れて、日に蒸されるとき、地面からも、屋根からも、春の記憶を新にすべき湿気がむらむらと立ち上った。背戸に干した雨傘に、小犬がじゃれ掛かって、蛇の目の色がきらきらする所に陽炎が燃える如く長閑に思われる日もあった。

「漸く冬が過ぎた様ね。貴方今度の土曜に佐伯の叔母さんの処へ回って、小六さんの事を極めていらっしゃいよ。あんまり何時までも放って置くと、又安*さんが忘れてしまうから」と御米が催促した。宗助は、

「うん、思い切って行って来よう」と答えた。小六は坂井の好意で、其所の書生に住み込んだ。その上に宗助と安之助が、不足の所を分担する事が出来たらと小六に云って聞かしたのは、宗助自身であった。小六は兄の運動を待たずに、すぐ安之助に直談判をした。そうして、形式的に宗助の方から依頼すればすぐ安之助が引き受けるまでに自分で埒を明けたのである。

3小康はかくして事を好まない夫婦の上に落ちた。ある日曜の午宗助は久しぶりに、四日目の垢を流すため横町の洗湯に行ったら、五十ばかりの頭を剃った男と、三十代の商人らしい男が、漸く春らしくなったと云って、時候の挨拶を取り換わしていた。若い方が、今朝始めて鶯の鳴声を聞いたと話すと、坊さんの方が、私は二三日前にも一度聞いた事があると答えていた。

「まだ鳴きはじめだから下手だね」

「ええ、まだ充分に舌が回りません」

宗助は家へ帰って御米にこの鶯の問答を繰り返して聞かせた。御米は障子の硝子に映る麗かな日影をすかして見て、

「本当に難有いわね。漸くの事春になって」と云って、晴れ晴れしい眉を張った。宗助は縁に出て長く延びた爪を剪りながら、

E「うん、然し又じき冬になるよ」と答えて、下を向いたまま鋏を動かしていた。

〈注〉金玉糖――寒天を材料にした透明な菓子。

銀婚式――結婚二十五年を祝う式。

真率――真面目な様。

談話を駆った――話を進めた、の意。

官吏――公務員の通称。役人。宗助は役所に勤めている。

淘汰――選別すること。

御米――宗助の妻。

沙汰せられた――通達された、の意。

五円昇った――作品発表当時、公務員の初任給は五十円ほどであった。

清――宗助の家で雇われている女中の名。

安さん――安之助のこと。安井のことではない。

問1 ――部1~3の表現の本文中における意味内容として最も適切なものをそれぞれ選び、記号で答えなさい。

□ 1 天佑の様に
ア 天からの試練のように
イ 天からの恵みのように
ウ 天に向けた声のように
エ 天に向かう道標のように

□ 2 虫の知らせ
ア 要請すること　イ 想起すること
ウ 情報を得ること　エ 予感がすること

□ 3 小康
ア 病状が一進一退を繰り返している様子
イ 病状が緩やかに回復に向かっている様子
ウ 事態がなんとか持ち直して安定する様子
エ 事態がずっと一定の状態を維持し続けている様子

□問2 ——部A「それだけはどうしても聞けなかった」とあるが、このときの宗助の心情を説明したものとして最も適切なものを次のうちから選び、記号で答えなさい。
ア 後ろめたさゆえに変名を使いたいと考えていることを、主人に相談するべきかどうか迷っている。
イ 主人が安井に関する話題を口にしたことに対して怒りを覚えたものの、平静を保つためには話題を変えねばならないと感じている。
ウ 主人に対して、自分のことを安井に話さなかったか確認したい気持ちはあるが、不都合があることを悟られぬためにそれを抑えている。
エ 自分のことを主人が安井に話そうと話すまいと、安井自身が主人のもとを訪ねてしまえば秘密を知ってしまうであろうことに諦めの念を抱いている。

□問3 ——部B「変な方面へ話を持って行った」とあるが、この「変な方面」の「話」は本文においてどのような意味をもつか。その説明として最も適切なものを次のうちから選び、記号で答えなさい。
ア 主人も宗助も、呑気な存在であることを明示している。
イ 人間の夫婦を蛙の夫婦にたとえることで、人間の存在の小ささを表している。
ウ 蛙の話になぞらえて、宗助夫婦にこれから悲劇がもたらされることを暗示している。
エ 蛙の夫婦を例に出すことで、夫婦が長く一緒にいられること自体のありがたさを示している。

□問4 ——部C「何とも知れない一種の悲哀と物凄さを感じた」とあるが、このときの宗助の心情を説明したものとして最も適切なものを次のうちから選び、記号で答えなさい。
ア 自分を待ち受ける運命に恐れを感じつつ期待も抱いている。
イ 誰にも止めることができない冗談を言い続ける主人の発想

力の豊かさに感服している。

ウ　自分の意思では何事も動かしえないのではないかという先の見えない不安を感じている。

エ　主人の呑気さを目の当たりにして、自分の人生が太平でなかったことに初めて思い至っている。

□問５　――部Ｄ「御米と同じ様な雲が去来した」とあるが、このときの宗助の心情を説明したものとして最も適切なものを次のうちから選び、記号で答えなさい。

ア　自身の将来を予感する言葉を口にしているが、それが現実味を持つか判断しかねている。

イ　自身の弱点に関する冗談を口にしているが、それを御米に本気で受け止められて当惑している。

ウ　自身の進退に対して不安を抱いているが、それを御米に軽くあしらわれることになり嘆いている。

エ　自身の未来に関して情報を先取りしようと思っているが、それは無理なことではないかと思い始めている。

□問６　――部Ｅ「『うん、然し又じき冬になるよ』と答えて、下を向いたまま鋏を動かしていた」とあるが、このときの宗助の心情を説明したものとして最も適切なものを次のうちから選び、記号で答えなさい。

ア　季節が変わると周囲の状況も大きく変化するため、できれば春のままであってほしいと強く願っている。

イ　春になったということだけで浮かれる御米の呑気さに対して、腹立たしく思いつつもそれを表明できずにいる。

ウ　ひと時の安息を得られたことにほっとしつつも、頭を悩ませることが、これからも自身に訪れることを予感している。

エ　仕事に追われて爪を切る余裕もなかったことに気付き、これからは人生を前向きに歩み直そうと、爪を整えながら考えている。

□問７　この文章における表現や内容の特徴の説明として最も適切なものを次のうちから選び、記号で答えなさい。

ア　菓子の中の「金魚」や、「蛙」についての話、「頭つきの魚」など、水棲生物が随所に比喩として使われることで、文章全体がぬめりを帯びている。

イ　「主人は肖りたい名の下に、甘垂るい金玉糖を幾切か頰張った」や「客を飽かせない様に引張って行く」という表現から、主人が宗助と比較して積極性を持った人物であることがうかがわれる。

ウ　「頭を破られる恐れ」や、「彼の頭を掠めんとした雨雲」から、物語内で悲劇が起こることの必然性が語られることになる。

エ　「梅がちらほらと眼に入る様になった。早いのは既に色を失なって散りかけた」という表現には、春があっという間に終わってしまったことへの哀愁が感じられる。

□問８　次に示すのは、本文を読んだ中学三年生たちによる、『門』

という小説全体を推測する会話の様子である。これを読んで、菊池さんの発言の空欄に入るものとして最も適切なものを次のうちから選び、記号で答えなさい。

芥川さん：　いやあ、K高校を受験したらさぁ、夏目漱石の『門』の結末部分が出題されたんだけど、何の話かさっぱりわからなかったよ。でも中学の先生には、せっかくだから全部読んで感想文を提出しろって言われちゃって……気乗りしないんだよねぇ。どうしよう。

菊池さん：　どれどれ……（黙読）むぅ、難しい。ちょっとみんなも読んでみなよ。

（生徒全員で試験問題の本文を黙読）

島崎さん：　この文章の冒頭で、安井という名前が出てくるけれど、宗助が「腋の下から汗が出た」と反応していることからも、あまり宗助にとって都合のいい存在ではなさそうだよね。小説全体に関わる重要人物だと僕は思うな。

樋口さん：　確かにそうかもしれないね。安井と関係のありそうな主人に対して、宗助は「一言も彼の前に自白するの勇気も必要も認めなかった」とあるように、警戒しているもんね。安井と宗助の間の何かがそうさせているのかも。

志賀さん：　宗助の弟である小六の処遇を世話してもらうのに主人を警戒しているのは、その先に安井が見えているからかもね。でも小六にしても、宗助を頼っていないみたいだね。「兄の運動を待たずに」とあるからなぁ。

谷崎さん：　弟とはあまり仲良くないみたいだね。ちなみに、宗助とその奥さんである御米はいい夫婦なんだろうか。最後のシーンでは会話をしながらも宗助は御米を見ようとしない。この二人の関係も何か訳がありそうだ。

菊池さん：　みんなの意見を総合すると、おそらく『門』という作品は、［　　］ということを描いたものなのではないかな。その路線で感想文を書いてみたら？

芥川さん：　みんなありがとう！　なんだか書けそうな気がしてきたよ！

ア　安井が、宗助や主人、小六といった気難しい面々を結びつける潤滑油の役割を果たしている

イ　身内とすら言葉を交わさない宗助が、ましてや主人や安井という外部の人間と話すことは困難である

ウ　宗助の安井に対した時の態度への不信感から、御米の気持ちがだんだん宗助から離れていってしまった

エ　宗助の安井に対して抱く後ろめたさが、周囲の人や身内である御米に対してすら上手く接することを阻んでいる

□問９　夏目漱石の作品を次のうちから一つ選び、記号で答えなさい。

ア　卍　　イ　破戒　　ウ　三四郎
エ　蜘蛛の糸　　オ　恩を返す話
カ　たけくらべ　　キ　清兵衛と瓢箪

三　次の文章を読んで、あとの各問いに答えなさい。

玉手箱

日和聡子(ひよりさとこ)

（1）
竜宮から
土産に玉手箱をもらって帰る

（2）
「けっして　あけては　なりませぬ。」

（3）
日にやけた畳の部屋へもどると
手箱は箪笥(たんす)の上へあげたまま
卓袱台(ちゃぶだい)で茶を淹(い)れて　一人すする
窓の外は休日
何もかわらぬ　景色
に見える

（4）
①こつ。　こつ。
ゴスイ(A)のまどろみに戸敲(たた)くものありて迎えれば
独居の連休に　故郷がとどく
額(ぬか)づきてただちに箱をあければ
山菜と　米と　手紙が
たちまちぼうと　白くかすんだ

（5）
（帰ってくる――。
（帰らない――。

（6）
手箱の上に②時は積もれり
あけてはならぬ蓋(ふた)をしずめて
振れぬ柱時計の螺子(ねじ)を巻きに立ち上がる
文机(ふづくえ)の上には反古(ほご)の山
うずたかく積もるその頂より
はるかにもゆる郷里の山を仰ぎ見て
開け放した二階の窓から
一条しずかに　③のろしを上げる

最近、若い女性の詩人の進出が④めざましい。（中略）詩ばかりでなく小説、あるいは批評も書ける意欲的な人も多く、充実期を迎えているといってよいだろう。日和聡子もその一人で、小説家でも[1～]ある。そして彼女は、引用した「玉手箱」からもうかがえるように、時代もの風の、やや⑤文語文体よりの詩を得意としている。「けっして　あけては　なりませぬ。」などという物言いから、時代設定はいつごろだろうと思ってしまうが、それを突きとめる必要はないと思う。また、*寓話(ぐうわ)的な詩ながら書き手の今の心境を語ってもいる。自分の思いを託すのに、時代もの風な舞台を借りてくるというアイディアは、とても面白い。詩は⑥そんなこともできるのだ。

浦島太郎のお話を下敷きにしているが、この詩の主人公は玉手箱をそうやすやすと開けたりはしない。簞笥の上にあげたままだ。故郷からは宅配便(?)が届き、⑦こっちの箱は感謝しながらすぐに開ける。山菜やお米などと一緒に、母の手紙が入っている。「帰っていらっしゃい」というような内容だろうか。しかし、主人公は作家修業中の身。まだまだがんばらねばと、二階の窓から故郷のほうに向かって、革命の狼煙(のろし)ならぬ立身の狼煙をあげている。

この「一条」や「のろし」ということば、「卓袱台」や「文机」、「まどろみ」や「額づきて」ということばが、ぴったりの場を得てじつに生き生きと働いているように見える。「茶を淹れる」の「淹」は今でもよく使われるが、「戸敲く」の「敲」がうれしい。「叩く」ではコツコツたたく感じが2でない。日本語の、脱落寸前のはじっこにいることばを拾いあげるのを⑧使命としている書き手であるようだ。

話が少しずれるが、中学の国語の授業の時に先生が言われたことを、私は今ごろになって思いだす。

「文化の伝承なんてむずかしいことじゃありません」とその中年の女の先生は言ったのだ。「むかしからある四季折々の行事を忘れないで家で3伝えていきなさい」

お正月や⑨お彼岸ばかりでなく、節分や雛祭り(ひなまつ)、しょうぶ湯やゆず湯……とたしか具体的に、先生は年中行事を挙げていったと思う。今の私は怠けてできないこともあるが、雛人形を一夜飾りにならないように早目に飾るくらいはする。夜の窓を開けて豆を撒(ま)くのも欠かさない。しないとBワザワいを招くような気になってしまう。原始的なおそれの感情が湧(わ)くのが、我ながら可笑(おか)しい。

ことばに対しても、ふだんの粗い言い方を、詩を読み書くことで4ほんの僅(わず)かにしろ修整していく感覚がある。厚顔無恥というか、大きな顔をして暮らしている自分の⑩洗い流し作業なのだろう。

(井坂洋子「詩はあなたの隣にいる」による)

〈注〉 寓話——教訓的な内容を他の事物や動物にかこつけてあらわしたたとえ話。

□問1 ‖部A「ゴスイ」のカタカナと同じ漢字を用いているものを次のうちから一つ選び、番号で答えなさい。

1 率先スイハンで導く
2 疲れからスイマに襲われる
3 スイジができない父親
4 スイゴウ地帯の環境

□問2 ‖部B「ワザワい」のカタカナと同じ漢字を用いているものを次のうちから一つ選び、番号で答えなさい。

1 ヒガイの復旧が優先
2 キケン運転は厳罰される
3 サイヤクがふりかかる
4 タボウな時期を乗り切る

□問3 ――部①「――こつ。　こつ。」とあるが、この部分に用いられている表現技法として適当なものを次のうちから二つ選び、番号で答えなさい。

1 擬人　2 直喩　3 擬音　4 反復
5 隠喩　6 倒置

□問4 ――部②「時は積もれり」とあるが、この部分の意味として適当なものを次のうちから一つ選び、番号で答えなさい。

1 時は積もっている　2 時代を積み重ねられる
3 時間は堆積しない　4 時勢は積算できない

□問5 ――部③「のろしを上げる」とあるが、解説文の作者はこののろしが何の合図であると考えているか。次のうちから一つ選び、番号で答えなさい。

1 感謝　2 革命　3 立身　4 脱落

□問6 ――部④「めざましい」とあるが、この言葉の意味として適当なものを次のうちから一つ選び、番号で答えなさい。

1 不快で目ざわりである　2 驚くほど立派である
3 滅多になくて目新しい　4 心配で目が離せない

□問7 ――部⑤「文語文体よりの詩」とあるが、このことがはっきりと読み取れる詩中の語句として適当なものを次のうちから一つ選び、番号で答えなさい。

1 土産に玉手箱をもらって帰る
2 手箱は簞笥の上へあげたまま
3 はるかにもゆる郷里の山
4 開け放した二階の窓

□問8 ――部⑥「そんなこと」とあるが、解説文の内容からこれを具体的に説明したものとして適当なものを次のうちから一つ選び、番号で答えなさい。

1 女性詩人として活動しながらも、それ以外のジャンルである批評や小説にも力を発揮して重層的に活躍を遂げること
2 浦島太郎を用いて寓話のように教訓を示す展開を見せつつ、作家修業中である詩の作者の故郷への思いをも表現すること
3 時代物風な世界観や文語的な言葉の世界を利用しながら、望郷の想いと詩の作者自身の現在位置への不満や後悔を示すこと
4 詩の作者が自分自身の心情を吐露し、なおかつ既に失われてしまった日本語を生き生きとよみがえらせていくこと

□問9 ――部⑦「こっちの箱」とあるが、ここで解説されている箱が詩中で初めて登場するのは第何連か。詩の各連に記された（　）の連番号を一つ選び、番号で答えなさい。

□問10 ――部⑧「使命」とあるが、解説文では詩の作者がどんなことを使命にしているとみているか。適当なものを次のうちから一つ選び、番号で答えなさい。

1 詩ばかりではなく、小説や批評も意欲的に書く

2　詩の中の時代設定や背景を探求し、突きとめる
3　日本語の失われそうな言葉を詩に用いて生かす
4　日本の失われてしまった文化をよみがえらせる

□問11　――部⑨「お彼岸ばかりでなく」とあるが、ここに用いられている「で」と同じ意味・用法の「で」を、本文中の～～～部1～4から一つ選び、番号で答えなさい。

□問12　――部⑩「洗い流し作業」とあるが、これはどんな行為か。その説明として適当なものを次のうちから一つ選び、番号で答えなさい。

1　原始的な感情に気がつくたびごとにそれを笑い飛ばす行為
2　脱落寸前の日本語の余計な部分をそぎ落とし取り除く行為
3　折々の行事は欠かさず、詩の言葉を忘れるよう努める行為
4　普段の粗い言い方を、詩を読み、書くことで修整する行為

□問13　次のア～ウの文について、この本文(詩と解説文)の内容に合致すれば○、合致しなければ×で評価をしなさい。その評価の組み合わせとして適当なものをあとの語群から一つ選び、番号で答えなさい。

ア　「玉手箱」の詩は昔話の物語のような世界観を持っているが、解説文の作者は浦島太郎とは無関係な表現だとみている
イ　もう使われなくなってしまいそうな日本語を詩に用いることが、「玉手箱」の作者にとって使命のようなものだと、解説文の作者は考えている
ウ　解説文の作者は、小学校の先生にその方法を懇切丁寧に教えてもらいはしたが、文化の伝承は大変難しいと述べている

1　ア―○・イ―○・ウ―×
2　ア―×・イ―○・ウ―×
3　ア―×・イ―×・ウ―○
4　ア―○・イ―×・ウ―×

四　次の各問いに答えなさい。

□問1　次の文について、漢字の表記に誤りのないものを一つ選び、記号で答えなさい。

ア　百貨店で著名な画家の懐古展が催される。
イ　アンケートに映画感賞が趣味だと回答する。
ウ　お互いに不幸な境隅にあることを嘆く。
エ　延々と脈絡のない話を聞かされて閉口する。

□問2　次のことわざの組み合わせについて、反対の意味になっているものを一つ選び、記号で答えなさい。

ア　石の上にも三年――雨だれ石をうがつ
イ　棚からぼたもち――まかぬ種は生えぬ
ウ　転ばぬ先のつえ――先んずれば人を制す
エ　かっぱの川流れ――猿も木から落ちる

□問3　次の語について、文法的性質が他と異なるものを一つ選び、記号で答えなさい。

ア 現れる　イ 滅びる

ウ 降ろす　エ 助かる

問4 次の――部について、カタカナは漢字に直し、漢字は読みをひらがなで答えなさい。

□ ① 敵のハイゴをついて攻める。

□ ② タイゼン自若として騒がない。

□ ③ 事態は深刻なヨウソウを帯び始めた。

□ ④ 緊張のオモモちで現れる。

□ ⑤ 厳かな雰囲気の教会。

□ ⑥ 嫌悪感を拭うことができない。

65

第6回

出題の分類

一 論説文　二 小説
三 古文　四 知識問題

※特別な指示がない限り、句読点や記号も一字とする。

▼解答・解説はP.181

時　間：50分
目標点数：80点

1回目	／100
2回目	／100
3回目	／100

一　次の文章を読んで、あとの各問いに答えなさい。

一九九〇年に最初の歌集を出したあとに、石田比呂志による穂村弘論が『雁』に(ア)掲サイされた。

「穂村弘の歌集『シンジケート』に私は何の(イ)感キョウも湧(わ)かない。そんなはずはない、同じ人間の作ったものがわからんはずがないと心を奮いたたせるのだが、力めば力むほどチンプンカンプンで歯が立たぬ」

「決定的に穂村の歌に欠けているのは具体的な物質感と生活感であろう。私流にもっと言えば、それらの影に息づいているはずの、自己とは何か、人間とは何か、人生とは何かということへの真摯(しんし)な問いかけの欠如。もののあわれや(ウ)無ジョウ観を根っこにしたところの死生観ではあるまいか」

「『3K的労働』なるものから遥(はる)かに遠く、一度も貧困や不如意に喘(あえ)いだこともなく、何かに体を張ったことも、ションベンちびるような勝負をしたこともなく、腹にずっしりこたえるようなワッパメシも食ったことなく、白刃の上を渡ったことも、どん底の修羅場を潜(くぐ)ったこともなく、ただひたすら知識と知能、つまり頭の中で解決可能な場面のみを、自他ともに傷つくことなくかわしてきた、それだけに常に否定と肯定を天秤(てんびん)にかける俊敏さは有するが、然り然り、否否という断定簡素の世界から遠い、いわば当世風のオシャレなインテリ青年像がかなりくきやかに浮かび上がってくる」

「いや、もしかしたら私の歌作りとしての四十年は、この一冊の歌集の出現によって抹殺(まっさつ)されるかもしれないという底知れぬ恐怖感に襲われたことを正直に告白しておこう。本当にそういうことになったとしたら、私はまっ先に東京は青山の茂吉墓前に駆けつけ、腹かっさばいて殉死(じゅんし)するしかあるまい」

（「シンジケート非申込者の弁」現代短歌『雁』二二号）

一読して(a)ショックで頭のなかが白くなった。歌人論でありながらこの文章には引用歌が一首もない。つまり石田比呂志は私の歌集を批判しつつ、実質的には「おまえのような人間はだめだ。[A]」と云っているのだった。

一度も会ったことのない相手に「人間としてだめだ」「[A]」

と云われるのは、全く衝撃的な体験だった。そしてそれはただ私が短歌を作ったために起きた出来事なのだ。石田は私の歌集を㊁キョ心に読んで、その結果「こいつはだめだ」ということを確信して、それを真っ直ぐに提示したのである。

勿論私には自分の歌が石田の「歌作りとしての四十年」を否定するというような意識は全くなかった。石田の文章を読んで、異質な作風の存在が人間性や人生そのものの否定に直結する詩型の特異性を強く感じた。音楽や映画や小説や詩や漫画といった他の表現ジャンルでは、そこまで人間に直結した対峙の感覚は起こらないのではないか。

だが、石田の文章を読んで私が感じたショックのなかには、恐怖や怒りや悲しみや混乱と共に、説明し難い未知の感覚が含まれていた。今から考えるとそれは殆ど喜びに近いものだったと思う。勿論当時はそんなことは考えてもいなかったが、それでもやはり心の深いところで自分はそれを望んでいたのではないか。〈私〉の核にあるものが歌を通じて否応なく明らかになり、それによって未知の誰かの強い反応を(肯定であれ、否定であれ)引き出すことを。

数年前に福岡でNHKのBS短歌会があり、そこで題詠を行ったことがある。出題者の三枝昂之が「林(和清)くんと穂村くんをちょっと困らせてあげたくて」と微笑みながら示した題は「百済」というものだった。林和清は困らず、私は困った。そして苦しんだ挙句に次のような歌を提出した。

素裸で靴散乱の玄関をあけて百済の太陽に遭う

歌会でこの歌についての批評が無事に終わったとき、私はほっとした。番組が進行して次の歌に話題が移った。その話し合いの途中で、出演者の一人だった水原紫苑が不意に云った。

「すみません。ⓑさっきの穂村さんの歌なんですけど、やっぱりあれは弱いと思います。だってあの『百済』は『インカ』と入れ替えても全く問題なく一首が成立してしまいますよね。そんな題詠ってだめでしょう?」

私の歌に好意的だった人も、勿論私自身もこの意見に全く反論することができなかった。

この歌の『百済』が『インカ』と入れ替え可能な理由は、はっきりしている。それは作者である私のなかで『百済』も『インカ』も全く同じようなものでしかなかったということである。

この経験を通して私は、歌には全く誤魔化しようがなく〈私〉が現れるということを改めて知らされた。

その次のBS短歌会は広島で開かれて、私も吟行詠を行った。広島ということではじめからある予感はあったのだが、実際に現地を歩いて、釣り人のいない川や原爆ドームやできたての千羽鶴を見ているうちに、私の意識は原爆を離れることができなくなってしまった。

私はテーマの重さに緊張してびびりながら歌を作った。その緊張感を突き詰めると、自分が作る歌を原爆で死んだ人たちがみるのだという感覚だったと思う。

私が提出したのは次の歌である。

アトミック・ボムの爆心地点にてはだかで石鹸剥いている夜

その場では何事もなくBS短歌会は終わった。だが、先日角川『短歌』(二〇〇〇年一月号)の㋔座ダン会で、栗木京子や小池光によってこの歌が批判されているのを見て、ああ、と思った。栗木の批判の趣旨は、これは結局題詠でしかない、ということであり、小池は「アトミック・ボム」という言葉に拘わって「日本人はあれをアトミック・ボムと言えないのではないか」と述べている。

要するにこの歌は外国人観光客が原爆資料館を見て驚いて詠んだ歌と変わらないということだろう。その理由もやはり明らかである。それは作者である私の原爆に対する認識やスタンスが、外国人観光客と大差ないものだったということに尽きる。

基本的には©ここで起きていることは「百済」のときと同じである。どれだけ緊張して真剣に作っても、いやむしろそうしたからこそ、歌のなかに本当の〈私〉というものがくっきりと姿を現したのである。

二首共に作中の〈私〉が「はだか」であることも、どこか象徴的だと思う。

小高賢は私たちの世代の感受性とそれに根ざした表現の自閉的な特質に関して「みずからが選択した他者性に向けての発話行為」(「〈私〉の構造と読み」『かりん』二〇〇〇年一月号)という見方を示している。このニュアンスは充分理解できるのだが、私は表現の現場においてはそのようなレベルでの「選択」は少なくとも意識的には不可能だと思う。歌に関してはひとりひとりが自分の進める方向に〈踏み込む〉ことしかできないというのが私の実感である。そして自らの〈踏み込み〉の意味はどのような作者にとっても自分ひとりでは把握しきれないものなのではないか。

だからこそ作歌を通じて明らかになる未知の〈私〉が、読みによって他者の〈私〉を潜るという双方向のコミュニケーションが意味を持つのだろう。自分の性格や行動を自らの意識で照らし出すほどの強さを私は持っていない。その時々に作れる歌を作っているだけだ。表現が人間に直結して、それに関わる者同士の存在の対峙になるような詩型の特質をうっとうしいものと感じることもあるが、それによって結果的に未知の〈私〉が照らし出されるのは、こわいがやはりいいことだと思う。

ⓓ短歌の〈私〉を通じてのコミュニケーションを肯定する感覚に比

べて、歌に関わる人間同士の生身のコミュニケーションには理由のはっきりしない不安を感じることが多い。特に歌人が集団化した場合、その関係性が良好なら良好なほど不安感は増大するようだ。

私の所属する同人誌について、永田紅は次のように書いている。『『かばん』は、「現実世界との違和」という前提のもとにつながっている共同体なのかもしれない」(「『かばん』について」『かばん』一九九九年一一月号)。

私はなるほどそうだと納得しながら、同時に［B］。「「現実世界との違和」という前提のもとにつながっている共同体」という言葉に何か危険な矛盾のようなものを思ったのである。

（穂村弘「短歌の友人」による）

問１ ――部㋐～㋔のカタカナを漢字に改めた場合、それと同じ漢字に該当するものを次のうちからそれぞれ一つずつ選び、番号で答えなさい。

□ ㋐ 「掲サイ」

① 正社員をサイ用する　② バナナをサイ培する
③ 最新技術を搭サイする　④ 花火大会を開サイする
⑤ サイ判員に選ばれる

□ ㋑ 「感キョウ」

① 交キョウ曲を演奏する　② 上司の不キョウを買う
③ できばえにキョウ嘆する　④ キョウ竜の化石を掘る
⑤ キョウ順の意を示す

□ ㋒ 「無ジョウ」

① ジョウ報を処理する　② 罪ジョウを否認する
③ トイレを洗ジョウする　④ 頭痛薬をジョウ備する
⑤ 地位を禅ジョウする

□ ㋓ 「キョ心」

① キョ無感に襲われる　② キョ額の費用を支払う
③ 申し出をキョ絶する　④ 様々な思いがキョ来する
⑤ 特キョを取得する

□ ㋔ 「座ダン」

① ダン丸で打ち抜く　② 螺旋（らせん）階ダンを上る
③ 遮ダン機が下りる　④ 家族とダン欒（らん）する
⑤ ダン合が露見する

□問２ ――部ⓐとあるが、このときの筆者の心情として最も適当なものを次のうちから選び、番号で答えなさい。

① 歌を通じて他者と向き合い、音楽、映画、小説、詩、漫画といった他の表現では決して感じることのできない、人間に直結した対峙（たいじ）の感覚を味わっている。

② 恐怖や怒りや悲しみや混乱に加えて、〈私〉の核にあるものが歌を通じて会ったこともない他者の強い反応を引き出したことで喜びに近い感覚を抱いている。

③ 極めて衝撃的な体験のなかで、意外にも冷静に、異質な作風の存在が人間性や人生そのものの否定に直結する短歌とい

う詩型の特異性を強烈に感じている。

④ 恐怖や怒りや悲しみや混乱とともに、自分の歌が、思いがけず石田の「歌作りとしての四十年」を否定するものと受け止められたことに関して驚いている。

⑤ 否定的な反応ではあったが、歌によって未知の他者の強い反応を引き出したことに喜びを感じ、自分は無意識にそれを望んでいたのではと思い当っている。

□問３ ［Ａ］にあてはまる語句として最も適当なものを次のうちから一つ選び、番号で答えなさい。

① 不勉強の田舎者め　② 二度と会いたくない
③ 退屈な歌ばかりだ　④ 死んでも認めない
⑤ 才能が欠片（かけら）もない

□問４ ――部ⓑとあるが、「素裸で…」の歌が「弱い」のはなぜか、その説明として最も適当なものを次のうちから選び、番号で答えなさい。

① 「百済」に全く関心が持てない作者の〈私〉が、「素裸で」という句に誤魔化しようもなく現れているから。

② 「百済」は「インカ」に代替できるので題詠歌失格だという意地悪な横槍（よこやり）に、誰一人反論できなかったから。

③ 「百済」という言葉が作者の生に根ざしたものではなく、他の言葉に代替可能な単なる記号にすぎないから。

④ 素裸で玄関をあけた途端、大昔にあったという異国の太陽に照らされるという情景が余りに突拍子もないから。

⑤ 「百済」という題で詠んだ歌であるはずが、「インカ」や「メソポタミア」に入れ替えても支障なく成立するから。

□問５ ――部ⓒとあるが、どういうことか、その説明として最も適当なものを次のうちから選び、番号で答えなさい。

① 自分の歌を原爆で死んだ人たちがみるのだという緊張感をもって歌を詠み、「はだか」の〈私〉を表現できたのに、「百済」のときと同じく的外れの批判を受けたこと。

② 原爆に対する認識やスタンスが外国人観光客と変わらなかったせいで、「百済」のときと同じように別の言葉に容易に入れ替え可能な外来語を使ってしまったこと。

③ 題詠だった「百済」のときとは異なり、テーマの重さに慄き（おののき）ながら実際に広島を歩いて吟行詠を行ったが、結局また題詠でしかないと批判されたこと。

④ 「百済」のときと同様に生に根ざした言葉を使えず、原爆を「アトミック・ボム」と言えてしまう当事者意識を欠いた〈私〉が露見してしまったこと。

⑤ 「百済」の歌も「アトミック・ボム」の歌もどちらも緊張して真剣に作ったことで、歌の中に本当の〈私〉をくっきりと描き出すことに成功したこと。

□問６ ――部ⓓとあるが、これに関する筆者の考えの説明として最も適当なものを次のうちから選び、番号で答えなさい。

① 作者は歌を作る際に宛先を選択できず、自分の進める方向へ〈踏み込む〉ことしかできないし、その意味を独りで把握することもかなわない。しかし短歌とは関わる者同士の存在の対峙になるような特異な詩型であるため、他者の〈私〉に読まれることで、未知の〈私〉の性格や行動が結果的に照射される。筆者はこの双方向のコミュニケーションをよいことだと捉えている。

② 小高賢は筆者たちの世代の歌人の自閉的な特質を「みずからが選択した他者性に向けての発話行為」と評した。しかしながら筆者は表現の現場において、そうした「選択」は少なくとも意識的には不可能であり、可能なことといえば、たとえそのことの意味を自分ひとりで把握することができないとしても、各々が自分の進める方向に〈踏み込む〉ことだけだと実感している。

③ 筆者は、作歌を通じて明らかになる未知の〈私〉が、読みによって他者の〈私〉を潜るという双方向のコミュニケーションが行われており、それは基本的によいことだと考えている。それゆえ、筆者たちの世代の作家は他者性に向けての発話行為であるものの、しかしその宛先はあらかじめ作者によって選択されているという批判的見解を示した小高賢を疎ましく思っている。

④ 筆者は自分の性格や行動を自らの意識で照らし出すほどの強さを有しておらず、その時々に作ることのできる歌を作っているにすぎない。しかし短歌とは異質な作風の存在が人間性や人生そのものに直結する特異な詩型であるため、他者の〈私〉に読まれることで自分でも気づいていなかった〈私〉が否応なく照らし出されてしまう。筆者はそのことをうっとうしく感じている。

⑤ それに関わる者同士の存在の対峙になるような短歌という詩型を通じて行われる作り手と読み手の双方向のコミュニケーションに関して、筆者は自分ひとりでは把握しきれない自らの〈踏み込み〉の意味を明らかにする点で、たしかによいものだと感じている。しかしそれにも増して、読み手の〈私〉を潜ることで未知の〈私〉が照射されてしまうのは恐ろしいことだと考えている。

□問 7 [B] にあてはまる語句として最も適当なものを次のうちから選び、番号で答えなさい。

① 胸が張り裂けそうだった
② はげしく動揺した
③ 思いがけず心を動かされた
④ 強い反発をおぼえた
⑤ ひやりとするものを感じた

二 次の文章を読んで、あとの各問いに答えなさい。

（ここまでのあらすじ）本が大好きという共通点を持ち、お互いを〝ほんもの〟の友達と認めていたダイアナと彩子（あやこ）は、行き違いから小学校卒業間際に絶交状態となり別々の人生を歩む。文学を学ぼうと大学に進んだ彩子は、サークル活動や恋愛に日々を費やすうちに、徐々に両親と不仲になっていた。しかし、書店員となったダイアナがかつて自分たちの大好きだった絵本を雑誌やSNSで紹介し活躍する様子を知って、彩子は今の自分を恥ずかしく思う。そんな時、突然起きたサークル内でのトラブルでひどく傷つけられた後輩の有紀（ゆき）を助けようと、彩子はサークルの中心人物である木村先輩に一人で抗議した。

これとよく似た場面が『秘密の森のダイアナ』にも描かれていたっけ――。

湖を見つめると、不安そうなちっぽけな女の子がこちらをのぞき込みました。こんな女の子、消えてなくなっても、誰も気に留めないでしょう。でも、目を逸（そ）らしてはいけません。満月の夜、曇りなき目で湖をのぞき込み、そこに映る自分と向き合うこと。そして、呪文を自ら口にすること。その勇気がなければ、悪い魔女の魔法を破ることはできないのです。

ダイアナは勇気を振り絞りました。

「リュークス、リュークス、フィルフィルルー。なんびとたりとも、このダイアナを縛ることはできない。私に命令できるのは、この世界で私ひとりだけ……。私だけが私のすすむべき道をしめすことができる……」

風が吹いているわけでもないのに、水面はゆらゆらと揺れ、そこからレースのようなさざなみが湖全体へと広がっていきました。そして、変化がゆっくりと森とダイアナを包みました。湖は月をすっぽり飲み込んだように輝きだし、森全体を真昼のごとく明るく照らしたのです。胸の中でずっと硬くつまっていた石ころがゆっくりと消えてなくなるのがわかりました。閉じていた喉が開き、森の新鮮なつめたい空気が肺に吹きこまれるのがわかります。手足にいきいきと血が巡り出しました。なんだか大声で歌を歌いたい気分です。そうです。そうです。かつてのダイアナはこんな風に、いつもダンスできるような、そんなうきうきした楽しい気持ちで暮らしていたのです。（　A　）、まるで上等なことのように、ずっとずっと思い込んでいたのでした。ダイアナは大声で叫びました。

「呪いを破ったんだわ！　私一人の力で！」

声の大きさに驚いて、湖の周りを取り巻いていた鳥たちがわっと飛び立ちました。

ダイアナのように――。自分を取り巻く状況を、真実を、そして己を、曇りなき目で見つめるのだ。膝（ひざ）が震え、胃がきゅっと音を立てるのがわかる。彩子は[Ⅰ]顔を上げた。あんなサークル、たかが学生の集まりだ。権力を持っているように見える木村さんだって、社会人ですらない。ガラスの中の自分をじっと見つめ返した。弱虫で、流されやすく、どこにでもいる娘。でも自分の足でそこに立って、自分を見据えている、一人の人間だった。今こそ認める時が来たのだ。

(中略)

居間に入ると、母がソファに寝そべり額に手を当てていた。

「ママ、どうしたの」

慌てて駆け寄ると、母はうめくように言った。

「庭で日に当たりすぎたの。横になれば直るから。あと、ちょっとお腹が空いたみたいね」

「待ってて。何か軽いものを作るわ」

そう言って台所に来たものの、お料理なんてずっとしていない。幼い頃は母に習って、*ダイアナと一緒にここでケーキやクッキーを焼いた。中高時代もよく母を手伝っていた気がする。でも、最近では家に居ること自体、ほとんどない。ふと思い出して、母が料理書を並べている本棚をのぞき込む。あった——。瞳を輝かせて、表紙が[Ⅱ]『赤毛のアンのお料理ノート』を取り出す。原作に登場するふんわりと軽い、真っ白なビスケットの描写にダイアナと彩子は唾を飲み込んだものだった。この料理本を母の蔵書から発見し、レシピを見付けた時はとても嬉しかった。母の見ている前で、二人で繰り返し繰り返し作ったから、今でも手順はなんとなく覚えている。

B<u>これは特別なお菓子なのだ。</u>アンの作ったビスケットを口にしたやかまし屋のレイチェル=リンド夫人はその美味しさに感激し、ようやくアンを大人として認めてくれるのだから。薄力粉、ベーキングパウダー、砂糖、バター、牛乳。冷蔵庫や戸棚を次々に見て回る。必要なものはすべてそろっていた。オーブンを温め、冷蔵庫から取り出したばかりの冷えたバターを刻む。粉類をまとめてふるいにかけた。ふわふわと雪のように積もっていくパウダー、ふるいを転がる白い固まりを見つめるうちに、胸のつかえが解けていくのが分かった。

いつもこの場所に立って、どんな日でも彩子のために料理を作り続けた母。もちろん、母親の気持ちなんて、今の自分には①<u>トウテイ</u>わからない。でも、キャンパスで、有紀の顔を見かける度に、あたためた牛乳を飲んだようなほの甘く温かい気持ちが湧いてくる。*シュガーを辞めた彼女は、高校の時に入っていたというブラスバンド部に入部し、いつ会ってもスーツ姿でトロンボーンを抱えている。自分より幼い誰かを大切だ、と思う気持ちは、行き詰まるような自分自身との闘いから、ほんの少しだけ解放してくれるみたいだ。何も得るもののなかった大学生活だけれど、有紀が[Ⅲ]やってくれることだけが、今の彩子のささやかな誇りだった。②<u>キジ</u>を型抜きし、天板に並べてオーブンに入れた。

洗い物をすべて終え、バターやジャムを並べ、紅茶を用意したところで、オーブンのベルが鳴った。天板の上に焼き上がったホットビスケットは、小説そのままに白くふんわりと軽い。彩子はほっとして紙ナプキンを敷いた大皿に盛り付け、居間へと運ぶ。ソファから身を起こした母が、[C]眼尻に皺を寄せ、こちらを見つめていた。

「ありがとう。とてもよく出来ているわ。ママの教えたこと、彩子ちゃんはなにも忘れてなかったのね。よかった」

母はかすかに涙ぐんでいる様子だった。どれだけ心配をかけたか、と考えると、彩子はたまらなくなって、[D]床にひざまずき、母の手を握りしめていた。庭仕事と家事で荒れた、それでも柔らかくて頼れる、母の手だった。

「いろいろ、ごめんね。ママ、全部、いつかちゃんと話すね。心配かけてごめん。私は何も変わってないから」

母が泣きそうな顔をして、彩子に向かってうなずくと、［Ⅳ］髪を撫でた。目を細めたくなるくらい、心地良く、彩子は久しぶりに身体の芯から安心している自分に気付く。ただいま、と声がして、玄関の扉を開く音がした。まもなく、父が顔を出した。

「ホットビスケット焼いたの。パパも食べるでしょ」

自分の足で立とうとしている自分に気づいて欲しい、と祈るような思いだった。

先週、久しぶりに父とちゃんと話した。[E]どうしても、父の力を借りねばならなかったのだ。しぶる父に頭を下げ、③ムガムチュウで頼み込んだが、人の家庭の問題に介入するべきではない、と何度も[a]いなされた。それでも、彩子は主張した。*はっとりけいいちとダイアナを会わせるきっかけを作るべきだ、と。根負けした父は、彩子の手紙を[b]あくまでも匿名のファンレターとして、はっとりけいいちに渡すことを約束した。その上で、編集者として、作家への手紙の書き方を教えてくれたのだ。*鳩居堂の便せんを何度も何度も破り捨て、彩子は渾身の力を込めて手紙を書き上げた。もう会うことがなくても、かつての親友の役に立ちたいと強く思った。はっとりけいいちが*彼女の職場を訪れることを今何よりも強く願っている。

[F]父はしばらくしてにっこりすると、手を洗ってくるよ、とつぶやいた。

（柚木麻子「本屋さんのダイアナ」による）

〈注〉ダイアナ——これより後の「ダイアナ」は、彩子の友人のダイアナを指す。

シュガー——彩子が所属していたサークルの名前。

はっとりけいいち——『秘密の森のダイアナ』の作者でダイアナの父親。自分が生まれる前に母と離婚し、一度も会ったことがない父をダイアナは探していた。彩子はその事実をはっとりけいいちの担当編集者だった父から聞いた。

鳩居堂——江戸時代から続く、香や文具の専門店。

彼女――ダイアナのこと。

問1 ‖部①～③と同じ漢字を書くものをそれぞれ選び、記号で答えなさい。

□ ①トウテイ

ア 通説をコンテイから覆す。
イ ヘイシンテイトウしてわびる。
ウ タイテイの人が賛成している。
エ 外国の会社とテイケイする。

□ ②キジ

ア 予定を手帳にテンキする。
イ 蚕の繭からキイトを作る。
ウ 赤をキチョウとした絵画。
エ カイキゲッショクを観測する。

□ ③ムガムチュウ

ア その年はノウムに包まれていた。
イ 在庫のウムを問い合わせる。
ウ 重大なセキムを負う。
エ 大富豪になることをムソウする。

問2 〰〰部a・bの意味として最もよいものをそれぞれ選び、記号で答えなさい。

□ a いなされた(いなされる)

ア 言動をとがめられて責められるさま。
イ 追及をはぐらかすようにかわされるさま。
ウ 動作や表情をさりげなく取り繕われるさま。
エ 相手に低く見られてばかにされるさま。

□ b あくまでも

ア どこまでも。　イ 災いをもたらしても。
ウ いいかげんでも。　エ 完全なかたちでなくても。

□ 問3 Ⅰ～Ⅳに入る語句の組み合わせとして最もよいものを次のうちから選び、記号で答えなさい。

ア Ⅰ はっと　Ⅱ ぼろぼろの　Ⅲ きらきらと　Ⅳ もじもじと
イ Ⅰ さっと　Ⅱ くしゃくしゃの　Ⅲ てきぱきと　Ⅳ しずしずと
ウ Ⅰ ぐっと　Ⅱ びりびりの　Ⅲ しっかりと　Ⅳ くしゃくしゃと
エ Ⅰ きっと　Ⅱ よれよれの　Ⅲ のびのびと　Ⅳ おずおずと

□ 問4 (A)に入る語句として最もよいものを次のうちから選び、記号で答えなさい。

ア 一人でいるのが　イ 縛られずに自由なのが
ウ 悲しくて辛いのが　エ 自分から行動できるのが

□ 問5 ――部Bとあるが、「特別なお菓子」はどのようなことを表しているか。説明として最もよいものを次のうちから選び、記号で答えなさい。

ア　母親の子どもに対する愛情は、いつまでも変わらないこと。

イ　自分以外の誰かのために行動し、力になれるようになること。

ウ　会わなくなった旧友と、今でも強く結び付いていること。

エ　家族との暮らしの中でこそ、自分を肯定することができること。

□問6　――部Cの説明として最もよいものを次のうちから選び、記号で答えなさい。

ア　素っ気なかった最近とはまるで違う彩子の振る舞いを信じられず、注意深く観察している。

イ　見ていなくても教えた通りに彩子が菓子を作れるかを、きちんと見届けようとしている。

ウ　彩子には自分の支えがいらなくなったことを知って、寂しい気持ちでじっと見つめている。

エ　自分を思いやってくれる彩子の行動がうれしくて、ほほえみながら優しいまなざしを向けている。

□問7　――部Dの説明として最もよいものを次のうちから選び、記号で答えなさい。

ア　長い間母が様々なものと闘いながら自分を守ってくれていたことを実感し、心配をかけてきたことを深く後悔している。

イ　これまで母が家族のために働いて自分を大切に育ててくれたことに敬意を払い、心配をかけてきたことを申し訳なく思っている。

ウ　母がお菓子の出来映えを見てようやく自分を認めてくれたことに安堵し、これからは心配される必要はないと思っている。

エ　いつのまにか忍び寄っていた母の老いに気づいて衝撃を受け、これからは心配をかけないようにしようと思っている。

□問8　――部Eの理由として最もよいものを次のうちから選び、記号で答えなさい。

ア　自分の足で立っていることを父や母に気づいてもらうためには、自分自身がはっとりけいいちの担当編集者である父の力を借りる交渉をすることが適当だと考えたから。

イ　はっとりけいいちの担当編集者である父の力を借りてダイアナの家族の関係性を修復することが、自分の家族の関係性も修復することにつながると考えたから。

ウ　はっとりけいいちがダイアナの勤める書店を訪れるように仕向けるためには、はっとりけいいちの担当編集者である父の力を借りるのが最もいい方法だと考えたから。

エ　はっとりけいいちの担当編集者である父の力を借りて自分がはっとりけいいちに匿名のファンレターを出すことが、かつて親友だったダイアナの役に立つと考えたから。

□問9　――部Fの説明として最もよいものを次のうちから選び、

記号で答えなさい。

ア　彩子の成長を評価するべきだと考える一方、そのことに寂しさを感じている。

イ　彩子の昔と変わらない様子に戸惑いながらも、そのことに喜びを感じている。

ウ　彩子の親友を思う気持ちに好感を抱き、手助けをする覚悟を決めている。

エ　彩子の変化と前向きな姿勢をうれしく思い、受け入れていこうと考えている。

□問10　本文の表現の説明として最もよいものを次のうちから選び、記号で答えなさい。

ア　「――（ダッシュ）」の後は、前の内容が詳しく説明されたり具体的に示されたりしている。

イ　文章全体を通して時系列に矛盾はなく、自然な時間の流れに従って物語が進められている。

ウ　主人公の視点で物語が進む一人称小説で、臨場感を伴って主人公の経験が描かれている。

エ　読者が心情を理解しやすくなるように、登場人物の発言はすべて直接話法で書かれている。

三　次の文章を読んで、あとの各問いに答えなさい。

ある河のほとりに、蟻遊ぶことありけり。にはかに（急に）水かさまさりきて、かの蟻をさそひ流る。浮きぬ沈みぬする所に、鳩こずゑ（A）よりこれを見て

「あはれなるありさまかな」（ア）

とこずゑをちと食ひ切って河の中に落としければ、蟻これに乗つて渚に上がりぬ。かかりける（このような）ところに、ある人竿の先にとりもちをつけて、かの鳩をささむとす。蟻心に思ふやう（B）（思うことには）、

「ただ今の（　　　）を送らむものを」

と思ひ、かの人の足にしつかと食ひつきければ、おびえあがつて、竿をかしこに投げ捨てけり。そのものの色や知る（イ）。しかるに、鳩これを悟りて、いづくともなく飛び去りぬ。

（「伊曾保物語」による）

〈注〉　とりもち――鳥や昆虫を捕まえるために使う粘着性の物質。

□問１　～～部Ａ「こずゑ」とＢ「思ふやう」を現代仮名遣いの表記になおし、すべてひらがなで答えなさい。

□問2　——部アを現代語に訳しなさい。

□問3　空欄（　）に入る適当な語句を次のうちから選び、番号で答えなさい。

①　恩　②　生　③　孝　④　知　⑤　信

□問4　——部イの意味として正しいものを次のうちから選び、番号で答えなさい。

①　ある人が食いつかれた痛みは理解できない
②　ある人の形相はすさまじいばかりである
③　ある人にはことの成り行きがわからない
④　ある人の心の中はとうてい想像もできない
⑤　ある人には鳩と蟻の気持ちを理解できない

四　次の各問いに答えなさい。

問1　次の慣用句について、

・【　】合の衆　・【　】脚を露す（あらわ）
・鵜の目【　】の目　・【　】の尾を踏む
・【　】を読む

□①　【　】に入る生き物としてあてはまらないものを選び、記号で答えなさい。

ア　鷹　イ　虎　ウ　鯖　エ　烏
オ　猫　カ　馬

□②　【　】を完成させたときの慣用句の意味としてあてはまらないものを選び、記号で答えなさい。

ア　都合よく数をごまかすこと
イ　危険なことをすること
ウ　巧みな危機回避
エ　隠しごとが明らかになること
オ　寄せ集めの集団
カ　熱心にものを探す様子

問2　（　）内の説明文の意味になるよう、次のそれぞれの□に漢字を入れて四字熟語を完成させなさい。

□①　旧□依□（元のままで少しも進歩がないさま）
□②　□風□帆（物事が思うままに進みゆくさま）

□問3　次の——部の単語が修飾しているものはどれか。あとのア～オから選び、記号で答えなさい。

私は以前から彼に憧れていた。彼が最優秀選手賞を受賞したにもかかわらず、さらに満足することなく努力するその姿を見習わなければならないと思った。

ア　満足する　イ　努力する　ウ　姿
エ　見習わ　オ　思っ

□問4　次のア～オの「ある」のうち、品詞の異なるものを選び、記号で答えなさい。

ア　先輩の、厳しい中にも優しさがあるところを見習おう。
イ　ルールを破ってしまうことはあるまじきことです。

ウ　事件の発端となった可能性はあるかもしれない。

エ　昔、あるところに銀杏並木の美しい学校がありました。

オ　さっきから君が言っていることはよくある話だ。

□問5　作者と作品の組み合わせが正しくないものはどれか。次のうちから選び、記号で答えなさい。

ア　森鷗外　・『舞姫』　『高瀬舟』

イ　芥川龍之介　・『杜子春』　『雪国』

ウ　宮沢賢治　・『銀河鉄道の夜』　『注文の多い料理店』

エ　夏目漱石　・『坊っちゃん』　『吾輩は猫である』

オ　太宰治　・『人間失格』　『走れメロス』

問6　次の漢詩について、あとの各問いに答えなさい。

千山鳥飛絶（ブコトエ）

万（ばん）径（＊けい）人（じん）蹤（＊しょう）滅（ス）

孤（こ）舟（しう）蓑（さ）笠（りふノ）翁

独（ひとリ）釣（つル）寒江（ノ）雪

〈注〉径――小道。
蹤――足あと。

□　①　この詩の形式として正しいものはどれか。

ア　五言絶句　イ　五言律詩

ウ　七言絶句　エ　七言律詩

□　②　韻を踏んでいる漢字をすべて抜き出しなさい。

□問7　次の文は「古今和歌集仮名序」の一節である。□にあてはまるものはどれか。あとのア～オから選び、記号で答えなさい。

□は、人の心をたねとして、よろづの言の葉とぞなれりける。世の中にある人、ことわざしげきものなれば、心に思ふことを、見るもの、聞くものにつけて、言ひ出だせるなり。

ア　うたまくら　イ　からうた　ウ　かけことば

エ　やまとうた　オ　あめつち

65

第7回

出題の分類

一 論説文　二 小説
三 古文　四 知識問題

※特別な指示がない限り、句読点や記号も一字とする。

▼解答・解説はP.185

時　間：50分
目標点数：80点

1回目	／100
2回目	／100
3回目	／100

一　次の文章を読んで、あとの各問いに答えなさい。

アメリカの文化人類学者エドワード・ホールは一九六〇年代に刊行した『沈黙のことば』(南雲堂)や『かくれた次元』(みすず書房)で、世界の文化別にコミュニケーションのスタイルを比較している。ホールは生涯をかけて、「他民族とはなぜ理解し合えないのか」を空間認識や人間相互の距離から考察した文化人類学者である。おそらく①アメリカ人はなぜアラブ人と理解し合えないのか、が彼の研究テーマの一つだったはずである。それは今もって解決されていない。

彼はコミュニケーションのスタイルによって、社会を大きく二つに分けている。「ハイコンテクスト社会」と「ローコンテクスト社会」である。

コンテクストという少し耳慣れない言葉は、「コミュニケーションのベースにある空間感覚やお互いの距離感、それをつなぐ言語」と考えればよい。

「ハイコンテクスト」コミュニケーションとは、コンテクストを共有する度合が高いこと。論理的な言葉で客観的にいちいち説明しなくても、相手の意図を察し合い、お互いの意図を通じ合わせる文化のことである。

わかりやすく言えば、何十年も連れ添った夫婦は「ハイコンテクスト文化」を共有していると言えるだろう。たとえば［　　②　　］ほとんど言葉以外の情報でお互いを察しあっている。

一方、「ローコンテクスト社会」は、言葉で厳密に限定し合う社会のことである。たとえば「ちょっと待ってくれる?」と言われた場合、日本人なら前後関係で「およそ、このくらいの時間」と思うが、それでは納得せずに何分待つのか、きっちり決めたがる社会と言ってもよい。いや、日本人でも若い人は、「『ちょっと』って何分のことかはっきり言ってくれないとわかりません」と言うかもしれない。こういう時に、年配者は「マニュアル世代は困る」と愚痴をこぼす。マニュアルとは言語情報のことだから、③この愚痴はかなり本質を突いていることになる。

アメリカのような多民族国家はまさに「ローコンテクスト社会」である。話される言語にしても、共通語は英語であるが、もともと英語以外にフランス語、ドイツ語、スペイン語を話す人たちが集まり、アフリカの諸地域から夥しい種類のアフリカ系言語を話す黒人が加わってきたという経緯がある。後には、アジア諸国からも多数の人たちが押し寄せて「アメリカ人」になっていった。言葉以外にも、習慣や価値観、人生観、宗教観が異なる。可能な限り論理的に話し、語義の明確な言葉を連ねて、誤解の少ないコミュニケーション力を持った人が優秀な人ということになる。ディベート力が大事で、交渉力はビジネスマンの重要な能力となる。

ホールのいう「ローコンテクスト社会」には、ドイツ、フランス、イギリスなども含まれる。これらの国は、民族は一つだが、隣の民族と戦を繰り返してきたために、「言うべきはきちんと言わなくてはならない」国ばかりである。また、「個」を重んじる社会でもある。

一方、アラブ諸国や日本は「団体行動」を重んじ、「個」は軽い。仲間うちだと言葉で限定しなくても、何となく通じ合える部分が大きい(ホールがアラブ諸国を研究しているとき、ルース・ベネディクトの『菊と刀』が発表された。優れた日本人論が出てきたことで、ホールは日本への興味を膨らませていったと思われる)。

ホールの指摘で嬉しいのは、世界中でもっとも「ハイコンテクストな社会」を日本としていることである。親日家でもあるホールは、日本人のコミュニケーションの特徴ともいえる「④の呼吸」「ツーカーの仲」などを、一九六〇年代の段階で日本人の美風として評価している。

その時代は、この種の日本人的なコミュニケーション、たとえば「ジャパニーズ・スマイル」は欧米のビジネスマンには、むしろ悪しき習慣とされていた。日本人は自分の意見をはっきり言うことはなく、曖昧な微笑でどっちつかずの態度をとる、と。日本のビジネスマンも、アメリカ流の交渉力、ディベート力を身に付けて、国際人にならなくてはならないという意見は今でも根強い。

そんな時代にホールは、日本人のコミュニケーションの形を肯定的にとらえているのである。ではなぜ、世界一の「ハイコンテクスト社会」ができたのかを⑤私なりに考えてみたい。

徳川家康が江戸幕府を開いたのは一六〇三年のこと。以降、諸大名は参勤交代で、本国と江戸を行き来する時代が二百年以上も続いた。中央集権体制ではあるが、それぞれの国は独立しているので、連邦政府ともいえる。どの殿様にも江戸詰めがあり、お互いの価値観を認め合わなくてはやっていけない。したがって方言は残っても、十七世紀の段階で共通語が安定していく。また、参勤交代があったために、江戸で栄えた文化が、日本中に流通していった。

ほぼ同じ日本語を全国で共有できていたので、基本的にコミュニケーションのうえで、言葉は障害にならなかった。このことは、かなり特異であったと思う。

同じ時代、欧米の先進国は植民地争奪戦の真っ只中にあった。

言語・価値観のまったく異なる民族を従わせなくてはならない。言葉の障害だけでも膨大にあり、言語によるコミュニケーションに力を割かなくてはならなかった。

　日本は東洋の端っこにある島国だったために、二百六十年もの間、戦争をすることなく、文化をゆったりと発酵させていった。言葉を尽くさなくても、アイ・コンタクトで通じ合う。表情やアクションも、細やかでなおかつ高度化していったのではないか。もちろん、他にもいろいろな要因があるのだろうが、私は江戸時代が「ハイコンテクスト社会」の形成に大きな影響を与えたのではないか、と考えている。

　私たちは「空気を読む」という言葉をよく使う。「空気を読む」とは、どういう行為なのか——。その場にいる数人が、お互いの眼や表情の変化、小さなアクションの変化を、細やかに感じ、お互いの意思を通じ合わせて、「その場の世論」のようなものを形成していく技術のことである。これこそハイコンテクスト社会である。

　空気それ自体に文字が書いてあるわけでもなく、バーコードが付いていることもない。物理的に「空気を読む」ことはできない。その場にいる人々の、細やかな表情の変化、こぶしの動きなどが総合的な「流れ」となって、〝空気〟をつくっていく。

　とはいえ、日本人同士でも、就職試験の面接や初対面の相手などコンテクストが異なる人とコミュニケーションしなくてはならない。学生時代の友人や職場の仲間とは「ハイコンテクスト」コミュニケーションでよいが、外国人や社外の人とは「ローコンテクスト」コミュニケーション、と使い分ける意識が必要だろう。

　日本人的な言い方をすれば、「公」と「私」の使い分けができる人間になろう、ということになる。友人が相手なら「ちょっと遅れる」でいいが、取引先の人だと「十五分遅れます」ときちんと言わなくてはならない。

　ホールの指摘が画期的だったのは、ハイコンテクストとローコンテクストに優劣をつけていない点である。私たちは、ついつい身振り手振りが大きい人のほうを「非言語コミュニケーションに長(た)けている」と感じてしまう。でも、⑥<u>そんな単純な話ではありませんよ</u>、とホール先生は教えてくれている。［　A　］

　実はこのあたり、私も勘違いしていた時期がある。

　非言語コミュニケーションの研究では、アメリカが世界の最先端を走っている。日本で、この分野の研究に多額の研究費を割いている大学は皆無だといっていい。

　そのため、私は非言語コミュニケーションそのものの先進国もアメリカである、という思い込みを持ってしまったのだ。

［　B　］しかし、実際にはそうではない。

　アメリカは多言語民族国家だから、言語の習得も大事だが、非言語コミュニケーションについても意識的でなければならない。私たちが外国を旅行するとき、言葉が通じなければ、身振り手振りで何とか意思を伝えようとするが、それが常態の国なのである。かくして、非言語コミュニケーションも含めた自己表現能力は重要な能力となる。

アメリカの名門私立大学の多くには演劇学科が設置されている。日本の地方国立大学に相当する州立大学も同様のようだ。

そんなに皆がスターを目指しているのか。そうではない。もちろん俳優を目指す人もいるのだが、実はビジネスマンになる人がほとんどである。といっても夢がかなわなかったからではない。 C そう考えているから、日本人が法学部や経済学部に進む感覚で演劇学科に入ってくる。

日本では法学部に入っても司法試験を受験する人はそう多くはない。建前としては、法律を通じて社会の仕組みを学び、社会人として優れた教養を身に付けるという目的の人がほとんどである。

アメリカの大学で演劇を専攻する学生たちの目的も、それと同じようなものだ。演技(アクション)はコミュニケーションの重要なツールであり、社会人として求められる能力だと考えているのである。

日本の場合、演劇を専攻できる大学は十校程度しかない。 D それだけしかアクション教育・研究に税金を使っていないのに、国内のコミュニケーションが成り立っているということは、アメリカ人からみると奇跡的な状態かもしれない。

コミュニケーションに労力を割いてきたアメリカでは心理学も盛んだ。そうした土壌から、非言語コミュニケーションという専門分野が発達したのは当然のことである。こうなると非言語コミュニケーション関連の文献はアメリカのものばかりということになる。

そもそも、日本で非言語コミュニケーションを心理学的に研究しようとしても、難しいのではないか。たとえば、認知心理学では人間が外的な刺激を受け取ったときに、瞳孔の大きさの変化、瞼(まぶた)や眉の動きを計測しようとする。日本人は表情の変化が小さいので、機械で計測できるほどのはっきりした差は出にくいのではないか。

たとえば、家に帰ってみると、愛車が何者かによってバラバラに解体されていた、とする。アメリカ人なら、「オー・マイ・ゴッド」と言うだろう。日本人なら「ああ、なんてこった」と思う。

アメリカ人は、そういうとき上を見上げ、眉毛が上がり、口も大きく広がり、まいったなという顔になり、両手を広げ、手の平が上を向く。しかし、「ああ、なんてこった」と思う日本人には、 ⑦ これでは実験しても計測が難しい。

しかし研究が進んでいることと、実態とが同じではないのは言うまでもない。また、大げさな身振り手振りが常態化していることが、そのまま非言語コミュニケーションに長けていることを意味するわけではない。むしろハイコンテクスト社会のほうが、その構成員たちの非言語コミュニケーション能力は高い、という見方も成立する。「ハイコンテクスト」「ローコンテクスト」という分類は、そのことを示しているのだ。

(竹内一郎「やっぱり見た目が9割」による)

□問1 ――部①「アメリカ人はなぜアラブ人と理解し合えないのか」とあるが、その理由を次のようにまとめた場合、空欄AとBにあてはまる表現を本文中よりそれぞれ( )内に指定された字数で抜き出し、はじめと終わりの三字を答えなさい。

アラブ諸国では【 A(三十五字以内) 】のに対して、アメリカでは【 B(四十五字以内) 】を持つことが必要だから。

□問2 空欄 ② にあてはまる文として最もふさわしいものを次のうちから選び、記号で答えなさい。

ア たとえば夫が「おい」と言って顔を向けるだけで、妻は何も言わずに醤油の瓶を差し出すといった具合。

イ たとえば夫がテレビを見ながら眠ってしまったので、妻がそっと毛布を掛けてやる、といった具合。

ウ たとえば夫がいつもより青白い顔をしていたら、妻が、具合が悪いのではないか、と心配する具合。

エ たとえば夫が「お茶」と言って湯呑を妻の方に差し出すと、妻がお茶を注ぐ、といった具合。

□問3 ――部③「この愚痴はかなり本質を突いている」とあるが、なぜ愚痴が生まれるのか。その理由として最もふさわしいものを次のうちから選び、記号で答えなさい。

ア 「ハイコンテクスト社会」よりも「ローコンテクスト社会」のほうが優れているから。

イ 若者が「ハイコンテクスト社会」を嫌うから。

ウ 日本は元々「ハイコンテクスト社会」であったから。

エ 年配者より若い世代のほうがハイコンテクストな関係を大切にしているから。

□問4 空欄 ④ にあてはまる語を<u>ひらがなで</u>答えなさい。

□問5 ――部⑤「私なりに考えてみたい」とあるが、その答えとなる箇所を本文中より五十五字以上六十字以内で「〜から」につながるように抜き出し、はじめと終わりの三字を答えなさい。

□問6 ――部⑥「そんな単純な話ではありませんよ」とあるが、単純ではなくて、どのようだと主張しているのか。最もふさわしいものを次のうちから選び、記号で答えなさい。

ア ハイコンテクスト社会かローコンテクスト社会かを決める手掛かりは非言語コミュニケーションの中の身振り手振りだけが決めるわけではない。

イ ハイコンテクスト社会である日本では言語を使わなくてもコミュニケーションが可能であるため、非言語コミュニケーションを重要視して伝えてきた文化がある。

ウ ローコンテクスト社会もハイコンテクスト社会も関わりなく、身振り手振りが大きいのは、その社会の性質的な問題であり、言語とは関係ない。

エ　ローコンテクスト社会であるからこそ、アメリカでは身振り手振りも重要なコミュニケーションツールとして意識的に捉え、努力して身につけようとする。

□問７　空欄[⑦]にあてはまる文章として最もふさわしいものを次のうちから選び、記号で答えなさい。

ア　周囲に主張しようというつもりは無い。自分の内面と対話するのみである。

イ　怒りを他にぶつけようとする気持ちは無い。耐えるのみである。

ウ　ほとんど見た目上の変化は無い。絶句して佇（たたず）むのみである。

エ　黙って我慢しようとする習慣は無い。復讐あるのみである。

□問８　本文からは次の一文が脱落している。補うべき箇所として最もふさわしいものを本文中の空欄[A]〜[D]から選び、記号で答えなさい。

アクションによる表現は、社会人として大事な能力である。

[二]　次の文章を読んで、あとの各問いに答えなさい。

主人公の玉子は小学校時代に結核で父を亡くしている。以後母と二人での生活となり、現在は夫と子どもと暮らしている。

三軒先の母の家へ夕食のお総菜を届けに行った。母の居間にお客様が見えている。

（　　Ａ　　）それは暮れる前に訪ねてきたお客様で、母と互いに話し込んでいるということだ。お茶を新しく淹（い）れ直して持って行った。

私を見た母は、上気した顔で立ち上がり、

「丁度よく玉子が来ました。あんたご挨拶しなさい。友兄さんが見えたのよ」

話に聞いたことはあったが、顔を見るのは初めて、父の次兄で友之助という。母より十位上で、痩身（そうしん）小柄白髪だが、血色がよく、しっかりしたお年寄りだった。

母の様子から見れば心配することはなさそうな訪問らしい。私を見るなり、友兄さんは慌ててポケットからハンカチを出して目を押さえてしまった。

「ああ幾ちゃん、玉子ちゃんがこんなに」

夢中になってそこに居ない私の父に話しかけずにはいられないらしい。落ちつくまで間があった。その間に母はかいつまんで話した。

友兄さんの奥様が先頃亡くなられ（Ⅰ）、納骨のため三橋のお墓を近く開ける。昔のことは何ともしがたいが、もし、母や私が望むならば、私の父の分骨を計ってあげようかという申し出だ。

滅多なことで墓所を開くことはない。今、自分はそれをする立場に居るが、この折を過せば、再びそれを考えることは難しいと。

母の離婚後、五十年近くたって三橋側からの話であった。一度納めたものを動かすことは考えないが、私達がお参りをすることが出来れば何よりだった。

ア話の間中、友兄さんは私を見続け、感情の糸は弱くゆるんで締める力を失ったように見えた。

「文子さんとお話しできて、私の気持ちも伝えられたし、玉子ちゃんの元気な顔も見られた。私のたった一ツ幾ちゃんにしてあげられる御供養が叶えられて嬉しい」

納骨日に＊菩提寺（ぼだいじ）で再び会う約束をして、友兄さんは帰ってゆかれた。

母は私に、近くの駅まで、

「お送りしなさい」と命じた。

玄関を出て、通りの灯りに足を止めて、

「お母様の前では失礼だから言えませんでⅡしたが、あなたはお父さんにほんとに似ている、さっき見た時、幾ちゃんに会ったようで、私はどうしていいか解らない程嬉しかった」

そうなのかと思った。不思議な気持ちであった。今までこんなにはっきり父に似ていると言われたことはなかったし、私が父に似ていることを、こんなに喜ぶ人に出会ったこともなかった。それを言っている人は、父に一番近い伯父である。私の父が生きていればこんな感じの人なのかも知れない。小さかった記憶の父は背が高かった。肩を並べれば、友兄さんは私より小柄で、らくにその肩を抱いてかばってあげたい思いを持つ。

「又、会えるお約束が出来たからその日を楽しみにしてますよ、早くお母さんのところへ帰ってあげなさい」

無理に私を押返す手に力があった。

イ何か胸の中に大きな固まりが抜けて空洞ができたような、頼りないような、からっと軽くなったようなものが残った。

母の家に戻ると、さっき私が持ってきたシチューの鍋を母はあたためていた。

「やっぱり三橋さんのいいものを、友兄さんはもっていなさる。ここに来るために、おたねおばあさまがいつも買物をしていらっⅢしゃった和菓子のお店まで行ってわざわざ買物をしてみえたんだよ。母さん一人だって考えて、多すぎないように、でももしあんたのところへ分ければ分けられる数の買物だ。よく行届いていなさるよ。そして随分気を付け気を付け障りのない話の仕方をなさって、昔から他の人より情がある方だったけど、久々で会っていい気持ちだった」

と穏やかな顔をしていた。父につながる人に出会って、こんなに親しそうに話す母は珍しかった。

約束当日、寒気が強かったがよいお天気で菩提寺へ向かう車の中で、母は外を眺めていたが、ふと私を見て、

「あんたのお父さんが亡くなって随分経ったねえ。あんたにとっ

て三橋さんは何だったんだろう」

と言う。

「そうねえ」

と言って黙った。私にはやはり父というしかない人だが、母から父は遠くなったなと感じた。

以前にあった疑い、口惜しさ、諦め、そしてほんの少しの懐かしさ、老いて生な感情が抜けたのか、母は人として大きくなったのか。[ウ]穏やかではあるが、寂しい気がした。

その後、毎年、友兄さんは立春を過ぎた寒さの底のような季節に、西宮の醸造所から酒粕を取寄せては私の所に届けに[Ⅳ]見える。しかし、直に母のところを訪れることはせず、私のところに[Ⅴ]来られても、玄関から上がることはなさらない。会えればもうそれでいいと言う。

友兄さんの心の中は嫁にやった娘が無事なら邪魔になることは何一つするまいと、何かに誓っているように見えた。御自分は申し分のない息子さん一家と一緒に住まわれ、気にかかることは何もない。私の父に頼まれた訳ではないのだろうが、親の縁の薄い弟の娘に対して、ひたすら肉親の持つ情を注いでおきたかったのだろうか。

朝から凍てつく寒さで、山は雪になり、午後にはまちがいなく白いものが降ると思われる日、電話で、前夜、友兄さんは静かに終了(おわ)られ、今夜お通夜と知らせがあった。住いは訪ねたことのない土地で昼過ぎには大雪警報が出たが、私はどうしても友兄さんに、自分から初めて会いに行こうと決めた。横須賀線を終点で降りると、その先は西も東も解らなかった。バスはほとんど不定期運行でタクシーに長い列が出来ていた。

車から足を下ろすと、足首まで雪に埋まる。

下半分雪に埋もれた石の碑があり、雪明りにお寺の山号が刻まれている。それを目当てに奥へ入った。思いがけなく視界が開け、本堂が見えた。電気の光が、閉めた玄関の中からもれている。早くそこへ行きたいという思いと逆に、そのあとの何十歩かは足に鉛をまいたかと思う重さだった。中へ入ると一目で喪主と思われる人が顔を上げた。

「いやあー玉子さんでしょう、この雪の中、申し訳ない。でも来てくださっておやじが喜びますよ」

挨拶を終えるなり、[Ⅵ]お目にかからせていただきたいと言った。

祭壇の後ろに廻ってお棺の蓋(ふた)が胸まで引かれた。白い浄衣はきっちりと合せられ、友兄さんのお顔は、ここ何年かの間に見たどの顔より立派だった。改めて、こういう顔の方なのだと思う。

そして生前私に向けられていた顔のいかに柔和で愛情深いものが表れていたかを知った。

雪の中を来た甲斐があった。お通夜のお経が上るまで居たかったが、帰路が思いやられる。

友兄さんのお孫さんの車で駅まで送ってもらった。

乗る人の少い電車に腰を下ろし、寂しさも寂しかったが、お見送りが出来た満足もあった。伯父を見送ったのだが、それが出来なかった父へ、言伝てを托した思いがする。

「母も私も恙（つつが）なく居ります」

と。

電車に揺られ寒さに体中が固くなっていたのがゆるくほぐれた。東京駅に着くまで、小学校の講堂に流れた＊ユーモレスクのメロディーを繰り返し繰り返したどりながら、又一ツ父へのつながりが霞んでいった。

翌朝、珍しいほど積もった雪をかきわけながら母を見舞った。

「あの雪だったけど、たぶんあんたは出かけていっただろうと思ったよ。友兄さんは、三橋さんの兄弟の中では一番穏やかに過されたね、こんなに白く浄められた旅立ちもいいものだよ」

と言う。

（青木玉「帰りたかった家」による。一部内容に手を加えてある。）

〈注〉菩提寺 ―― 先祖代々の墓を置き、供養を行う寺。

ユーモレスク ―― 父との思い出の曲。小学校時代に講堂でこの曲を聴き、死期の間近な父を思って涙を流したことがあった。

□問1　次の系図の1～4にあてはまる人物を本文中から抜き出しなさい。ただし父、母などの続柄を表す語は使わないこと。

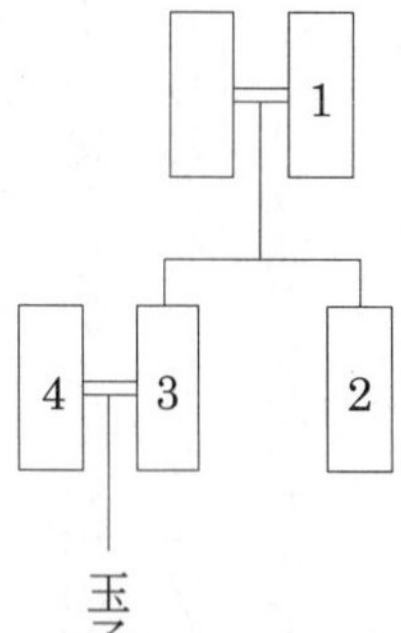

□問2　（A）に入る文章として適当なものを次のうちから一つ選び、番号で答えなさい。

① 玄関の戸が開け放たれていた。
② 玄関に見知らぬ靴が揃えてある。
③ 玄関に見事な百合が生けられている。
④ 玄関の電気がついていなかった。
⑤ 玄関先まで珈琲の香りが漂っている。

□問3　～～～部Ⅰ～Ⅵのうちで敬語の種類がⅠと違うものをすべて選び、番号で答えなさい。

① Ⅱ　② Ⅲ　③ Ⅳ　④ Ⅴ　⑤ Ⅵ

□問4　なぜ友兄さんは――部アのような表情を見せたのか、三十字程度で説明しなさい。

□問5　――部イのような感情が玉子の中に生まれた契機として適当なものを次のうちからすべて選び、番号で答えなさい。

① 友兄さんとの別れに寂しさを感じたこと。

② 突然現れた伯父の存在にわだかまりを感じたこと。
③ 父と自分の強い関係性を確認できたこと。
④ 感情を制御できない伯父に老いを感じたこと。
⑤ 伯父からにじみ出る安定感のある父性を感じたこと。

□問6 ――部ウの理由として適当なものを次のうちから一つ選び、番号で答えなさい。
① 父を憎む感情の継続が活力の源になっている母から感情の起伏がなくなることは、母の死期が間近であることを意味するから。
② 父が亡くなったことも、父の存在がどんなものであったかも、今後母から聞かせてもらうことはないであろうと感じたから。
③ 友兄さんの訪問を機に、記憶の中の父が現実味を帯びて現れたように感じた自分とは逆に、母は父への無関心を隠そうともしないから。
④ 以前の母であれば、娘の自分にあいまいな問いを投げかけただけで会話を終わらせるような中途半端な真似はしなかったから。
⑤ 母が父に対して抱いていた負の感情が薄らいでいくことは、母の中から父の存在が薄れていったことの証でもあるから。

□問7 本文の説明として適当なものを次のうちからすべて選び、番号で答えなさい。
① 日々の暮らしの中で起こる出来事をきっかけにして、あふれ出る人間の感情の機微が細やかに描かれている。
② 晩年になってやっと、早世した弟の娘と面会の機会を得て、それ以後温かな情愛を姪に傾けた伯父の姿が描かれている。
③ 離婚後五十年を経てもなお消えなかった夫への怒りや不満が、友兄さんの気遣いでようやく和らいだ母の変化が描かれている。
④ 父性を知らずに育った玉子が、晩年の伯父から束の間得た慈愛により、静かに父への思いを募らせている様が描かれている。
⑤ 父を亡くして以来、母との強い絆の中で生きてきたが、伯父の姿に父親を重ね、狂おしいまでに父を追い求める玉子の姿が描かれている。

三 次の文章を読んで、あとの各問いに答えなさい。

おさな子を育つる道は、はひまはるときよりむしろの上にをきて、こころのままにははせ、足すでにたちたるときは、こころ次第にはしりまはらせ、*おさな子は襦袴(したぎはかま)を帛(きぬ)にせずといへるをしへにしたがひ、きるものはうすきかたにし、風にも日にもあたりて、外がちにあそび、A<u>くひものはすぐるこそはあしけれど</u>、おほかたはそのこころにしたがひてこそ、やまひもなく、すこやかに生(お)ひたつべきに、富貴の家にむまれしおさな子は、*傅(かしずき)、守(もり)などいへるものおびただしくつきそひ、風邪ひき給ふべきや、御腹そこねさせ給はんや、または御怪我(けが)などもやといひて、やはらかなるものを幾重もきせ、くひものは秤(はかり)にてかけなどし、はひまはるときをはじめ、いだきすくめて御うちがちにのみすれば、足のはたらきもをのづからをそく、うちやせ、ほかもろく、おもひよらざるやまひ起りて、そだちがたきのみ多し。乳母、守、または傅まで、かくはすまじき事と思へるもあれど、もしは御いたみありてはと、その身の事のみ思ひて、いひも出(いだ)さず、あるはおろかにして、上(かむ)つかたの御子は下(しも)ざまとはちがひたると思ふもあり。＊ひとの血気をもてむまれ出る、たつときいやしき、なに事かかはる事あらんや。ふるき言葉のこれをうつくしむは、まさにこれをそこなふゆえんなりといへるを思ひあはせて、かなしくぞおぼゆる。

（雨森芳洲「たはれ草」による）

〈注〉おさな子は襦袴を帛にせず ―― 幼児には絹の下着やはかまを着せない。

傅、守 ―― 付き人（付き添って養育教導する）や守り役（子供の面倒を見る世話役）。

くすし ―― 医者。

ひとの血気をもてむまれ出る ―― 人間が平等に血液と精気とを備えてこの世に生まれてくる点では。

□問１　文章中の〰〰①・②の動作主として最も適当なものを次のうちからそれぞれ一つ選び、記号で答えなさい。

ア　古くからの教えを作った人　　イ　作者

ウ　付き人や守り役　　エ　医者

オ　おさない子供

□問２　文章中のくひものはすぐることはあしけれど(A)の現代語訳として最も適当なものを次のうちから一つ選び、記号で答えなさい。

ア　食べ物は細かく切りすぎるのは悪いけれども

イ　食べ物は古くなりすぎたものは悪いけれども

ウ　食べ物はやわらかすぎるのは悪いけれども

エ　食べ物は温めすぎるのは悪いけれども

オ　食べ物は量を食べすぎるのは悪いけれども

□問３　文章中にいひも出さず、あるはおろかにして(B)とあるが、「してはならないと思っていても言いださない」理由として最も適当なものを次のうちから一つ選び、記号で答えなさい。

ア　身分の高い人の子供は身分の低い人の子供とは食事が違うという思いと、子供の食欲がなくなってしまうと困るという思いから。

イ　身分の高い人の子供は身分の低い人の子供と育て方が違うという思いと、育て方を間違えたと指摘されるのは困るという思いから。

ウ　身分の高い人の子供は身分の低い人の子供と体力が違うと

いう思いと、子供が早く走れなくなると困るという思いから。

エ　身分の高い人の子供は身分の低い人の子供と人間が違うという思いと、子供の身に何かあったら困るという思いから。

オ　身分の高い人の子供は身分の低い人の子供と環境が違うという思いと、外で一緒に遊んで友達になると困るという思いから。

□問４　文章中の これ(C) と これ(D) は同じものを指す。指す内容として最も適当なものを次のうちから一つ選び、記号で答えなさい。

ア　たつとき　　イ　ふるき言葉　　ウ　血気
エ　おさな子　　オ　いやしき

□問５　本文の内容と一致するものを次のうちから一つ選び、記号で答えなさい。

ア　幼児の養育は子供の健康維持が大切であり、医者や従者の意見をていねいに聞くことが大切である。

イ　幼児の養育は親や世話をする者の意見で行うことなく、全て子供の意思に従って育てることが大切である。

ウ　幼児の養育は昔からの教えや古い言葉に従い、けっして子供に手をさしのべないことが大切である。

エ　幼児の養育は身分や富で区別をするのではなく、一人一人の個性に合わせて育てることが大切である。

オ　幼児の養育は自然の発育を重んじ、愛情を注ぐあまり過保護になりすぎないことが大切である。

四　次の各問いに答えなさい。

問１　次の(1)～(5)の――部と同じ漢字を用いるものはどれか、それぞれ一つずつ選び、記号で答えなさい。

□(1)　化合物のソセイを調査する。

ア　適切なソチをとる。
イ　協会をカイソする。
ウ　産業の発達をソガイする。
エ　ヘイソからお世話になる。

□(2)　偉人の言葉にカンメイを受ける。

ア　メイユウとの誓いを守る。
イ　人生をいかに生きるかというメイダイ。
ウ　携帯電話のアラームがメイドウする。
エ　お米のメイガラを指定する。

□(3)　即位のテンレイを行う。

ア　資料のテンキョを明らかにする。
イ　将来へのテンボウを持つ。
ウ　メールに写真をテンプする。
エ　責任をテンカする。

□(4)　候補をヨウリツする。

ア　人権をヨウゴする。
イ　チュウヨウの立場を貫く。
ウ　カンヨウな態度で接する。

□
エ　交通のヨウショウ。

(5)　ハンボウ期は猫の手も借りたい。

ア　荷物をハンニュウする。

イ　水草がハンモする。

ウ　パンフレットをハンプする。

エ　河川がハンランする。

□問2　熟語の読み方として適当なものを次のうちから選び、記号で答えなさい。

ア　歩合(ふごう)　　イ　寄席(きせき)

ウ　福音(ふくいん)　エ　委嘱(いぞく)

□問3　四字熟語の表記として適当なものを次のうちから選び、記号で答えなさい。

ア　異句同音　　イ　絶対絶命

ウ　意味深長　　エ　縦横無人

□問4　「他山の石」の意味として最も適当なものを選びなさい。

ア　他人のものは何でも良く見えるということ。

イ　他人には重要でも、自分には関係のないこと。

ウ　他人の権威を頼って、偉そうに振る舞うこと。

エ　他人の言動を手本にして自分に役立てること。

□問5　次の松尾芭蕉の句(A)・(B)の空欄にあてはまる語句の組み合わせとして適当なものを次のうちから選び、記号で答えなさい。

(A)　五月雨の降り残してや［　　］

(B)　五月雨をあつめて早し［　　］

ア　(A)　富士の山　――　(B)　竜田川

イ　(A)　光堂　――　(B)　最上川

ウ　(A)　立石寺　――　(B)　最上川

エ　(A)　羽黒山　――　(B)　竜田川

□問6　次の漢詩の説明として適当なものを次のうちから選び、記号で答えなさい。

朝(あした)ニ辞(ス)白帝彩雲ノ間

千里ノ江陵一日ニシテ還(かヘル)

両岸ノ猿(えん)声(せい)啼(な)キ不(レ)ルニ住(や)マ

軽舟已(すで)ニ過(グ)万(ばん)重(ちょう)ノ山

ア　形式は七言律詩であり、第二、第四句末で押韻している。

イ　形式は七言律詩であり、第一、第二、第四句末で押韻している。

ウ　形式は七言絶句であり、第二、第四句末で押韻している。

エ　形式は七言絶句であり、第一、第二、第四句末で押韻している。

65

第8回

出題の分類

一 論説文　二 小説

三 古文　四 漢字の読み書き

※特別な指示がない限り、句読点や記号も一字とする。

▼解答・解説はP.190

時　間：50分
目標点数：80点

1回目	／100
2回目	／100
3回目	／100

一　次の文章を読んで、あとの各問いに答えなさい。

現実と情報が混沌としている時代に生きていると、誰にとっても非常にむずかしくなっていくのは、人格形成、あるいは自己形成ということです。つまり、自分はなにものであるかを自分で確認しながら、その確かめられた自己をみずから育て、保っていくことがむずかしくなってくるのです。「自分が自分であること」――昨日も今日も、変化しながらも変化せずに、私が同一の私であることを自己のアイデンティティーといいますが、そのアアイデンティティーを形成していくことが現代ではたいへんむずかしくなっているわけです。

いったい、今も昔も、われわれが自分の人格を作りあげていく場合、何が中心になるかというと、それはⅠ現実経験のほかにはありません。自分の環境、つまり、自然環境はもちろん、家族から国家社会といったものにかかわり、それを努力を通じて確認していく、その外界の経験がとりもなおさず、自己の形成に役立っているわけです。

趣味の世界で、山登りをしたり探検をすることも人格形成に役立つといいますが、その場合も、現実の厳しい経験、未知なるものが突然現れる驚きが、自己のアイデンティティーを作りあげているわけです。それはたんなるⅡイメージとは違って、Ⅲ頭の中の経験ではなく、肉体の中へ深く刻みこまれるようなⅣ全身的な体験ですが、今日、そういう経験はなくなったといわないまでも、しだいに減りつつあることは事実でしょう。

（　A　）、現代の青年たちは学校を卒業するときにも、かつての青年ほどは希望も不安も感じないはずです。（　B　）彼らは、自分たちの将来についてあまりにも情報的、観念的に知り過ぎているからだ、とよくいわれます。実際テレビをみれば、サラリーマン生活がいかに味気なく、Ⅴ夢も希望もないものであるかを青年たちに見せてくれます。よしんば将来に希望があるとしても、たかだかこれくらいのもので、人生は六十年働くと、消しゴムの屑ほどの成果をつかんで定年退職するものだというような、いわば、［X］をくくったような、シニカルで軽薄なⅥ情報が大量に与えられているのです。いいかえれば、青年たちはせっかく実人生の舞台に踏み出したときには、なにか一度リハーサルのすんだお芝居をやっているような、索漠たる思いを味わう恐れが強いのです。

　また、冒険などといっても、このごろは昔の冒険と違って、ほんとうになまなましい現実にいきなり触れるというのではなく、多かれ少なかれ、あらかじめ情報のかたちでその全貌が冒険家に予告されています。昔のアムンゼンが北極や、南極へ出かけたあの旅行と、現代のアストロノートが月の世界へ出かける旅行とは、どちらが本当の冒険であるのか。なるほど、量からすれば月旅行のほうが大きな規模を持っていますが、月へ行くまでのプロセスはあらかじめ電子計算機の中に組み込まれており、若干それが組みそこなった部分にだけ冒険があるといわざるを得ません。犬を連れて、橇(そり)に乗って、身体ひとつで南極や北極へ行くことのほうが、じつは新鮮さ、驚きという点においては月旅行よりも大きな冒険であったと言えましょう。

（　C　）、人格を形成していくための重要な場所として、かつては技術の修得が今日よりもはるかに重い手応えを持っていました。現在も技術の修得が人間を作っていることは事実ですが、しかし、イこれもまた、残念ながらその重さの点で戦線を縮小しつつあるといわなければなりません。たとえば、昔は大工さんになるためには一生の努力を必要とするといわれたもので、私のうちへ時たま来てくれる大工さんは三十年のベテランですが、そういう人が、「大工というものは一生修行ですよ」と今でもいっています。（　D　）その後で彼は頭をかいて、「今どきこんなことといっていると、時代からとり残されますがね」とつけたすのです。

　というのは、現代では技術そのものが現実体験ではなくて、情報化された一種の知識の組み合わせになっていて、その分だけたいへん修得しやすいかたちに変わっているからです。早い話が、板というもの一枚を取り上げても、昔の板は人間が鉋(かんな)を握って、その鉋を動かす自分の腕を通して体験する本当のものでありました。しかし、現在の板はほとんどが合成樹脂で、鉋や手は必要ではなく、いわば、人間の目さえあればそれで用のすむ存在になりつつあります。一枚の板がものであることをやめて、しだいに板のイメージ、すなわち一種の情報になりつつあるわけです。

　そうなると、それを扱う個人の技術はいちじるしく単純化されて、肉体に触れる体験の領域が小さくなって来ます。今日、技術の修得は一生の仕事だという人は、だんだん少なくなり、だいたい免許証をもらえば、技術はそれで完全に修得されたことになっています。料理人や理髪師、自動車の運転手に学校教師、すべて免許証をもらえば、彼にとって職業および技術の修得段階は終わりだという意識が拡がっています。現に、それさえ持っていればまず最低限度の生活はできるわけですが、その代わり、その技術をさらに伸ばして、彼独特の技術にする楽しみもなくなりました。なぜかというと、ウ近代の技術というものは、そのもうひとつの特色として、相互の交換が可能であるということが大切な要素になっているからです。

ある一人の名人がいて、ぼろぼろのトラックをなんとか動かしてみせるというような技術は近代では必要などころか、あっては有害だと考えられています。トラックというものは、いかなる運転手でも動くような機械でなくてはならないので、天才的な運転手がやっと動かせるトラックなどというものは、現代では有害なのです。つまり技術の修得が短期間の知識の修得になる一方、人間そのものが交換可能な知識の体系に変わったわけで、いいかえれば、人間存在そのものの知識化と非実体化、すなわち情報化が進んでいるといえるでしょう。

職業のことをドイツ語ではベルーフといいますが、ベルーフとは「神の呼び声」という意味です。日本語にも『　Y　』ということばがあるわけで、職業とは食うために勝手に人間が選ぶものではなく、最終的には運命か、あるいは神が人間をそこへ呼びこむものだ、という考えが伝統的にありました。それほど［エ］職業には神秘的といってよいほどの重みがおかれていたのですが、そのひとつの理由は、人間が職業訓練の中で意識的な知識以上のものを獲得する、という事実ではなかったでしょうか。ものに触れる体験というものは、たんなる知識の学習とは違って、人間が自分で意識できない自己の部分を豊かにします。鉋で板を削って十年、二十年を過ごすということは、彼の肉体の思いがけない部分をふとらせることもあるし、「職人気質」などという、いわくいい難い精神の部分を養うこともあります。じつは、人間の個性とはそうした無意識なものの集積として生まれるものであり、この部分こそ個人の中で真に交換不可能な要素だというべきでしょう。

これに対して、現代の現実が情報化していくということは、いいかえれば、現実のすべてが知識化していくことであり、その内部の意識を超えた部分が消滅しつつある、ということだといえるでしょう。そして、それにつれて、現実とかかわる人間もまた情報化され、肉体も気質も持たない観念的な存在に変質しつつあるわけです。ひとつの中心を持ち、有機的な統一を持った「私」としての人間が解体し、巨大で、しかし全体像の見えない、奇妙な機械の部分品になりつつあるのが現代だと見るべきでしょう。

（山崎正和「混沌からの表現」による。一部内容に手を加えてある。）

□問１　――部アとあるが、アイデンティティーの形成に役立つとされているものを〰〰部Ⅰ～Ⅵよりすべて選び、番号で答えなさい。

①　Ⅰ　②　Ⅱ　③　Ⅲ　④　Ⅳ
⑤　Ⅴ　⑥　Ⅵ

□問２　（A）～（D）にあてはまる語を次のうちからそれぞれ選び、番号で答えなさい。（重複不可）

①　しかし　②　たとえば　③　そこで
④　さらに　⑤　なぜなら

問３　X　『　Y　』に入る語句を次のうちからそれぞれ選び、番号で答えなさい。

□ X ① はら　② くび　③ たか
④ ひも　⑤ はな

□ Y ① 神職　② 定職　③ 就職
④ 天職　⑤ 公職

□問４ ――部イの理由を三十字以上～四十字以内で説明しなさい。

□問５ (1) ――部ウについて、「技術の相互の交換が可能」とはどういうことか。次のうちから一つ選び、番号で答えなさい。

① 近代では技術が情報化されているため、様々な分野で個人の技術の応用が可能になっていくということ。
② 技術は情報化された知識を修得することなので、同じ技術があれば仕事の代わりが務まるということ。
③ 単純で情報化された技術というものは、それを修得しようとする人間の年齢や性別などを選ばないということ。
④ 一生をかけて修得する技術というものは、人間の目と経験によって次世代に踏襲できるということ。
⑤ 技術が情報化すればするほど、複数の業種間で必要に応じて人員の交替ができるようになるということ。

□ (2) ――部ウの結果、人間はどのような存在になるとたとえられているか。本文中から十字以内で抜き出しなさい。

□問６ ――部エの理由として適当なものを次のうちから一つ選び、番号で答えなさい。

① ほとんどの職業は、伝統的に免許証によって成立しているため、免許取得後は生活の安定が約束されているから。
② 技術というものは、職業訓練を経ずに頭の中から生まれてくるようになると、人間の想像の及ばない速さで変化するようになるから。
③ 肉体を通じて修得される技術というものは、専門性が高くなるにつれて神業とも呼ばれるような領域に入っていくから。
④ 職業の選択は、かつては個人に任されておらず身分などに応じて決定されており、人間にとっては運命的なものであったから。
⑤ 職業を支える技術を肉体を通して修得すると、無意識のうちに精神が養われ人間に豊かな個性が付与されることになるから。

二 次の文章を読んで、あとの各問いに答えなさい。

「日本というのは悲痛な国よ」

と、真之（さねゆき）はいった。

欧米をまわってみると、みな産業によって国が富んでいる。日本というのはまだまだ農業のほかろくな産業ももっていないくせに、ヨーロッパの一流国とおなじ海軍をつくろうとしている、と真之はいう。

「それも超一流の軍艦をそろえたがる」

と、真之はいった。

「そのエナージーのひとつは［①］だ。外国からオカ[a]されるかもしれぬという［①］が明治維新をおこし、維新後はこのような海軍をもつにいたった。しかし残念ながら、軍艦は小艦艇はのぞいてみな外国製だ」

「なあに、それでええぞな」

と、子規は、枕の上の頭をすこしうごかして断定した。

子規は、歌論をしはじめた。

「あしはこのところ旧派の歌よみを攻撃しすぎて、だいぶ恨みを買うている。たとえば旧派の歌よみは、歌とは国歌であるけん、固有の［②］でなければいけんという。グンカンということばを歌よみは歌をよむときにはわざわざいくさぶねという。いかにも不自然で、歌以外にはつかわないものにならぬ。淳サン（*じゅん）が水兵に号令をかけるときにいくさぶねのふないたをはききよめよというか」

「軍艦のカンパン[b]を掃除せよということか」

「水兵が笑うじゃろ。笑うのは、結局は生きた日本語でないからじゃ」

子規は、「歌よみに与ふる書」の第七稿目にそれを書いた。外国語も用いよ、という。外国でおこなわれている文学思想もとりいれよ、といった。

「そういうことは日本文学を破壊するものだという考えは根本があやまっている」

と、子規はその論でいう。

「たとえ漢語で詩をつくるとも、西洋語で詩をつくるとも、はたまたサンスクリット語で詩をつくるとも、日本人が作った以上は日本の文学であることにまちがいない」

「むかし奈良朝のころ、日本は唐の制度をまねてカンリ[c]の位階もさだめ、服色もさだめ、唐ぶりたる衣冠をつけていたが、しかし日本人が組織した政府である以上、日本政府である」

と、子規はいう。

「和歌の腐敗というのは」

「要するに趣向の変化がなかったからである。なぜ趣向の変化がなかったかといえば、純粋な大和言葉ばかり用いたがるから用語がかぎられてくる。そのせいである。そのくせ、馬、梅、蝶、菊、文といった本来シナからきた漢語を平気でつかっている。それを責めると、これは使いはじめて千年以上になるから大和言葉同然だという。ともかく、日本人が、日本の固有語だけをつかっていたら、日本国はなりたたぬということを歌よみは知らぬ」

「つまりは、運用じゃ。英国の軍艦を買い、ドイツの大砲を買おうとも、その運用が日本人の手でおこなわれ、その運用によって勝てば、その勝利はぜんぶ日本人のものじゃ。ちかごろそのようにおもっている。固陋（*ころう）はいけんぞな」

と、子規は、熱っぽくいった。[③]

真之が子規庵の客になっているあいだに、子規のいう秉公（*へいこう）と清（きよし）

サンがやってきた。ふたりは、看病人である。

日をきめて交代でやっているが、きょうはふたりが顔をそろえた。

文章論やら詩論やらが出た。

「この淳サンというお人はなかなかの文章家じゃぞな。軍人にさえなっておらねば、秉公や清サンよりも上をゆく」

「いや、だめだ。あしには執着がない。物事は執着がなければものにならない」

「執着はあろうが」

と、子規はかぶせていう。真之は軍人になってもなおむかしのミレンをのこしていることを子規は察している。

「ないな」

真之は、触れられたくなさそうな顔でいった。そういうことは忘れようとしていた。真之のいまの執着は海軍作戦のことしかない。この執着はちょっと異常なくらいである。

「淳サンは、大そう本を読む」

子規は、この点だけは真之に頭をさげている。真之はいよいよ気乗り薄に、

「乱読よ。本は道具だからな」

「道具」

これには、子規はひっかかった。子規はわずかな家計のなかから書物を買っているが、その書物はことごとく美術品のごとく愛蔵し多少書痴*の傾向がある。

真之はべつであった。本はどういう名著でも数行、または数頁しか記憶しない。気に入ったくだりは憶えてしまい、あとは殻(から)でもすてるように捨てる。人にやってしまうか、借りたものなら返してしまってそれでしまいである。従ってこれだけの多読家が、蔵書というものをほとんどもっていない。

「それが戦争屋よ。海戦をするのに本をみながらはできまい」

「憶えておくのか」

「数行だぜ。その事柄つまりあしのばあいは海軍作戦だが、それに関心さえ強烈ならたれでも自然とおぼえられる。ただ、名文句にぶつかることがある。これは本の内容とはべつに、書き抜いておく。もっとも書き抜きの手帳を紛失することがあって参考にはならんが、まあ憶えちゃいる」

「どういう名文句かの」

「いろいろある。漢籍はあまり読まんが、新聞にもそれがあり、英語の書物にもそれがある。それを書きぬいておいて、ときどき報告書などを書くときにおもいだす」

これが、真之の生涯を通じてのただ一つの文章修業法であった。新鮮な方法とはとうていいえないが、文章のリズムを体に容れるには案外いい方法かもしれない。

「しかし、なにが名文です」

と、清サンがきいた。真之は、わからんといって逃げたが、子規が代って答えた。

「美に基準はあるまァ。あしは、美に一定の基準なしとおもうとるぞな。美の基準は、各個人の感情のなかにあり、同一人物でも時が経つと基準がかわる。あしは美に一定基準なしとおもうとるけん、なにが名文かは、それを読んで感ずる人次第ぞなもし、清サン」

子規は、疲れた。

真之は辞去しようとしたが、子規が、

「まあ、ええぞな、お居(い)よ」

といって、放さない。

真之は、長ばなしが子規の病気にさわることをおそれ、それでは書いたものでも読ませてくれ、あしは横で寝ころがって読むことにする、新聞の切りぬきでもええぞな、というと、

「切りぬきなら、たくさんある」

といって子規はお律*をよび、⑤あれこれと口うるさく命じて切りぬきをとりださせた。

真之は一時間ばかり、それを読んだ。ほとんどが俳句と短歌の革新論に関するものばかりであり、読みすすむにつれて子規の革新精神のすさまじさと、そのたけだけしい戦闘精神に酔ったがごとくになった。

「なんぞ、感想はおありるか」

と、子規はときどきいった。そのつど真之はなま返事をして読みすすんだ。

読みおえて、真之は、

「升(のぼ)サン*には、どうも」

と、毒気にあてられたようにぼんやりしている。真之はこの気持をうまくいいあらわせないが、子規のこの闘志は、そのあたりの軍人などが足もとにも寄りつけるものではないことだけはわかった。軍人流にたとえれば、子規の戦いの主題と論理はつねに明晰(めいせき)である。さらに戦闘にあたっては、一語々々のつよさがあたかも百発百中の砲門からうちだされる砲弾のようである。

⑥「おどろいたな」

と、その譬(たと)えをいうと、子規はそこは時代の人間で、軍人にたとえられたことがいくぶん得意だったらしく、何度もうなずいた。しかし口ではべつなことをいった。

「あしは侍の家の子にうまれたくせに臆病で」

と、子規は、子どものころを回想しはじめた。子規の家のなげしに、火縄銃がかけられていた。

「おぼえている」

と、真之はうなずいた。

「あしはあの火縄銃をみるのがどうにもおそろしかった。鉄砲の音も大きらいじゃ。この弱虫はいまでもそうで、鉄砲猟にゆくひとを町角で見かけるのさえおぞましゅうおぼえるのじゃが、しかし人間というのは複雑ぞな、たとえば生死の覚悟となれば軍人などには負けんぞな」

（そりゃ、この男ならたれにも負けんだろう）

真之はおもった。

「升サンには勇気がある」

「勇気かな、勇気よりももっと底の底の大勇猛心というようなものが毎日のあしをうごかしているように思えるのじゃが」

「悟りということか」

「禅坊主の悟りは、あしにはわからん。念仏坊主の欣求浄土*（ごんぐじょうど）ということもあしには無縁のものじゃ。あしは宗教には無関心じゃが、すきな宗祖はたれぞときかれれば、そりゃ日蓮ぞなと答えている。日蓮のあのかっかとのぼせているところが、あしは好きぞな。あしは、あと何百日生きるか知らぬが、生きられるだけは⑦やらねばならぬことをやる。悟りをひらいたり念仏をとなえたりしているひまはない」

真之は、滞米中からおもいつづけてきたことを、子規に話した。

「どうせ、あしの思うことは海軍のことじゃが。それとおもいあわせながらいま升サンの書きものをよんでいて、きもにこたえるものがあった。升サンは、俳句と短歌というものの既成概念をひっくりかえそうとしている。あしも、それを考えている」

「海軍をひっくり」

「[⑧]」

（司馬遼太郎「坂の上の雲」による）

〈注〉淳サン――秋山真之の幼名淳五郎からくる呼び名。

固陋――古い習慣や考えに固執して、新しいものを好まないこと。

秉公――河東碧梧桐。子規の門人。

清サン――高浜虚子。子規の門人。

書痴――書物の収集に熱中している人。

お律――子規の妹。

升サン――子規の幼名升（のぼる）からくる呼び名。

欣求浄土――極楽浄土に往生することを心から願い求めること。

□問1　[①]に共通して入る最も適当な語を次のうちから選び、記号で答えなさい。

ア　予想　　イ　恐怖　　ウ　脅迫　　エ　衝動

□問2　[②]に入る最も適当な語を本文中から四字で抜き出しなさい。

□問3　――部③「子規は、熱っぽくいった」とあるが、真之に「熱っぽく」主張した内容を解説している次の文章の[A]～[D]に入る最も適当な言葉を、それぞれ本文中から抜き出して答えなさい。

真之は、欧米に劣らぬ一流の海軍を作ろうとする時に、外国製の軍艦ばかりそろえたがることを疑問視する。それに対して子規は、外国で行われているものを取り入れれば元々あるものを[A]するという考えを否定する。そして自らの[B]を引用し、外国語や外国の文学思想を取り入れなければ[C]ではなくなるし、また、たとえ外国語を使っても日本人が作れば日本の文学になるように、外国製の軍艦や大砲を使ったとしても、その D を日本人の手で行うことが大切なのだと説く。

□問4 ――部④「これ」が指す内容として最も適当なものを次のうちから選び、記号で答えなさい。

ア 本を道具と捉える態度　イ 本を乱読する行為
ウ 会話に気乗り薄な様子　エ 本への執着の強さ

□問5 ――部⑤「あれこれと口うるさく命じ」た理由として最も適当なものを次のうちから選び、記号で答えなさい。

ア 子規は、真之が自分の病気の心配をしすぎないように、子規を攻撃する記事を真之の目に触れさせないようにしたかったから。
イ 子規は、自分の考えについて真之の意見を聞きたくて、そのために必要な記事を十分にそろえて読ませたかったから。
ウ 子規は、海軍の現状に対する不安の解消に役立てるように、真之に国のあり方を説いた記事を読ませたかったから。
エ 子規は、自分が発する厳しい主張で、真之が毒気に当てられないよう、当たり障りのない話題だけを見せたかったから。

□問6 ――部⑥「おどろいたな」とあるが、「切りぬき」を読み終えた真之は、どのような驚きを感じているのか。「～という驚き。」につながるように五〇字以内で答えなさい（句読点は一字に含める）。

□問7 ――部⑦「やらねばならぬこと」とあるが、子規が「やらなければならぬこと」を、本文中から八字で抜き出しなさい。

□問8 ⑧ に入る次のア～エの文を適切に並べかえたとき、その順を記号で答えなさい。

ア 智恵だけ採ってかきがらを捨てるということは人間にとって大切なことじゃが、老人になればなるほどこれができぬ。
イ いや、概念をじゃな。
ウ 人間もおなじで、経験は必要じゃが、経験によってふえる智恵とおなじ分量だけのかきがらが頭につく。
エ たとえば軍艦というものはいちど遠洋航海に出て帰ってくると、船底にかきがらがいっぱいくっついて船あしがうんとおちる。

□問9 本文中で真之と熱く語っている人物の氏名を、漢字四字で答えなさい。

□問10 本文中の「子規」の考えに合致し**ないもの**を次のうちから選び、記号で答えなさい。

ア 日本の伝統を守りながら新しい文化を取り入れることにより、外国に対して日本の優れた所を伝えることができる。
イ たとえ日本独自のものではなくても、外国のものや考えを取り入れて活かしていくことに躊躇（ちゅうちょ）する必要はない。
ウ 日本古来のものや考え方に縛られて、それに頼り続けることはかえって不自然であり、国が成り立たなくなる。
エ 自分の命が尽きるまで、俳句や短歌の革新に取り組んでいき、そのために必要ならば、批判されても強い論調をいとわない。

□問11 ＝部a〜dのカタカナを漢字に直しなさい。

a オカされる　b カンパン

c カンリ　d ミレン

三 次の文章は『宇治拾遺物語』の一部である。これを読んであとの各問いに答えなさい。

今は昔、*天竺に、留志長者とて世に[1]頼もしき長者ありける。大方蔵もいくらともなく持ち、頼もしきが、心の口惜しくて、妻子にも、まして従者にも物食はせ、着する事なし。おのれ物のほしければ、人にも見せず、隠して食ふ程に、物の飽かず多くほしかりければ、妻にいふやう、「[2]飯、酒、くだ物どもなど、*おほらかにして賜べ。我に憑きて物惜しまする*慳貪の神祭らん」といへば、「物惜しむ心失はんとする、よき事」と悦びて、色々に調じて、おほらかに取らせければ、受け取りて、「人も見ざらん所に行きてよく食はん」と思ひて、*行器に入れ、瓶子に酒入れなどして、持ちて出でぬ。

「この木のもとには烏あり、かしこには雀あり」など選りて、人離れたる山の中の木の陰に、鳥獣もなき所にて一人食ひゐたり。心の楽しさ、物にも似ずして、誦ずるやう、「今曠野中、食飯飲酒大安楽、猶過*毘沙門天、勝*天帝釈」。この心は、「今日人なき所に一人ゐて、物を食ひ、酒を飲む。安楽なる事、毘沙門、帝釈にもまさりたり」といひけるを、帝釈きと御覧じてけり。

[3]憎しと思しけるにや、留志長者が形に化し給ひて、かの家におはしまして、我、山にて、物惜しむ神を祭りたる験にや、その神離れて、物の惜しからねば、かくするぞとて、蔵どもをあけさせて、妻子を始めて、従者ども、それならぬよその人々も、修行者、乞食にいたるまで、宝物どもを取り出して配り取らせければ、皆々悦びて分け取りける程にぞ、まことの長者は帰りたる。

蔵どもみなあけて、かく宝どもみな人の取りあひたる、あさましく、悲しさ、いはん方なし。「いかにかくはするぞ」とののしれども、我とただ同じ形の人出で来てかくすれば、不思議なる事限りなし。「あれは変化の物ぞ。[4]我こそ其よ」といへど、聞き入るる人なし。*御門に愁へ申せば、「母上に問へ」と仰せあれば、母に問ふに、「人に物くるるこそ我が子にて候はめ」と申せば、する方なし。「腰の程に*はくそといふ物の跡ぞ候ひし。それをしるしに御覧ぜよ」といふに、あけて見れば、[5]帝釈それをまねばせ給はざらんやは。二人ながら同じやうに物の跡あれば、力なくて、仏の御許に二人ながら参りたれば、その時、帝釈、もとの姿になりて御前におはしませば、論じ申すべき方なしと思ふ程に、仏の御力にて、やがて*須蛇洹果を証したれば、悪しき心離れたれば、[6]物惜しむ心も失せぬ。

かやうに帝釈は人を導かせ給ふ事はかりなし。そぞろに長者が財を失はんとは何しに思し召さん。慳貪の業によりて地獄に落つべきを哀れませ給ふ御志によりて、かく構へさせ給ひけるこそめでたけれ。

（「宇治拾遺物語」による）

〈注〉天竺——古代インドのこと。
おほらかにして賜べ——たっぷりと食べ物を用意してくれ。
慳貪——けち。
行器——食べ物をほかのところへ運ぶための容器。
毗沙門天——仏法の守護神である四天王の一つ。北方の守護神。
天帝釈——帝釈天。仏法を守護する神。東方を守る神。
御門——天皇。
ははくそ——ほくろ。
須蛇洹果——煩悩を初めて脱した状態。

□問1 ===部「問ふ」の主語を次のうちから一つ選び、番号で答えなさい。

1 留志長者　2 妻子、従者　3 帝釈天　4 御門

□問2 本文中に「 」(かぎかっこ)のついてない会話文が一箇所ある。その会話文の初めと終わりの組み合わせとして最適なものを次のうちから一つ選び、番号で答えなさい。

1 かの家に~る験にや　2 我、山に~る験にや
3 かの家に~くするぞ　4 我、山に~くするぞ

□問3 ——部1「頼もしき」の意味として最適なものを次のうちから一つ選び、番号で答えなさい。

1 誠実である　2 強情である
3 薄情である　4 富裕である

□問4 ——部2「飯、酒、くだ物どもなど、おほらかにして賜べ」とあるが、留志長者がこのように言った意図として最適なものを次のうちから一つ選び、番号で答えなさい。

1 今まで食べ物を分け与えず、妻子や従者に迷惑をかけてきたので、自分についている神に食べ物を供えて祭って、けちな性格を変え、家の者を喜ばせてあげようとしている。
2 食べ物をたっぷりと用意させ、自分についている神に供えて祭るためだと偽って山まで行き、家の者に見つからぬように、満足するまで食べようとしている。
3 食欲がおさまらずつらいので、たくさんの食べ物を持って山へ行き、思う存分味わうと同時に神を祭ることで、これ以上食欲に苦しめられないようにしようとしている。
4 神を祭って自分の心を見つめ直すと言って食べ物をたっぷり用意させ、山へ行き、自然の美しい風景の中で、食べ物をだれにもじゃまされずに味わおうとしている。

□問5 ——部3「憎しと思しけるにや」とあるが、この説明として最適なものを次のうちから一つ選び、番号で答えなさい。

1 留志長者が幸せそうに食べ物を食べる様子を見て、帝釈天がうらやましく、腹立たしい気持ちになったのだろうという

こと。

2　留志長者の、自分の関係者が幸せならばよいという身勝手な態度に、帝釈天がいらだち意地悪をしてやろうと考えたのだろうということ。

3　留志長者が自分は帝釈天よりも幸福だと言ったことについて、帝釈天が憤慨し留志長者を困らせることをたくらんだのだろうということ。

4　留志長者が帝釈天などよりものを食べることが大切と言ったことについて、帝釈天が傷つき復讐（ふくしゅう）しようとしたのだろうということ。

□問6　――部4「我こそ其よ」の説明として最適なものを次のうちから一つ選び、番号で答えなさい。

1　蔵をあけている者ではなく、私が本物の留志長者であるということ。

2　私がこの家の蔵をあけて荒らしている化け物であるということ。

3　私は蔵を荒らすような化け物ではなく、神であるということ。

4　今帰って来た者ではなく、私がみなに宝をとらせた長者であるということ。

□問7　――部5「それをまねばせ給はざらんやは」の現代語訳として最適なものを次のうちから一つ選び、番号で答えなさい。

1　帝釈天は当たり前のように人にものを与えることをまねなさった

2　帝釈天は人にものを与えることをまねなさらなくてはいけない

3　帝釈天は当たり前のように腰のほくろをまねなさった

4　帝釈天は腰のほくろをまねなさらなくてはいけない

□問8　――部6「物惜しむ心も失せぬ」の理由として最適なものを次のうちから一つ選び、番号で答えなさい。

1　帝釈天が、仏の力を見せたことで、留志長者に信仰心が芽生えたから。

2　帝釈天が、これからは心を改めることを、仏の前で留志長者に誓わせたから。

3　帝釈天が、仏の力を使って留志長者のけちな心を改めさせたから。

4　帝釈天が、留志長者に仏の力を分け与え、けちな心を消してしまったから。

□問9　本文の内容と一致するものを次のうちから一つ選び、番号で答えなさい。

1　帝釈天が、留志長者をこらしめるために財産を奪ったことが、留志長者に罪を償わせて地獄へ落ちることを避けさせたので、大変皮肉なことである。

2　帝釈天の教えによって、留志長者は財産を失ったことは気にしないで、地獄に落ちないように徳を積んだので、帝釈天はすぐれた力をもっているといえる。

3　帝釈天が、留志長者の宝物を人々に与えたことで、留志長者が感謝され、地獄に落ちなくてよくなったので、帝釈天の見識はすばらしいといえる。

4　帝釈天のはからいによって留志長者は家の宝物を失ったものの、強欲が原因で地獄に落ちずに済んだのだから、帝釈天は大変ありがたい存在である。

四　次の――部のカタカナを漢字に直し、漢字には読み方を書きなさい。ただし、必要な場合は送り仮名をつけて答えなさい。

□ 1　駅までの道順をケンサクする。
□ 2　剣道の練習でシナイを振る。
□ 3　テツヤで受験勉強をする。
□ 4　大臣がヒメンされる報道を見る。
□ 5　テツガクに興味を持つ。
□ 6　英語の長文をホンヤクする。
□ 7　理不尽な仕打ちにイキドオル。
□ 8　心を込めて弔いの言葉を述べる。
□ 9　ささいなことでも逐一報告する。
□ 10　時雨が降り出すともう冬だ。

65

第9回

出題の分類

一 論説文　二 小説
三 古文　四 知識問題

※特別な指示がない限り、句読点や記号も一字とする。

▼解答・解説はP.195

時　間：50分
目標点数：80点

1回目	／100
2回目	／100
3回目	／100

一 次の文章を読んで、あとの各問いに答えなさい。

★その逆に、意味はなんとなくわかるけれど、さっぱり身体的に同期しないという場合もあります。まず言葉がある。でも、イメージがない。言葉は知っているけども、何を意味するかがわからない。「言葉余って意足らず」です。「怒髪天を衝く」とか、「肝胆相照らす」とか、「腑に落ちる」とか、「心頭滅却すれば火もまた涼し」とか、こういうのはまず言葉があって、身体実感はない。ふつうの中学生や高校生が漢文の時間に、「怒髪天を衝く」という言葉を見ても、怒りのあまり髪の毛が逆立って天を衝くなんて、身体実感としてはわからない。

こういう場合はまず言葉がある。「肝胆相照らす」という言葉がまずある。お互いの気持ちがよくわかるという意味だと辞書には書いてある。でも、僕たちは「肝」や「胆」がどこにあるか場所さえ特定できない。それが「相照らす」。内臓をどうやって照らし合うのか。すとんと理解できたときには「腑に落ちる」という言葉を使う。でも、「腑」って何なのか。そこに何が落ちるのか。身体実感がない。「心頭滅却すれば火もまた涼し」というけれど、火に焼かれて死んだことがないので、わかるはずがない。

言葉がまずある。それを習得する。イメージを伴わない用法、A身体的な実感に裏打ちされていない語をまず覚える。でも、それは気持ちが悪いわけですよ。容れ物だけがあって、中身がないんですから。だから、そういう身体的実感を伴わない語はだいたいいつもB脳内の「デスクトップ」に置かれている。気になるから。そして、無意識のうちにそれに合う「中身」を探している。何か未知のものを見るたびに、これはもしかして「自分が言葉だけ知っていて、実物を知らないあれ」ではないかしらと考える。必ずそういうことをしていると思うんです。もちろん無意識に。でも、「これが『あれ』なのかな？」という問いは忘れられることはない。そして、ある日、ものすごく怒ったとき、頭皮がムズムズして、毛穴が少し広がっているような感じがした。そのときに、「あ、これが『怒髪天を衝く』か」と思う。友だちと話していて、アわずかな言葉で、すうっと気持ちが通じて、胸が気分よく広がったような感じがしたときに、「あ、『肝胆相照らす』とはこのことか」と思う。そういうふうに、まず用法が先行すると、それを埋める身体実感を探しながら生きてゆくことになる。イシンデレラ姫のガラスの靴のように、容れ物がまずあって、ウそれにぴたりと収まるコンテンツを探している。「人こそ見えね秋は来にけり」とか「昔はものをおもはざりけり」とか、中学生のときに暗記させられますけれど、中学生にそれを裏づけるようなしみじみとした実感があるはずがない。「あらはれわたる瀬々の網代木(あじろぎ)」も「衣ほすてふ天の香具山」も実物を見たことがない。でも、言葉だけは知っている。見たことのない景色、経験したことのない感動は、まさにその[C]ゆえに、僕たちの言語的成熟を①ウナガします。この「容れ物」に見合う「中身」を自分は獲得しなければならないという成熟に向かう圧のようなものを僕たちはつねに感じることになります。

言語における創造性というのは、この緊張関係のことではないかと僕は思います。創造性、創発性というのは、なんらかの個人的能力のことではなく、この緊張状態のことを言うのではないか。「創造的な言語活動」というと、自分のなかから次々と新しいアイディアが浮かんできて、それが作品になってゆく②セイセイ的プロセスを思い浮かべますけれど、実際に起きていることはもっと複雑なんじゃないでしょうか。

言葉だけがあって、身体実感が伴わない。その逆に、身体実感はあるが、言葉にならない。Dこの絶えざる不均衡状態から言葉は生まれてくる。むしろ、そこからしか言葉は生まれてこない。だから、創造的な言語活動とは、この「絶えざる不均衡」を高いレベルに維持することではないか、僕はそんなふうに思うのです。

逆を考えればわかります。今の日本の言語状況は非常に貧しい。僕はそう感じています。それは言葉を紡(つむ)いでいる人たちがこの語の意味と身体的実感の乖離(かいり)を鋭い緊張感をもって生きているようには見えないからです。むしろ、逆にエ自分が操っている言語と身体感覚の一致に安住しているように見える。E「オリジナル神話」というのがその典型的な病態です。クリエイティブな言語活動というのは、他人の用法を真似ないことだと勘違いした人がいた。できるだけ「できあいの言語」を借りずに、自分の「なまの身体実感」を言葉に載せれば、オリジナルな言語表現ができあがると思い込んだ。でも、これはたいへん危険な選択です。僕たちの言語資源というのは、他者の言語を取り込むことでしか[F]してゆかないからです。オ先行する他者の言語を習得し、それを内面化し、用法に合うような身体実感を分節するというしかたでしか僕たちの思考や感情は豊かにならない。

でも、他人の言葉を模倣することを潔しとしない人たちがいる。それよりは、自分のリアルな身体実感を(どれほど貧しくても)自分の手持ちの語彙だけで表現したい。そのほうが「ピュア」だと思っている。

この言語についてのイデオロギーによって日本人の言語資源は恐ろしいほど貧しくなったと僕は見ています。そういう人たちの言語能力が劣化しているのは、身体実感をたいせつにしているからではないんです。身体実感を重んじるあまり、用法の拡大や精密化に興味を示さなかったからです。G「うざい」とか「むかつく」とか「ビミョー」とかいう言葉はたしかに使用者自身にとっては身体的にきわめてリアルなものだと思います。「鬱陶しい」とか「癪に障る」とか「正否が判然としない」とかいう言い方は「使ったことがないから、やだ。つうか、読めないし」という理由でやすやすと③キキャクされる。そして「むかつく」という言葉ひとつを「厭さ」の格付けに応じて(トーンや表情で)三六通りくらいに使い分けるという技術にだけ習熟していった。

たしかにそれも「言語的に世界を分節している」ということではある。でも、それは、「午後五時三十分の黄昏の空の色調」と「午後五時三十一分の黄昏の空の色調」の違いを細かく言い立てるようなもので、本人にとってはリアルに切実な差異かもしれないけれど、カそのような語彙をいくら精密化しても、「深夜」についても「夜明け」についても語ることはできない。

これは日本近代の国語教育を支配していたイデオロギーの悪しき④キケツだと僕は思っています。「自分の思ったままを言葉にしなさい」と教えられてきた。自分の実感をどうやって素直に表現するか。それが大事だ、と。キ言葉なんて知らなくてもいい。漢字なんか使わなくてもいい。手持ちのわずかな語彙と貧しい⑤シュウジ法だけで表現しなさい。借り物の言葉を使うのはよくないことだと教えられてきた。

（内田樹「街場の文体論」による）

問1　文章中～～部①～⑤に相当する漢字を含むものを、次のうちからそれぞれ一つずつ選び、記号で答えなさい。

□ ①　ウナガし

ア　ソッキョウで演奏させられた。
イ　シソク演算は算数の基本である。
ウ　やっとのことで犯人をホソクする。
エ　延滞者にトクソク状を出す。
オ　運転をあやまった車がソッコウに落ちた。

□ ②　セイセイ

ア　ショウヤクは苦いが体に優しい。
イ　心のセイリがまだついていない。
ウ　多くの作品の中からセイセンされた一品。
エ　やはり彼のショウネは叩き直さねばならない。
オ　ヒーローとしてのセイギ感を持つ。

□ ③　キキャク

ア　必ずやりとげるというキガイを持つ。
イ　キソンの病気に広く対応する新薬だ。
ウ　いざとなったときのキキ管理体制が万全だ。
エ　海中にトウキされたゴミ。
オ　新事業がキドウに乗って嬉しい。

□ ④ キケツ

ア 賛成多数でカケツされた。

イ セイケツ感のある服装を心がける。

ウ 議会にケツインが生じる。

エ 山の斜面にドウケツがある。

オ 長年の努力がケツジツする。

□ ⑤ シュウジ

ア クラス中の意見を一つにシュウヤクする。

イ 古くからの村のインシュウにとらわれる。

ウ 壊れた屋根をシュウゼンする。

エ 化石発掘調査をシュウリョウした。

オ カイシュウして仏教徒となる。

□問２ 文章中の身体的な実感に裏打ちされていない語[A]と同じ意味で用いられている語句を、══部ア～キのうちから三つ選び、記号で答えなさい（解答の順番は問わない）。

□問３ 文章中の脳内の「デスクトップ」[B]とはどのような場所か。その説明として最も適当なものを次のうちから選び、記号で答えなさい。

ア ふさわしい「容れ物」を見つけるまで、手に入れた「中身」を保存しておく場所。

イ 「中身」を見つけたらすぐに入れられるように、「容れ物」を並べて置いておく場所。

ウ 「中身」の伴わない「容れ物」の中で、特に印象に残ったものを置いておく場所。

エ これまでに見つけた「容れ物」と「中身」を、すべて一覧にして保管しておく場所。

オ 「中身」の存在しない「容れ物」を、捨てるまでの間、一時的に置いておく場所。

□問４ 文章中の［C］・［F］に入る言葉の組み合わせとして最も適当なものを次のうちから選び、記号で答えなさい。

ア C…欠落感　F…体系化

イ C…充足感　F…体系化

ウ C…欠落感　F…精密化

エ C…充足感　F…精密化

オ C…欠落感　F…富裕化

カ C…充足感　F…富裕化

□問５ 文章中にこの絶えざる不均衡状態から言葉は生まれてくる[D]とあるが、どういうことか。その説明として最も適当なものを次のうちから選び、記号で答えなさい。

ア 自分の感覚を研ぎ澄まして身体実感のある語とない語の差に気づくことが、言語能力の向上につながるということ。

イ 現代日本の言語状況の貧しさに違和感を抱き続けることが、日本人の言語的成熟のためには不可欠だということ。

ウ 身体実感を他人の言葉を借りずに表現したいという気持ち

がなければ、オリジナルな言語表現は成立しないということ。

エ　言葉と身体実感との間にあるずれにもどかしさを感じ続けることが、成熟した言語の体得につながるということ。

オ　意味がわからなくても新しい言葉を獲得しようと思い続けることで、高度な言語表現が創造されるということ。

□問6　文章中の「オリジナル神話」[E]という言葉で筆者が表現したかったのはどのようなことか。その説明として最も適当なものを次のうちから選び、記号で答えなさい。

ア　他人の言葉の使い方をまねせずに、自分の知っている使い方だけで言葉を紡ぐことこそがオリジナルな言語表現なのだと、多くの人がむやみに信じ込んでいるということ。

イ　たとえ他人の言葉を模倣しているのであっても、自分が使いさえすればオリジナルな言語表現になると考えているならば、それは根拠のない思い込みにすぎないということ。

ウ　自分だけの身体実感をもとにして他人の使っていない言語表現を生み出すことで、日本人の言語能力が低下していくのを止められると、多くの国民が理由もなく信じているということ。

エ　オリジナルな言語表現を一から生み出すためには、習得した他人の言語を内面化し、身体実感と照らし合わせるしかないという考えを、多くの日本人が共有しているということ。

オ　他人の用法を一部借りていたとしても、自分の身体実感を載せてアレンジを加えようと努力することが、クリエイティブな言語活動として必要だと信じられているということ。

□問7　この文章を読んだA～Cの三名が文章中の「うざい」[G]とか「むかつく」とか「ビミョー」とかいう言葉を使うことについて話し合いをしている。[I]・[II]に入れる組み合わせとして最も適当なものを次のうちから選び、記号で答えなさい。

A　筆者は「うざい」とか「ビミョー」とかそういう言葉ばかりを使うことに批判的みたいだけど、会話している人同士でニュアンスは伝わるし、別にいいんじゃないかと思うんだよね。
B　たしかにそれも一理あるけれども、そういう言葉だけを使っていて本当にいいのかしら。
C　え、なんで？
B　それだけだと、[I]。
A　そうか、僕の意見だと言葉のトーンや表現の細かな使い分けはできたとしても、語彙が増えていかないのか。
C　なるほどね。
B　たしかに、身体実感は言語活動において重要よ。でも、身体実感さえあればいいと思って、あらゆる感情を「ヤバイ」で表現する人は、そのうち「ヤバイ」以外の言葉が使えなくなるんじゃないかしら。
C　だったら僕たちはまず、[II]。

ア　Ⅰ　直接会って話をしないと通じないからよ
　　Ⅱ　積極的に言葉を習得することから始めないといけないんだね

イ　Ⅰ　直接会って話をしないと通じないからよ
　　Ⅱ　感情を表す言葉の習得を優先的に行う必要があるんだね

ウ　Ⅰ　言語能力の向上につながらないからよ
　　Ⅱ　積極的に言葉を習得することから始めないといけないんだね

エ　Ⅰ　言語能力の向上につながらないからよ
　　Ⅱ　どの言葉を習得していくのか選ぶのが大事なんだね

オ　Ⅰ　使える言葉が限定的なものになってしまうからよ
　　Ⅱ　感情を表す言葉の習得を優先的に行う必要があるんだね

カ　Ⅰ　使える言葉が限定的なものになってしまうからよ
　　Ⅱ　どの言葉を習得していくのか選ぶのが大事なんだね

□問8　文章冒頭に★その逆とあるが、この文章より前の部分で筆者が説明したと考えられる内容として最も適当なものを、文章全体を踏まえて次のうちから選び、記号で答えなさい。

ア　祖母の家の懐かしい匂いを嗅いで色々と記憶がよみがえったが、その匂いについて説明しようと思っても言語化できなかった。身体的な感覚でしかやり取りできないこともあるのだ。

イ　「逆鱗に触れる」という言葉の意味を知っているつもりだったが、「逆鱗」が何なのかは知らなかった。竜のうろこを指すと教わってもしっくりこない。身体的な実感が湧かない言葉は存在するのだ。

ウ　故郷の方言を使ったときに、友人から標準語に直すよう頼まれたが、中には直せない表現があった。自分にとって慣れ親しんだ言葉の意味も、境遇の違う他者にはうまく伝えられないものだ。

エ　美術館でピカソが描いた絵画を鑑賞したが、何が描かれているのかも、何を伝えようとしているのかも分からなかった。身体実感が湧くためには多少なりとも知識が必要となるのだ。

オ　はじめは理解できない外国語の芝居でも、何十回も見れば自然と感情移入できる登場人物ができて、話の筋もわかるようになる。言葉が分からなくても、身体的に理解することは出来るのだ。

二　次の文章を読んで、あとの各問いに答えなさい。

〈これまでのあらすじ〉

美里中学校三年の「ぼく」（優太）、姫、モー次郎はジュニアトライアスロン大会に出場することになった。トライアスロンは、水泳（スイムパート）・自転車ロードレース（バイクパート）・長距離走（ランパート）の三種目を順番に行うスポーツで、「ぼく」たちの出場する大会では、一種目ずつ個人が担当するリレー形式で行われる。いよいよレースが始まり、水泳を担当する姫は、うしろを大きく引き離して、自転車ロードレースを担当するモー次郎にタッチした。二位には有力チームであるツイン・テイルズの森尾晃二（もりおこうじ）がつけている。

画面の中のモー次郎はぐんぐんとスピードを上げ、海岸沿いの県道を飛ばしていく。*シャンゼリゼ号はたしかに速かった。画面に〈一キロ地点通過〉とテロップが出た。

「速いな、*牛乳屋」

観客が口々に驚きの声をあげている。[1]ぼくは誇らしくてしかたなかった。しかし、だんだん心臓の鼓動が速くなってきた。バイクパートが終われば次はぼくの番だ。モー次郎がトップで戻ってきて、ぼくがトップをキープできれば本当に優勝できる。

ところが、そう簡単にレースはぼくらのものにならなかった。ツイン・テイルズ二番手の森尾晃二が、すごいスピードでモー次郎を追い上げた。晃二が乗っているのは*フラットバーロードだった。気づけば、モー次郎の姿を追っていた中継車のカメラでも、晃二の姿をとらえるようになってきた。

女性リポーターがエキサイトした声をあげる。

――一位の山田くんと二位の森尾晃二くんの差が、三十秒となりました！　いよいよレースが面白くなってきました！

「モー次郎負けるな！　ぶっ飛ばせ！」

姫が画面に向かって拳（こぶし）を突き上げる。

モー次郎と晃二の距離は次第に縮まっていく。ふたりは[A]がむしゃらにペダルをこぎ続ける。道は大きく左へ曲がるカーブに差しかかり、それからバイクコース最大の難所である馬不入坂（うまいらず）へ入った。自転車の性能からすれば坂では晃二のほうが有利だ。

駄目かもしれない。そうあきらめかけたとき、［２］シーンが大型ビジョンに映し出された。

モー次郎が少しずつ晃二を引き離していた。*ダンシングの姿勢もバッチリだ。まっすぐ力強く登っていく。*鶴（つる）じいとの特訓の成果が出ているのだ。それに引きかえ、晃二の上半身は起きてしまっていた。体も左右に大きく振れていて、走るラインもジグザグだ。

リードを保ったままモー次郎が坂を登りきる。観客から大歓声が湧き起こる。モー次郎は折り返し地点を回って、下りへ入った。下りの姿勢もきれいだ。体重があるためか下り坂でどんどんスピードが増していく。リポーターによれば時速四十キロは出ているらしい。

「おいおいあんなに飛ばして大丈夫かよ。スピード[3]の出すぎたジェットコースターみたいじゃねえか」

姫はトップを守りきったモー次郎に大よろこびた。

ぼくは*トランジションエリアに移動した。あとはモー次郎のゴールを待つばかりだ。ランのスタート地点に行くと、ツイン・テイルズの加倉井健（かくらいけん）がいた。

「よお」

明るく声をかけると、加倉井は[B]苦々しそうに睨(にら)みつけてきた。焦(あせ)っているようにも見える。常勝無敗のツイン・テイルズが、こんなところで負けるわけにはいかないのだろう。

柔軟体操をして体をほぐしていると、観客がわっと湧いた。悲鳴のようなものがたくさん混じっていた。驚いて大型ビジョンを見上げる。アスファルトに倒れているモー次郎と晃二の姿が映されていた。モー次郎は仰向けで大の字になっている。晃二はうつ伏せの状態から起き上がろうとしている。いったいなにが起こったのだろう。ふたりの自転車は重なって倒れている。

大型ビジョンにスロー映像が再生された。ゴール手前百メートルの地点だ。いつのまにか、晃二のロードバイクがモー次郎に迫っていた。晃二はモー次郎のシャンゼリゼ号の真後ろを走っている。背中に張りつくかのようだ。モー次郎を風よけに使っている。あれは今回のレースでは反則とされているドラフティング*だ。

晃二がモー次郎を右から抜きにかかった。そのとき気配を感じたのか焦ったのか、モー次郎が振り返った。シャンゼリゼ号が右に大きく揺れる。一瞬後、ふたりは[a]接ショクしてスロー映像が終わった。

起き上がった晃二がモー次郎を怒鳴りつける。その声が、会場のスピーカーから響いてくる。

——おい、デブ！　抜かれそうになったからってブロック*しやがったな！

——ちがうよ。晃二くんがすぐ後ろに来ていたなんて気づかなかったんだ。

——嘘(うそ)つくな。ばか野郎。

晃二が倒れたロードバイクを点検する。モー次郎もシャンゼリゼ号を起こした。

——デブ！　チェーンが切れてるじゃねえかよ！

モー次郎を怒鳴りつけてから晃二が走り出す。チェーンが切れているために、ロードバイクを押して走っている。ゴールまであと約五十メートルだ。ビジョンから実際のコースに目を移すと、こちらに走ってくる晃二が見えた。

「晃二速く！」

隣の加倉井が叫んだ。

——すぐ後ろにいるなんて、森尾くんのほうがずるいだろ！　ドラフティングは今回反則なんだからね。ねえ、待ってよ。人の話をちゃんと聞きなよ。置いてかないでよ。こっちの自転車だってパンクしてるってのに！

大型ビジョンにモー次郎の泣き顔がアップになった。ぼくは[C]地団駄を踏みながらモー次郎に向かって叫んだ。

「モー次郎！　自転車押して走れ！　ゴールを目指せ！」

懸命に怒鳴ったが、モー次郎まで声は届いていないようだ。姫が血相を変えてモー次郎目指して走っていく。しかし、[4]たどり着く前にコースの両脇を埋める観客から、モー次郎を応援する声が湧き起こった。

「牛乳屋！　牛乳屋！　牛乳屋！」

大合唱だ。みんな〈第一回桜浜(さくらはま)ジュニアトライアスロン大会〉と書かれた桜色の旗を手にしている。それが、いっせいに振られる。美里中のやつらもいっしょになってばたばたと旗を振っている。伊達(だて)や桃井(ももい)までモー次郎に声援を送っているのが見えた。

「がんばれ！　牛乳屋！」

　モー次郎がシャンゼリゼ号を押して走り出す。しかし、それでは晃二に追いつけないと思ったらしい。いきなり、シャンゼリゼ号を背中に担いだ。

　――牛乳屋！　牛乳屋！　牛乳屋！

　牛乳屋コールがスピーカーからも大音量であふれ出す。モー次郎は大声援に後押しされて、猛ダッシュした。トランジションエリアに入る寸前で、ついにモー次郎は晃二を抜いた。歓声がはじけた。

　モー次郎がトップで帰ってきた。

「ごめん、優太くん」

「謝るなよ。おまえ最高だよ。あとはまかせておけ」

　*アンクルバンドを受け取って足に[b]ソウ着する。

「あ、優太くん」

「なんだよ」

「空、広かったよ。*地球と遊べた気がしたよ！」


手でハイタッチを交わしてからぼくは走り出した。ほんの数秒遅れて加倉井も森尾とバトンタッチする。すぐに横に並んできた。

「おまえら、やるじゃねえか」

　加倉井が話しかけてくる。

「まあね」

「すげえ練習してきたんだな」

「まあね」

「でも、勝つのはうちらツイン・テイルズだからな。リレーなんてちょろいぜ。一種目ですむんだからな。負ける要素が見つからねえよ」

　返事をしなかった。加倉井には悪いが、ぼくの意識は別のところにあった。走り始めてすぐ、沿道に美月(みづき)を見つけたのだ。

　美月は心配そうにぼくを見ていた。まるで祈りを捧(ささ)げるかのように両手を握り合わせていた。〈中略〉

　南郷(なんごう)町との境を目指してひた走った。加倉井とぴったり並んで南を目指す。〈南郷町まで二キロ〉の道路[c]ヒョウ識が見えた。以前はこの地点に来るまでにバテバテになっていたが、いまのぼくにはまだ余裕がある。

　*加倉井が何度もぼくの顔を覗(のぞ)き込んでくる。差がつかなくていらいらしているようだ。焦っているのが伝わってきて、にやついてしまいそうになる。

　突如、加倉井がペースを上げた。動揺させてペースを崩そうというのだろう。見え透いた手だ。加倉井を無視して、鶴じいが教えてくれたランニングフォームに忠実に走った。体重移動と体の軸に注意する。まだ勝負のときじゃない。冷静に走り続ける。

やがて、[5]加倉井はぼくが作戦に乗らないことを悟ったのか、下がってきてぼくの隣に並んだ。

「ちっ」

と小さな舌打ちが聞こえた。

町境にまでたどり着く。折り返し地点を回った。ふたたび北に向かってゴールを目指す。残りの距離は二・五キロだ。いつラストスパートをかければいいだろうか。加倉井にはどれくらい力が残っているだろうか。これからのレース展開は加倉井と意地の張り合いになる。奥歯をぎゅっと噛みしめて覚悟を決める。そして、心の中で鶴じいにお礼を言う。加倉井と競っても負けないようになれたのは、鶴じいのおかげだ。ありがとう。

ゴールまで残り一キロの看板が見えた。ぼくは左にいる加倉井を見た。加倉井はぼくを見ていた。

いまが勝負どきだ。ぼくは、ぐんと足を前に踏み出した。しかし、加倉井もまったく同じタイミングでスピードを上げた。

両手を強く振って海風を切る。[6]アスファルトを強く蹴って前へ前へと進む。肺がひゅうひゅうと鳴って、血管の中で血がごうごうと流れ、体中の筋肉がみしみしと音を立てる。

いったいどっちが音をあげるのか。ぼくか、それとも、加倉井のほうか。

加倉井が一歩先に出た。やはり一日の長ってやつだ。加倉井はずっとトライアスロンをやってきた。スイムとバイクのあとにランができるほどのスタミナを持っているやつなのだ。きっとトライアスロンの三種目で勝負すれば、圧倒的に加倉井のほうが強いだろう。

でも、今日はリレー部門で、勝負はランのみだ。絶対に王子の帰還を阻んでやる。[7]ぼくは無理やりスピードを上げた。

横一線でぴったりと並ぶ。加倉井の体温を感じる。きっと加倉井もぼくの体温を感じている。加倉井の息の乱れが聞こえてくる。とてもつらそうだ。でも、加倉井もぼくがつらいときっと気づいている。

やがて、フィニッシュゲート*が近づいてきた。その周りでは桜色の旗がたくさん揺れていた。たくさんの笑顔が待ちかまえていた。美里中のやつらの顔が見える。なにか叫んでいる。いったいなんて言ってるんだろう。伊達がいた。桃井がいた。猫田もいる。ウガジン*や星村先生まで拳を振り上げて叫んでいる。

最後のストレート*に入ったとき、みんながなんて叫んでいるかやっと聞き取れた。

「美里中！　美里中！　美里中！」

あと半年後*になくなるぼくの中学校の名前だ。ぼくは強くあの学校を愛していたわけじゃないし、悪い思い出だってけっこうある。けれど、いま、みんなはぼくを美里中の代表として応援してくれている。期待している。心が熱くなった。

残りあと百メートルだ。ラストスパートをかける。手足がばらばらになりそうなのに耐えながら、肺が破裂しそうなのをこらえながら、魂が剝き出しになってくるような感覚で走る。加倉井とはまったく差がない。一ミリでも遅ければ負ける。一ミリでも速ければ勝てる。

「優太！」

8 ぼくをそう呼んでくれるたったひとりの女の子の声が聞こえた。きっとその声のおかげだと思うのだ。ゴールの瞬間に、白いゴールテープがぼくの胸にあったのは。

（関口尚「空をつかむまで」による）

〈注〉 シャンゼリゼ号 ―― モー次郎がレースで使用している自転車。

牛乳屋 ―― モー次郎の家は牛乳屋を営んでいる。

フラットバーロード ―― ロードバイク（高速走行用の自転車）のハンドルを平行な型に改造した自転車。

ダンシング ―― 立ち上がった姿勢で自転車をこぐこと。いわゆる「立ちこぎ」。

鶴じい ―― 「ぼく」たちのコーチをしてくれた老人。

トランジションエリア ―― 種目を転換する場所のこと。

ドラフティング ―― 主にバイクパートで先行する選手のすぐうしろを走り、風よけにして、有利にレースを進める戦術。

ブロック ―― ここでは、妨害すること。

アンクルバンド ―― タイム計測器として足首につけるバンド。

地球と遊べた ―― 鶴じいからレースの前に「トライアスロンの楽しさは、この地球を体で感じることだよ。姫くんは海の大きさを、モー次郎くんは空の広さを、優太くんは大地の強さを感じながらがんばってみなさい。いいかい。たくさん感じるんだよ。そして、地球と遊ぶんだ」と言われていた。

フィニッシュゲート ―― ゴール地点にあるゲート。

ウガジン ―― 宇賀神先生。

ストレート ―― 直線の競走路。

半年後になくなるぼくの中学校 ―― 美里中は市町村合併に伴い、なくなることが決まっている。

問1 ═部a～cのカタカナの部分を漢字に改めたとき、同じ漢字を用いるものはどれか。次のうちからそれぞれ選び、記号で答えなさい。

□ a 接ショク　ア ショク発　イ 修ショク　ウ ショク務　エ ショク糧

□ b ソウ着　ア ソウ刊　イ 階ソウ　ウ ソウ備　エ ソウ動

□ c ヒョウ識　ア ヒョウ白剤　イ 投ヒョウ　ウ ヒョウ価　エ ヒョウ準

問2 ――部A～Cの意味として最適なものを次のうちからそれぞれ

ぞれ選び、記号で答えなさい。

□ A　がむしゃらに

ア　勢いよく後先を考えない様子で
イ　激しく怒って興奮した様子で
ウ　不安を感じて落ち着かない様子で
エ　周りをかえりみずいばっている様子で

□ B　苦々しそうに

ア　いやなことがあって面白くなさそうに
イ　残念なことがあって悲しそうに
ウ　怖さで緊張しているかのように
エ　思いがけないことにあきれたように

□ C　地団駄を踏みながら

ア　駆けつけたい気持ちを抑えようと地面を踏みながら
イ　失望と疲れでなんとなく地面を踏みながら
ウ　緊張を沈めて気合いを入れようと地面を踏みながら
エ　怒りと悔しさで激しく地面を踏みながら

□問３　――部１「ぼくは誇らしくてしかたなかった。しかし、だんだん心臓の鼓動が速くなってきた」とあるが、このときの「ぼく」の心情変化の説明として最適なものを次のうちから選び、記号で答えなさい。

ア　自分たちのチームがトップでレースが進んでいることに自信がわいてきたものの、モー次郎のうしろからツイン・テイルズの森尾が迫ってきていることに気付いて危機感を感じ、緊張が高まってきている。

イ　モー次郎の速さが観客を感心させているのでチームの一員としてうれしく満足したが、モー次郎がこのままトップならば最後に勝敗を決める責任は自分にあるということも自覚されてきて緊張している。

ウ　自転車の性能では不利なモー次郎が善戦しているので勝った気になっており、優勝が現実味を帯びてきたので、自分もモー次郎のようにトップを走らなくてはいけないと興奮が高まってきている。

エ　自分たちのチームがトップを進んでいることや速さが観客を喜ばせていることに達成感を抱いたが、自分の番になるとツイン・テイルズとの差が縮まっていくような気配がして、だんだん不安になっている。

□問４　本文中の［２］に入る語として最適なものを次のうちから選び、番号で答えなさい。

ア　追いうちをかけるような　　イ　びっくりするような
ウ　ほっとするような　　エ　息が詰まるような

□問５　――部３「の」と同じ意味・用法のものを次のうちから一つ選び、記号で答えなさい。

ア　公園の大きな木を見る。　　イ　運ぶのは大変だ。
ウ　雰囲気のよい図書館だ。　　エ　夏なのに暑くない。

□問6　——部4「たどり着く前にコースの両脇を埋める観客から、モー次郎を応援する声が湧き起こった」とあるが、このときの状況や様子の説明として最適なものを選び、記号で答えなさい。

ア　晃二の反則でモー次郎の自転車が壊れるという展開を見て、観客がモー次郎に同情し、晃二が自分を応援する声がないことに気づいてやる気を失うように、そろってモー次郎を応援するような声をあげている。

イ　モー次郎が晃二に進路を遮られてレースが止まっている展開を見て、盛り上がりがそがれたと感じた観客が、レースの盛り上がりをとり戻すべく、走り出した晃二に続くようモー次郎に激励のような声をあげている。

ウ　晃二との衝突によってモー次郎がレースを諦めてしまったという展開を見て、ランパートの「ぼく」までもレースに参加できなくなることをかわいそうに思った観客が、モー次郎に進むことを促すような声をあげている。

エ　巧みにレースを進めていたモー次郎が、晃二に邪魔をされて、走ることができなくなっている展開を見て、このままレースをあきらめてほしくないと、観客がいっせいにモー次郎を励ますような声をあげている。

□問7　——部5「加倉井はぼくが作戦に乗らないことを悟った」とあるが、この部分までの加倉井と「ぼく」の様子の説明として最適なものを選び、記号で答えなさい。

ア　加倉井は、予想と違って「ぼく」をなかなか引き離せないことに落ち着かない態度を見せ、レースを早く有利に進めるために「ぼく」の気持ちを乱そうとしているが、「ぼく」はそのような加倉井の態度に気付いておかしく思ったり、また意図を簡単に読み取ったりして、ゆとりのある堂々とした様子でいる。

イ　加倉井は、早く差をつけたいという思いを隠さず、「ぼく」の走りを敏感に意識している様子を見せ、「ぼく」の集中力が切れるように何度もあおっているが、「ぼく」はそのような加倉井の様子に気付いて勝った気分になりながらも、時間が進むごとに自分自身の走りに集中した落ち着いた様子でいる。

ウ　加倉井は、思った以上に「ぼく」が手ごわいことに気付いて不安になった様子を見せ、さらに「ぼく」を焦らせて主導権を握ろうとしているが、「ぼく」はそのような加倉井の様子をおもしろく思ったり、また、加倉井の作戦を察したうえで自分がレースを支配しようとしたりして、強気な様子でいる。

エ　加倉井は、思いのほか「ぼく」との力の差がないことに気付いて気を引き締め、レースで自分が有利になるために「ぼく」を疲れさせようとしているが、「ぼく」はそのような加倉井の変化に自分が有利になったと喜びを感じたり、鋭く対抗心を見せたりして、反対に加倉井を翻弄した様子でいる。

□問8　——部6「アスファルトを強く蹴って前へ前へと進む。肺がひゅうひゅうと鳴って、血管の中で血がごうごうと流れ、体中の筋肉がみしみしと音をたてる」とあるが、この部分の表現の説明として最適なものを選び、記号で答えなさい。

ア 「ぼく」がスピードをあげた様子について、同じ擬音語や擬態語を繰り返し用いた躍動感のある表現で描くとともに、「ぼく」が最初からレースを軽快に走り続けていることや、走れば走るほどに「ぼく」の身体に力がみなぎり、心地よさを感じるようになっていることを強調している。

イ 「ぼく」がスピードをあげた様子について、まず同じ言葉の繰り返しを取り入れながら状況を客観的に描写し、次に「ぼく」自身の調子の変化について擬音語を用いて表現することで場面に臨場感を持たせて、「ぼく」の意識が自分だけに向くほどに切羽詰まった様子であることを強調している。

ウ 「ぼく」がスピードをあげた様子について、実際に行っている動作を端的に示したうえで、擬音語や擬態語を重ねて体全体の動きを表現しながら、実際には見えたり聞こえたりしない身体の様子を感覚的に示すことによって、ぎりぎりの状態まで力を振り絞って走っていることを強調している。

エ 「ぼく」がスピードをあげた様子について、進む様子を表す言葉を重ねることでいっそう焦りながら走っていることを表現し、身体の中で音が鳴っているように表現することで、焦る気持ちに身体の調子が乱され、進みたい気持ちとは裏腹に身体がついていけない状態になっていることを強調している。

□問9 ――部7「ぼくは無理やりスピードを上げた」とあるが、このときの「ぼく」の心情の説明として最適なものを選び、記号で答えなさい。

ア トライアスロンでは勝てないが、ランニングだけでも勝てれば気分がよいだろうと、再びやる気になっている。

イ トライアスロンで勝てないうえに、一種目の勝負でさえも負けそうなことが悔しく、恥ずかしくなっている。

ウ トライアスロンで勝つことはできなくても、走ることについては自分の方が実力はあると自信がわいている。

エ トライアスロンでは勝てなくても、今回は長距離走だけなので、力を使い果たしてでも勝ちたいと思っている。

□問10 ――部8「ぼくをそう呼んでくれるたったひとりの女の子の声が聞こえた。きっとその声のおかげだと思うのだ。ゴールの瞬間に、白いゴールテープがぼくの胸にあったのは」の場面と表現の説明として最適なものを選び、記号で答えなさい。

ア ゴールを目の前にして、美里中を背負って走っていることに気づいて誇りと責任を感じていたが、名前を呼ばれたことで「ぼく」が責任感から解放されて実力を発揮できたことを示し、「ぼく」がゴールを果たした描写をしながらも勝敗を明示しないことで余韻を持たせ、レースや「ぼく」の勢いのある雰囲気を描いている。

イ　ゴールが近づき、「ぼく」がわずかな差を加倉井と競っているなか、唐突に「ぼく」を呼びかける声を入れることで場面を断ち切ったあと、展開を明示せずにゴールの瞬間の情景描写や文の組み立てを工夫することで、最後の一瞬で「ぼく」が自分を呼ぶ声に導かれるように、力を出し切り勝ったことを劇的に描いている。

ウ　ゴールが近づき、加倉井との激しい接戦に「ぼく」の意識が遠のいていくなか、突然「ぼく」を呼ぶ女の子の声を入れることで場面を転換し、その声によって一瞬で「ぼく」が気持ちを立て直して走り切って勝負を制したことを、感情を交えない説明的で淡々とした表現を用いて描くことで写実的に描いている。

エ　ゴールを目の前にして、「ぼく」の気力や興奮が最高潮に達して加倉井にわずかに差をつけることができたという状況に、「ぼく」を呼ぶ声を入れることで、その声が「ぼく」に気合いを入れさせたことをそれとなく示し、勝敗はあえて明らかにしないことによって、声援への感謝と「ぼく」の達成感を強調して描いている。

三　次の文章を読んで、あとの各問いに答えなさい。

人の心すなほならねば、[A]偽りなきにしもあらず。されども、[B]おのづから正直の人、などかなからむ（どうしていないことがあろうか）。おのれすなほならねど、人の賢を見て羨む（うらやむ）は［C］。至りて（極めて）愚かなる人は、たまたま賢なる人を見て、これを[ア]憎む。「大きなる利を得むがために、少しきの利を[イ]受けず、偽り飾りて名を立てむとす」と[D]謗る（そしる）。おのれが心に違へるによりて、この嘲り（あざけり）を[ウ]なすにて知りぬ（わかってしまう）。この人は、[E]下愚の性移るべからず、偽りて小利をも[エ]辞すべからず。仮にも賢を学ぶべからず。

狂人の真似（まね）とて大路*を走らば、[F]すなはち狂人なり。悪人の真似とて人を殺さば、悪人なり。驥*を学ぶは驥のたぐひ、舜*を学ぶは舜の徒*なり。[G]偽りても賢を学ぶを賢といふべし。

（兼好「徒然草（つれづれぐさ）」による）

〈注〉大路（おほち）――都などにある幅の広い道。
驥（き）――一日に千里を走ることのできる素晴らしい馬。
舜（しゅん）――古代中国の聖人。
徒（ともがら）――仲間。

□問１　――部Ａの現代語訳として最もよいものを次のうちから選び、記号で答えなさい。

ア　嘘をつかずにはいられない。
イ　嘘をつかないこともない。
ウ　嘘をつかない方がよい。

エ　嘘をつくことは決してない。

□問２　――部Ｂ・Ｆの本文中での意味として最もよいものを次のうちからそれぞれ選び、記号で答えなさい。

□　Ｂ　おのづから

ア　もともと　　イ　自分から

ウ　長年の間　　エ　昔から

□　Ｆ　すなはち

ア　どうしても　　イ　そのうち

ウ　きっと　　エ　つまり

□問３　C に入る「普通である」という意味の語句として最もよいものを次のうちから選び、記号で答えなさい。

ア　世に従ふなり　　イ　世を知るなり

ウ　世も末なり　　エ　世の常なり

□問４　═部ア～エの主語が他と異なるものを選び、記号で答えなさい。

□問５　――部Ｄは「悪口を言う」という意味であるが、このようにする気持ちの説明として最もよいものを次のうちから選び、記号で答えなさい。

ア　上辺だけを取り繕った賢人同士の会話を聞いて、偽善を感じ取り疑心暗鬼になっている。

イ　自分の考え方と賢人の考え方が違うため、相手を素直に認めることができず妬（ねた）んでいる。

ウ　賢人と接する中で、自分の物の見方のほうが勝っていることを示し優越感を抱いている。

エ　賢人を見かけたことで、自分の愚かさを直視せざるを得なくなり自暴自棄に陥っている。

□問６　――部Ｅの現代語訳として最もよいものを次のうちから選び、記号で答えなさい。

ア　愚かな性質が賢人に影響を及ぼすことはない。

イ　愚かな性質が賢い性質に変化することはない。

ウ　利益の大小によって愚かな性質が変わることはない。

エ　賢人に学んでも愚かな性質が改善されることはない。

□問７　――部Ｇに込められた作者の意図として適切でないものを次のうちから選び、記号で答えなさい。

ア　学ぶ姿勢があれば、その人が現在どういう人間であるかは重要ではないということ。

イ　賢人になることを志し、その人が今後どのように振る舞うかが大事だということ。

ウ　中身に関わらず、人の評価はその人の実際の言動で判断されてしまうということ。

エ　外見だけではなく中身も賢人を真似なければ、真に真似ているとは言えないということ。

□問８　『徒然草』より後の時代に成立した作品として最もよいものを次のうちから選び、記号で答えなさい。

ア『方丈記』　イ『平家物語』
ウ『雨月物語』　エ『更級日記』

四　次の各問いに答えなさい。

問１　次の文について、ａからｄの各問いに答えなさい。

木で鼻をくくったような①祖父の写真を見ると、当時のことがしのばれる②。

□　ａ　いくつの文節から成り立っているか、次のうちから一つ選び、記号で答えなさい。

ア　六文節　イ　七文節　ウ　八文節
エ　九文節　オ　十文節

□　ｂ　いくつの単語から成り立っているか、次のうちから一つ選び、記号で答えなさい。

ア　十八単語　イ　十九単語　ウ　二十単語
エ　二十一単語　オ　二十二単語　カ　二十三単語

□　ｃ　――部①の「ような」と同じ意味・用法で使われている文を、次のうちから一つ選び、記号で答えなさい。

ア　里山のように緑のある街をもっと増やしたい。
イ　友人はもう帰ってしまったようだ。
ウ　昨日、通勤電車の事故があったようだ。
エ　デパートのような大店舗でしか買えません。
オ　雷が落ちたように大きな音が響いた。

□　ｄ　――部②の「れる」と同じ意味・用法で使われている文を、次のうちから一つ選び、記号で答えなさい。

ア　昨日、電車の中で足を踏まれた。
イ　桜の蕾（つぼみ）に春の気配が感じられる。
ウ　好き嫌いをせず、何でも食べられる。
エ　雲のせいで山が見られない。
オ　私の答えに先生がにっこりと笑われる。

問２　次のａ・ｂ文の――部の意味として最も適当なものを、次のうちからそれぞれ選び、記号で答えなさい。

□　ａ　Ａ社とＢ社の合併では提灯に釣り鐘だ。

ア　一見異質なもの同士が力を合わせると、その勢いを強める。
イ　二つのものが異質過ぎて、混じり合うことができない。
ウ　二つのものが似ても似つかず、調和が保てない。
エ　それぞれの得意分野を生かし、力を増すことができる。
オ　二つのものは似ていても、その差は比べものにならない。

□　ｂ　彼の選挙演説は立板に水といった感がある。

ア　弁舌がさわやかだが、内容がない。
イ　弁舌が早口で、何も印象に残らない。
ウ　弁舌がすらすらとしていて、よどみがない。
エ　弁舌がおごり高ぶっていて、興がさめる。
オ　弁舌がそっけなく、思いやりに欠ける。

65

第10回

出題の分類

一 論説文　二 小説
三 古文　四 知識問題

※特別な指示がない限り、句読点や記号も一字とする。

▼解答・解説はP.199

時　間：50分
目標点数：80点

1回目	／100
2回目	／100
3回目	／100

一　次の文章を読んで、あとの各問いに答えなさい。

われわれは日常、ことばを使って生活しているが、ことばを使っているという意識をはっきりもっていないことがすくなくない。考えるより前に反射的にことばが飛び出してくる。T・E・ヒュームの『思索集』(Speculations)に、そういう反射的言語のことが出てくるが、ある精神病患者が、まるで理解していない問題について、まっとうに見える受け答えをしたとか、ほとんど考えることなしに、一冊の本を書くことができるのだ、とか述べている。

なぜ、こういうことが可能であるかと言うと、日常使いなれていることばは、[1]いわばレールのようにわれわれの心の中で確立している。その上へ車をのせてやれば、何もしなくても自然にレールに沿って走って行く。まったく自然には走り出さないまでも、ちょっと押してやれば動き出す。そして、なかなか止まらない。

こういう言語をかりにイディオムとよぶことにする。どうして、そういうレールが敷かれるのか、はっきりした説明はつかないが、それにのっている限り、伝達は容易に行（おこ）なわれる。母国語のかなりの部分が、この意味でのイディオムになっている。

こういうイディオムだけを使って、新しいことを考え出すのはきわめて難しい。発見はこれまで人びとの目に入らなかった事象を見つけるのであるから、レールの上などにころがっているはずがない。レールの上しか走ることができないイディオムに発見ができないのは当然である。（　あ　）、レールからあえて外れ、脱線する必要がある。レールにはまっていては新しい道をつくることは覚束（おぼつか）ない。日常性から離脱しなくてはならないのであるが、反射的に使われるようになってしまっている言語にとって、それは至難のことである。

言いかえると、[2]イディオムになったことばは案外、思うようにならない。不自由なものである。ちょっと曲げようと思っても簡単には曲がらない。そういう言語を無自覚に使いながら新しいことを見つけ、考え出そうとするのは、ちょうど、物差しでカボチャのひだの深さを測ろうとするようなものである。母国語は役に立つようで、こういうところに難点がある。【A】

イディオム的言語のもっている[a]コウ直性のないことばとして

もっとも操作に便利なのは数学的記号、数式であることは言うまでもない。感覚という裏付けを欠いているのが数学の泣きどころであるけれども、他方、まったく新しい世界にも、ある程度は対応できる柔軟さがある。学問を記述する方法として数学が好まれるのは理の当然である。かつては主として自然科学に限られていた数学的方法がこのごろは人文科学の部門にも及んできて、人文科学諸学問の数学化が急速に進んでいる。【B】

3 母国語的イディオムの世界と数学的世界の中間に外国語が位すると考えてよい。さきにも述べたように、イディオムはかならずしも創造に好都合でない。数学は創造的思考をすすめる方法としては申し分がないけれども、いかんせん人間の感覚が扱いにくい。（　い　）、言語であって、しかも、言語の不自由さをすて、数学的自由さをもった手段はないかということになる。その答えが外国語というわけである。外国語は母国語と数学の中間にあって、母国語でも数学でも難しいような言語的創造を行なうことができるはずである。【C】

寺田寅彦が語学を数学に似たものと考えていたことが、ここで改めて思い合わされる。したがって、その外国語の語学が母国語に近くなるのは考えものである。【D】

創造性をいかにしてのばすか、新しい考え方は可能になるか、について書いた本がある。そういう本が、たいていあげているのに、散歩がある。古来、すぐれたアイディアを散歩中に得たという例が多い。ことにヨーロッパの学者には散歩型が多いように思われる。

どうして散歩がよいのかという研究があるかどうか知らないが、4 散歩が日常性からの離脱を意味しているのは注目してよかろう。前述にイディオムから脱出するための語学の役割について考えたが、問題は、やはり日常性の*止揚である。

机の前に向かっていて、どうしてもほぐれなかったような問題も、すこしずつ変化する*嘱目の景色をながめながら、散bサクしていると、ふっと糸口が見つかることがある。精神が未知の領域にふみ込もうとするときには、肉体もまた新しい刺激を求めるのであろうか。慣れ切ったものの中に埋没しているのでは新しい考えを触発するのに適当ではないのであろう。すこし普段とちがったものに触れて［ 5 ］があるのかもしれない。

散歩を拡大すると旅になる。独創的思考にとって旅行が有効であることも諸家のひとしく認めるところであって、やはり日常性からの離脱が創造につながることを裏付ける。住めば都、と言う。どんなところでも長い間住んでいると情が移って、ほかよりもよいところのように思われてくる人情を表わしたことばであるが、知的環境としては、住めば都、はもっともまずい状態なのである。行きずりの旅人として見た場合には、おもしろいものが見られても、住みつくと、見えなくなる。

6 ある土地のことは、そこに長年住みついている人がいちばんよく知っているように考えやすい。つまり、イディオムとしての土地はよく知っているかもしれないが、固定した見方しかできなくなっている。それに比べて、行きずりの訪問者はイディオムを知らない。とんでもない見当ちがいのことを言うおそれはあるが、他方では土地の人のびっくりするような発見もできる。この外来者の知見をかりにトラヴェラーズ・ヴュー(traveler's view)と呼ぶならば、われわれのまわりで、いかに多くのことが、そのはじめ、このトラヴェラーズ・ヴューによって発見されたか、がわかるであろう。散歩も小キ(c)模なトラヴェラーズ・ヴューを得るためのものである。

珍しいところへ行って、見るもの聞くことにおどろき、感心する。これが旅行者の発見であるが、その背後には、「天与の不満」とも言うべきものがひそんでいる。景色のよいところへ行って感(かん)歎(たん)する人は、その土地に住んでいないことを残念だと思うかもしれない。(う)、ある嫉妬すら感じるかもしれない。それが天与の不満のあらわれである。これが精神を活性化して、対象と同化しようという欲求を起こすことになる。

必要(necessity)は発明の母、ということばもある。necessityを必要と割り切ってしまうのは、いくらか疑問を感ずるけれども、[7]necessityこそ天与の不満にほかならない。そういう原動力がなくて、ぬるま湯に浸(つ)かるように日常性に埋没していては、創造的思考などできるわけがない。

イディオムとしての母国語から離れて外国語を学ぶのは心の旅である、と言ってもあまり無理な比喩とはならないであろう。語学がトラヴェラーズ・ヴューをもつ限り、創造的思考の手段として有効なものである。よくわからない語学のほうが、この場合、かえって好都合であることも、以上のことと考え合わせれば、納得されるにちがいない。

ここで注意しなくてはならないのは、トラヴェラーにとって、旅さきのことを、そこの土地の人と同じように知る必要はないという点である。むしろ、新しい土地が触発するものを楽しめばよい。そういう語学は実用価値はすくないかわりに、トラヴェラーズ・ヴァリュー(価値)を豊かにもつことができる。ここで問題にしている創造的思考はそのトラヴェラーズ・ヴァリューのひとつにすぎない。もしこれまでの語学が創造性において欠けるところがあったとするならば、それはとりもなおさず、[8]外国語教育において、この旅行者的視点が見失われていたことを意味する。

(外山滋比古「ものの見方、考え方」による)

〈注〉止揚――事象をより良くするときに、低い段階を否定しながらも、その本質は残し、高い段階で生かすこと。

嘱目――目にすること。

問1 ══部a～cのカタカナの部分を漢字に改めたとき、同じ漢字を用いるものはどれか。次のうちからそれぞれ選び、記号で答えなさい。

□ a コウ直性

ア コウ貨　イ コウ防

ウ コウ衣室　エ 抵コウ

□ b 散サク

ア サク晩　イ 画サク

ウ 交サク　エ サク除

□ c 小キ模

ア キ願　イ 破キ　ウ キ贈　エ キ範

問2 本文中の(あ)～(う)に入る語として最適なものを次のうちからそれぞれ選び、記号で答えなさい。

□ あ ア たとえば　イ さて

ウ しかし　エ むしろ

□ い ア ところが　イ あるいは

ウ そこで　エ もちろん

□ う ア さらには　イ 一方で

ウ ただし　エ だから

□問3 本文中には、次の部分が抜けている。これを入れる位置として最適なものを選び、記号で答えなさい。

従来のような言語による記述に依存していたのでは新しい展開が難しいと考える学者が多くなってきて、「言語の危機」が叫ばれているのである。

ア【A】　イ【B】　ウ【C】　エ【D】

□問4 ――部1「いわばレールのように」とあるが、この部分の表現の説明として最適なものを次のうちから選び、記号で答えなさい。

ア 「レール」を、決まった道筋で乗り物を移動させる絶対に揺らぎのないものととらえ、日常的に使うことばの比喩に使っている。

イ 「レール」を、どのような場合も決まった場所へ乗り物を運ぶ便利なものととらえ、日常的に使うことばの比喩に使っている。

ウ 「レール」を、決まった乗り物しか移動させることのできない不便なものととらえ、日常的に使うことばの比喩に使っている。

エ 「レール」を、乗り物をより速く遠くへ運ぶことを可能とする高度なものととらえ、日常的に使うことばの比喩に使っている。

□問5 ――部2「イディオムになったことばは案外、思うようにならない」とあるが、この部分の説明として最適なものを次のうちから選び、記号で答えなさい。

ア イディオムになったことばは日常性があるため、どのような場面でも使えると思われがちだが、日常性からは非常に離脱しにくいので、新しい発見をすることには向いておらず、新しいことを考えるときにはイディオムになったことばを無自覚に使うのではなく、意識しながら使う必要があるため、不便であるということ。

イ　イディオムとなったことばは考えなくても出てくるので、ただ日常の中で伝達するためだけに使われるのであれば便利だと感じられるが、そのようなことばに慣れてしまうと考えることを怠るようになり、新しい発見や考え方を導き出すことがないので、イディオムになったことばは役に立たないことも多いということ。

ウ　イディオムとなったことばは日常の中で意味や使われ方が一定であり、その意味を必ずしも理解していなくても自然に発せられるものだが、新しい考え方を発見し、次の段階に進んでいこうとするとき、これまでと同じ意味や使われ方を保っているイディオムとなったことばでは対応できないことが多いということ。

エ　イディオムになったことばは反射的に発せられるので、理解することは簡単だと思われるが、新しいことを発見した場合には普段の意味や使われ方とはかけ離れた形で使われているため、多くの人にはその意味が理解されず、一部の人たちに理解されるだけなので、イディオムになったことばは広い範囲では使えないということ。

□問6　――部3「母国語的イディオムの世界と数学的世界の中間に外国語が位すると考えてよい」とあるが、この部分の説明として不適当なものを次のうちから選び、記号で答えなさい。

ア　外国語には、数学的世界と同様に、新しいことに対応するような柔軟性がある。

イ　外国語は、身に付けると数学的世界に近づき、母国語と大きく異なるものになる。

ウ　外国語は、数学にはない人間の感覚も持ち合わせ、母国語に共通するところがある。

エ　外国語は、母国語と数学では不可能な、新しい発見を導くことができる。

□問7　――部4「散歩が日常性からの離脱を意味しているのは注目してよかろう」は、いくつの文節に分けることができるか。最適なものを次のうちから選び、記号で答えなさい。

ア　六文節　イ　七文節　ウ　八文節　エ　九文節

□問8　本文中の[5]に入る言葉として最適なものを次のうちから選び、記号で答えなさい。

ア　心身を慣らしていく必要

イ　心を改めて問題に向かわせる必要

ウ　心をリラックスさせる必要

エ　心身ともに緊張する必要

□問9　――部6「ある土地のことは、そこに長年住みついている人がいちばんよく知っているように考えやすい」とあるが、この部分で筆者が言いたいこととして最適なものを次のうちから選び、記号で答えなさい。

ア　長年その土地に住みついている人は、その土地で暮らす上で必要不可欠な情報や知識については多くのことを知っているが、今までその土地について知られていなかったことは外部からの訪問者でなければ気づきにくく、掘り下げることもできないので、長年住みついている人がいちばんよく知っているというのは誤りである。

イ　長年その土地に住みついている人が知っているのは、長い暮らしの中で形成された先入観をもって見た場合の土地のあり方であり、外部から来た訪問者だからこそ違った見方をすることができて、初めて気づく土地のあり方などもあるので、長年住みついている人がいちばんよく知っているとは限らない。

ウ　長年住みついている人がその土地についてよく知っているように思われるのは、外部からの訪問者がその土地について全く知らないことと比較するからであって、外部からの訪問者のほうがその土地について新しいことを知ろうとする意欲があるので、長年住みついている人がいちばんよく知っているとは言えない。

エ　長年その土地に住みついている人が知っているのは、決まった視点によるその土地の様子であり、意識して身に付けられたものではない一方、外部からの訪問者は異なる視点から意識的にその土地のよさを把握していくことになるので、長年住みついている人がいちばんよく知っていると断言することはできない。

□問10　――部7「necessityこそ天与の不満にほかならない」とあるが、この部分の説明として最適なものを次のうちから選び、記号で答えなさい。

ア　未知の領域に踏み込めるようになるきっかけは、もともと厳しくない環境で暮らしていて日常がつまらないために、見たことのないものを見たいとか、驚くようなことを知りたいという激しい欲求に駆られることであるということ。

イ　新しい発見のきっかけとなるものは、生まれついた環境において、ある対象を直接見ることができないとか理解することができないという悔しさや焦燥感によって精神が刺激され、対象に近づきたいという欲求が生まれることであるということ。

ウ　創造的思考が可能になる状態は、その動機付けになるような刺激のない日常性に埋没していることを自覚して、日常から抜け出すために必要なものを考えることによって精神が鍛えられ、新しいものに対する欲求がたまっているときであるということ。

エ　必要不可欠とされるような重要な知見が現れるきっかけは、生ぬるくも満たされた環境の中において、ささいなことに引っかかりを覚えたり、自分と関わるもの以外にうらやましさを感じたりすることで、自分にとって必要なものを強く感じることであるということ。

□問11 ――部8「外国語教育において、この旅行者的視点が見失われていたことを意味する」とあるが、これは外国語教育についてどのようなことを指摘しているか。最適なものを次のうちから選び、記号で答えなさい。

ア　これまでの外国語教育は、そのことばを母国語とする人たちの価値観ではなく、日常で使用している母国語に沿った価値観に合うように外国語を知るというものになっており、母国語の価値観とは異なるその外国語に特有の価値観を新しく知って触発されながら学ぶことがなかったので、外国語教育を通して創造性を培うことができなかったこと。

イ　これまでの外国語教育は、そのことばを母国語とする人の視点をもとにして、その外国語について多くの固定的な知識をつめこんだうえで実用していくことを目的にしており、その外国語を知らないことについて劣等感や嫉妬というものを感じることがなかったので、外国語教育において外国語を学び、創造しようという意欲が欠けていたということ。

ウ　これまでの外国語教育は、そのことばを母国語とする人たちの母国語での価値観を一方的に知って、彼らと同じ程度まで知識を積み上げるものであり、その外国語を日常で使用することで母国語とは異なる外国語の不自由さを感じ、改善しながら学ぶことがなかったので、外国語教育によってそのことばを実用的に使用できるまでにならなかったこと。

エ　これまでの外国語教育は、そのことばを母国語とする人たちと同じように外国語を身に付けて、日常で実用的に使用することを重視したものになっており、外国語を日常で使う母国語とは違って理解しがたい未知のものだととらえて、その新鮮さを感じながら学ぶことがなかったので、外国語教育を通して創造的な思考を育むことができなかったこと。

□問12 本文の内容と一致するものを次のうちから選び、記号で答えなさい。

ア　旅行をするときには、外国語を学ぶ必要が出てくる場合もあるため、旅行と外国語の親和性は高く、外国語を使って旅をすることはより新しい知見を得やすくする。

イ　知的環境として、住めば都という状態がまずいのは、現在の状態よりもさらにおもしろい状態があることやそのおもしろさを認められなくなるからである。

ウ　ある程度母国語に近い外国語を学ぶほうが、トラヴェラーズ・ヴューを得やすくなり、学んだことを創造につなげることにもなる。

エ　母国語を使うことは、繰り返し同じ方法で思考され、完成されているものをなぞることになるので、そこから新しい思考を得ることはほぼない。

二 次の文章を読んで、あとの各問いに答えなさい。

高校一年生の津川紗英は中学校で同級生だった朝倉くんと同じ活け花教室に通っている。朝倉くんの活ける花を見て心が動かされる一方で、自分は思うように活けられず、何も考えずに活けた花は先生から注意を受けてしまう。

「あたしの花ってどんな花なんだろう」

濡れた髪を拭き、ほうじ茶を飲みながら漏らした言葉を、祖母も母も姉も聞き逃さなかった。

「紗英の花？」

ア私らしい、といういい方は避けようと思う。自分でも何が私らしいのか、今はよくわからないから。

「あたしが活ける花」

「紗英が活ければぜんぶ紗英の花じゃないの」

母がいう。私は首を振る。

「型ばかり教わってるでしょう、誰が活けても同じ型。あたしはもっとあたしの好きなように」

といいかけて、イ私の「好き」なんて曖昧で、形がなくて、天気や気分にも左右される、実体のないものだと思う。そのときそのときの「好き」をどうやって表せばいいんだろう。

母は察したように穏やかな声になる。

「そうねえ、決まりきったことをきちんきちんとこなすっていうのは紗英に向いてないかもしれないわねえ」

そうかな、と返しながら、そうだった、と思っている。すぐに面倒になってしまう。ウみんながやることなら自分がやらなくてもいいと思ってしまう。

A「でもね、そこであきらめちゃだめなのよ。そこはすごく大事なところなの。しっかり身につけておかなきゃならない基礎って、あるのよ」

「根気がないからね、紗英は」

即座に姉が指摘する。

「ラジオ体操、いまだにぜんぶは覚えてないし」

「将棋だってぜんぜん定跡（じょうせき）通りに指さないし」

祖母がぴしゃりといい放つ。

「だから勝てないんだよ」

エ「いいもん、将棋なんか、勝てなくてもいいもん」

姉たちは将棋も強かった。たったひとつの玉（ぎょく）を目指して一手ずつ詰めてゆく。ふたりが盤の上できれいな額をつきあわせ、意識を一点に集中させてゆくと、傍にいるだけで息が苦しくなった。その点、囲碁はいい。盤上のあちこちで陣地の取り合いがある。右辺を取られても左辺が残っている。石ひとつでも形勢が変わる。将棋よりずっと気持ちが楽だ。

「囲碁でもおんなじ。定石無視してるから強くなれないのよ。いっつもあっという間に負かされてるじゃない。長い歴史の中で切磋琢磨してきてるわけだからね、定石を覚えるのがいちばん早いの」

「早くなくてもいい」

ただ楽しく打てればいい。そう思って、棋譜を覚えてこなかった。数え切れないほどの先人たちの間で考え尽くされた定石がある。それを無視して一朝一夕に上手になれるはずもなかった。

「それがいちばん近いの」

「近くなくてもいい」

姉は根気よく言葉を探す。

「いちばん美しいの」

美しくなくてもいい、とはいえなかった。美しくない囲碁なら打たないほうがいい。オ美しくないなら花を活ける意味がない。

「紗英はなんにもわかってないね」

祖母が呆れたようにため息をつく。

「型があるから自由になれるんだ」

自分の言葉に一度自分でうなずいて、もう一度繰り返した。

「型があんたを助けてくれるんだよ」

B はっとした。型が助けてくれる。そうか、と思う。そうだったのか。毎朝毎朝、判で押したように祖母がラジオ体操から一日を始めることに、飽きることはないのかと不思議に思っていた。そうじゃなかったんだ。毎朝のラジオ体操が祖母を助ける。つらい朝も、苦しい朝も、決まった体操から型通りに始めることで、一日をなんとかまわしていくことができたのかもしれない。楽しいことばかりじゃなかった祖母の人生が型によって救われる。そういうことだろうか。

「いちばんを突き詰めていくと、これしかない、というところに行きあたる。それが型というものだと私は思っているよ」

今、何か、ぞくぞくした。新しくて、古い、とても大事なことを聞いた気がした。それはしばらく耳朶の辺りをぐるぐるまわり、ようやく私の中に滑り込んでくる。

型って、もしかするとすごいものなんじゃないか。たくさんの知恵に育まれてきた果実みたいなもの。齧ってもみないなんて、あまりにももったいないもの。今は型を身につけるときなのかもしれない。いつか、私自身の花を活けるために。

今は修業のときだ。そう思ったら楽しくなった。型を意識して、集中して活ける。型を身体に叩き込むよう、何度も練習する。*さえこも紗英も今はいらない。型を自分のものにしたい。いつかその型を破るときのために。

「本気になったんだ」

私の花を見て、朝倉くんがつぶやいた。

桜並木の土手の上を、自転車を押していく。朝倉くんが川のほうを見ながら前輪ひとつ分だけ前を行く。茴香が無造作に新聞紙に包まれて籠にある。車輪からの振動で黄色い花が上下に細かく揺れている。

「それで今日の花なんだね。さえこが本気になると、ああいう花になるんだ」

ちょっと振り返るように私を見て、朝倉くんがいう。

「なんだか、意外だ」

意外だなんてよくいう。私のことなんか知らないくせに。ふわふわのところしか見てなかったくせに。

でもさ、といって朝倉くんは自転車と一緒に足を止める。川原のほうを指さして、下りる？と目で訊く。

「意外だったけど、面白くなりそうだ」

土手から斜めに続く細い土の道を、勢いよく下りはじめる。私は後ろからそろそろと下りる。自転車のハンドルを握って、勢いがつかないよう力を込める。一歩一歩踏みしめて、それでも最後は駆け足になる。自転車が跳ね、籠から茴香が飛び上がった。

下りきったところに朝倉くんはスタンドを立てる。私が隣に自転車を停めるのを待って、川縁のほうへ歩き出す。

「さえこが本気になるなんて」

「さえこ、って呼ばないで。ほんとうの名前はさえこじゃないの」

朝倉くんがゆっくりとこちらを向くのがわかる。私は川面が新しくなったり古くなったりしながら流れていくのを眺めている。

「知ってるよ」

「じゃあ、ちゃんと名前で呼んで。これがあたし、っていえるような花を活けたいと思ってるの。さえこじゃないの」

「うん」

「さえこじゃなくて、紗英の花。まだまだ、遠いけど」

さえこの花は、といいかけた朝倉くんが、小さく咳払いをして、いい直す。

「紗英の花は、じっとしていない。今は型を守って動かないけど、これからどこかに向かおうとする勢いがある」

「型通りに活けたのに？」

聞くと、大きくうなずいた。

「俺、ちょっとどきどきした」

どきどきした、と朝倉くんがいう、その声だけでどきどきした。朝倉くんがまた川のほうを見る。太陽が水面に反射してまぶしい。

（宮下奈都「つぼみ」による）

〈注〉さえこ —— 紗英の中学時代の愛称。紗英と呼び捨てにするほど親しくない同級生たちは「さえこ」と「子」をつけて気軽に呼んでいた。

□問1　文章中のでもね、そこであきらめちゃだめなのよという言葉以降、家族は紗英の「型」に対する考え方を変えるために説得を始める。その説得の経過を説明したものとして最も適当なものを次のうちから選び、記号で答えなさい。

ア　紗英が関心を持っている将棋や囲碁の例を用いながら、楽しく好きなようにやればいいという紗英の価値観を否定していくことで、型を身につけることに価値を感じさせようとしていいる。その結果、紗英は少しずつ型の持つ意味に気づいていき、いちばん美しいという言葉に納得している。

イ　言いたいことを一方的に押し付けるのではなく、囲碁や将棋の例を交えながら紗英のペースに合わせてゆっくりと一緒に考え、紗英の言い分も聞きながら、型の重要性を伝えている。これらの例が活け花に通じているという驚きから、紗英は家族の考え方に理解を示すようになっている。

ウ　反抗的な態度をとる紗英に対し、将棋や囲碁の例を挙げながら、型を身につけることが紗英の言う自分の花を活けることにつながるのだという主張をわかってもらおうとしている。勝つことにこだわりを持つ紗英は、いちばん美しいという言葉で自分の負けを認めざるをえなくなっている。

エ　型の大切さに気づかせるために、紗英にとってイメージしやすい将棋や囲碁といった例を用いて、型とはいちばん早く勝てるもの、勝ちにいちばん近いものだと諭そうとしている。しかし紗英の心には響かず、いちばん美しいものだという言葉で初めて、紗英は自分の価値観と合致する点を見出している。

オ　以前からすぐにあきらめてしまう紗英を何とかしたいと考えていた家族は、紗英が自分から型の話を持ち出してきたこのタイミングを逃さないように、粘り強く説得にあたっている。ところが、どんなに言い聞かせても紗英が納得しないので、最後は家族が説得をあきらめてしまっている。

□問2　文章中にBはっとした。型が助けてくれる。そうか、と思う。そうだったのかとあるが、祖母の言葉を紗英はどのように解釈したのか。その説明として最も適当なものを次のうちから選び、記号で答えなさい。

ア　祖母は自らのラジオ体操の経験を踏まえて、型はストレスを軽減してくれる効果があると説いていると考えられるが、紗英も同様に自分の思うように花を活けられずに苦しんでいる今、型を守ることでプレッシャーから解放されるのだという解釈をしている。

イ　祖母は自由とはかえって自分を苦しめるもので、型を守る方が気持ちが楽になると説いていると考えられるが、紗英もその言葉の意図を理解し、自由を求めるよりも学んだ型を何度も繰り返し練習し、完璧にすることが大切なのだという解釈をしている。

ウ　祖母はラジオ体操のような決まった型から物事を始めることの大切さを説いていると考えられるが、紗英は行き詰まった状況において、物事がうまくいくことを願いながら型をなぞることで自分に暗示がかかり、明るい気持ちになれるのだという解釈をしている。

エ　祖母はさまざまな型の中から自分に合ったものを選ぶことが大切だと説いていると考えられるが、紗英は一つの型を守ることに夢中になって他のことに注意がいかなくなり、自分を取り巻く雑念から解放された結果、気持ちが救われるのだという解釈をしている。

オ　祖母は型を守ることが自分の個性を見出していくことにつながるのだと説いていると考えられるが、紗英はつらいことがあっても決まった型をなぞることによって体や心が反応し、つらさを乗り越えて次に向かう気持ちが生まれてくるのだという解釈をしている。

□問3　文章中になんだか、意外だとあるが、これはこれまでの紗英のどのような考え方を受けてのものか。その根拠として最も適当なものを文章中の～～部ア～オのうちから選び、記号で答えなさい。

ア　私らしい、というい方は避けようと思う

イ　私の「好き」なんて曖昧で、形がなくて、天気や気分にも左右される、実体のないものだと思う

ウ　みんながやることなら自分がやらなくてもいいと思ってしまう

エ　「いいもん、将棋なんか、勝てなくてもいいもん」

オ　美しくないなら花を活ける意味がない

□問4　文章中にさえこ、って呼ばないで。ほんとうの名前はさえこじゃないのとあるが、そのように発言したのはなぜか。その理由として最も適当なものを次のうちから選び、記号で答えなさい。

ア　朝倉くんに呼ばれるまでは「さえこ」と紗英の違いを気にしてこなかったが、名前の違いに敏感になることで、自分の花を活けることができると思ったから。

イ　「これがあたし」といえる花を活けられないのは、周りが愛称の「さえこ」と呼んでいるからだと気づき、愛称で呼ばれることをやめたいと思ったから。

ウ　他のみんなから「さえこ」と呼ばれてもかまわないが、朝倉くんにだけはみんなと同じ愛称ではなく、紗英という本名で呼んでほしいと思ったから。

エ　「これがあたし」といえる花を活けるためには、まずは基本を大切にしなければならないと考え、愛称ではなく本名の紗英を名乗ることが必要だと思ったから。

オ　これまで通りのみんながイメージしている「さえこ」を演じている限りは、自分らしさにはほど遠く、「これがあたし」といえる花は活けられないと思ったから。

□問5　文章中で、朝倉くんはどのような人物として描かれているか。その説明として適当でないものを次のうちから一つ選び、記号で答えなさい。

ア　「本気になったんだ」とあるように、朝倉くんは紗英の活け花の変化に気づくほど彼女を気にかけており、紗英のよき理解者として描かれている。

イ　紗英と並んで自転車を押す朝倉くんは「前輪ひとつ分だけ

前を行く」という記述に象徴されるように紗英をリードし、目標となる人物として描かれている。

ウ　紗英の「本気になった」活け花を見て、「面白くなりそうだ」と言っているように、腕を競い合う、よきライバルとして描かれている。

エ　土手を勢いよく下りた朝倉くんが「私が隣に自転車を停めるのを待って」とあるように、相手を思いやることのできる人物として描かれている。

オ「どきどきした、と朝倉くんがいう、その声だけでどきどきした」とあるように、紗英がほのかな思いを寄せる相手として描かれている。

□問6　この文章の表現に関する説明として適当でないものを次のうちから一つ選び、記号で答えなさい。

ア　文章は「私」という一人称で語られており、語り手である紗英の視点から彼女の思いや感情といった心理描写が詳細になされているため、紗英の心情の変化が理解しやすくなっている。

イ　型という「新しくて、古い、とても大事なこと」を会得しようとしている紗英を象徴するかのように「切磋琢磨」や「一朝一夕」といった四字熟語が効果的に用いられている。

ウ　文章は空白行がなくひと続きで書かれているが、家族で会話をしている場面から型を守って修業をする場面の間や、そこから朝倉くんとの会話が始まる場面との間で時間の経過が見られる。

エ　文章は会話や紗英が心の中で考えたことが述べられている部分が多いが、家族との会話で構成されている場面に比べて「本気になったんだ」から始まる場面では情景描写が多くなっている。

オ「さえこ、って呼ばないで」や「俺、ちょっとどきどきした」などのセリフの後で川を見る描写があるように、二人が本当に言いたいことを言える舞台装置として川が用いられている。

□問7　この文章の後の展開についてクラスで話をしているが、最も妥当だと思われる予測をしているものを次のうちから選び、記号で答えなさい。

ア　紗英はこれまで「根気がない」と言われるような生き方をしてきたのだから、急にやる気になったとしても、その気持ちを継続するのは難しいんじゃないかな。朝倉くんの励ましがあったとしても、前途多難だと思う。

イ　紗英は祖母の言葉をきっかけに、型に対する理解を深めていったよね。そうして型を身につけた先に自分らしさがあることに気づいたから、いつか「あたしの花」を活けられるようになると思うな。

ウ　紗英がつぶやいたことを家族のみんなが聞き逃さないとい

うことは、彼女が家族に愛され、心配され、守られているということがわかるね。ここでの紗英の変化によって、彼女は家族から離れ、自立していくんだろうな。

エ　ここで経験したことによって、紗英は活け花の極意を会得したといえるよね。あとは扱う花の種類を変えるくらいの工夫があれば、紗英らしい美しい活け花を活けられるようになる日はそう遠くないと思うな。

オ　文章には紗英と朝倉くんが想いを伝えあうところまでは書かれていないけれど、「下りる？　と目で訊く」とあるように、二人の想いはもう通じ合っているんだよね。この後は二人の恋愛模様が描かれると思うよ。

三　齋藤時頼は、滝口として宮中の警備にあたる武士であった。時頼は、恋人である女官（宮中に仕える女性の役人）・横笛との結婚を親に許されず、悩んだ末に出家して俗世間を離れ仏に仕える身である僧となり、嵯峨（さが）（現在の京都府京都市右京区の地名）にある往生院という所で仏道修行に打ち込んでいた。以下は、それに続く文章である。これを読んで、あとの各問いに答えなさい。なお、本文中のふりがなは現代仮名遣いで記してある。

横笛これをつたへきいて、*われをこそすてめ、*様をさへかへ[A]けむ事のうらめしさよ。たとひ世をばそむくとも、などかかくと知らせざらむ。*人こそ心強くとも、たづねて恨みむと思ひつつ[B]、ある暮（くれ）がたに都を出でて、嵯峨の方へぞあくがれゆく[a]。ころはきさらぎ十日あまりの事なれば、*梅津の里のＩ風に、よその匂（におい）もなつかしく、*大井河の月影も、霞（かすみ）にこめておぼろなり。一方（ひとかた）ならぬ哀れさ[①]も、誰ゆゑとこそ思ひけめ。往生院とは聞きたれども、さだかにいづれの*坊とも知らざれば、ここにやすらひ[②]かしこにたたずみ、たづねかぬるぞむざんなる。住みあらしたる僧坊に、念誦（ねんじゅ）の声しけり。*滝口入道が声と聞きなして[b]、「わらはこそ*是（これ）までたづね*参りたれ[C]。様のかはりて*おはすらんをも、今一度見奉（たてまつ）らばや」と、*具したりける女をもっていはせければ、滝口入道むねうちさわぎ、*障子のひまよりのぞいてみれば、まことに尋ねかねたるけしきいたはしう[③]おぼえて[c]、いかなる*道心者（どうしんじゃ）も心よわくなりぬべし。やがて人を出して[d]、「まったく是にさる人なし[D]。門たがへでぞあるらむ」とて、つひにあはでぞかへしける[E]。横笛なさけなうららめしけれども、力なう涙をおさへて帰りけり[F]。

（「平家物語」による）

〈注〉　われをこそすてめ――自分を捨てても仕方ないが。

様をさへかへけむ事――出家までもしたこと。〈様をかふ〉は「出家する」の意。後出の〈世をそむく〉も同じ意。

人こそ心強くとも――時頼が強情だとしても。

梅津の里――現在の京都市右京区の地名。桂川の東岸。

大井河――桂川の上流。嵯峨嵐山の下を流れる川。

坊――僧の住むところ。僧坊。

滝口入道――時頼の出家後の呼び名。
参り――「来」の謙譲語。
おはす――「あり」の尊敬語。
見奉らばや――拝見したい。「奉る」は謙譲語。
具したりける――連れていた。
障子――ついたて。
道心者――俗世を捨て、仏道を深く信仰して修行する人。

□問1 ――部A「かく」の指示内容を本文から六字で抜き出しなさい。

□問2 ――部B「思ひ」とあるが、思ったことが記されているのは本文においてどこからどこまでか。最も適切なものを次のうちから選び、記号で答えなさい。

ア たとひ世をば～知らせざらむ
イ われをこそ～知らせざらむ
ウ たとひ世をば～たづねて恨みむ
エ われをこそ～たづねて恨みむ

□問3 〰〰部a「あくがれゆく」b「聞きなして」c「おぼえて」d「出して」のそれぞれの主語の組み合わせとして、最も適切なものを次のうちから選び、記号で答えなさい。

ア a 滝口 b 滝口 c 人 d 女
イ a 横笛 b 横笛 c 滝口 d 女
ウ a 滝口 b 横笛 c 滝口 d 親
エ a 横笛 b 横笛 c 滝口 d 滝口

□問4 空欄[I]に入れるのに最も適切な季節を漢字一字で答えなさい。

問5 ――部①「哀れさ」②「やすらひ」③「いたはしう」の現代語訳として最も適切なものを次のうちからそれぞれ選び、記号で答えなさい。

□①ア 恋しさ イ 気の毒さ
ウ 嬉しさ エ 不気味さ

□②ア 安心し イ 立ち止まり
ウ 我慢し エ くつろぎ

□③ア 腹立たしく イ じれったく
ウ 不思議に エ かわいそうに

□問6 ――部C「わらは」D「さる人」とは誰のことか。本文からそれぞれ二字で抜き出しなさい。

□問7 ――部E「つひにあはでぞかへしける」とあるが、この理由として最も適切なものを次のうちから選び、記号で答えなさい。

ア 滝口入道は、俗世間を離れてすっかり姿かたちの変わってしまった自分を、恥ずかしく思ったから。
イ 滝口入道は、修行に打ち込んでいる自分の気持ちも考えずに訪ねてきた横笛のことを、腹立たしく思ったから。
ウ 滝口入道は、横笛と会えば気持ちが動いて修行に身が入らなくなると感じ、それを避けたいと思ったから。
エ 滝口入道は、出家した時点で俗世への思いは断ち切っており、すでに横笛にも関心がなかったから。

□問8 ——部F「力なう涙をおさへて帰りけり」とあるが、ここでの横笛の様子を説明したものとして最も適切なものを次のうちから選び、記号で答えなさい。

ア 自分ではどうしようもなくて、つらい気持ちを抱えて都へ帰った。

イ 自分の力のなさがあまりに悔しくて、泣くこともできず都へ帰った。

ウ 自分ではどうすることもできない悲しみに、号泣しつつ都へ帰った。

エ 自分の力の過信を実感しつつも、何とかしようと思いながら都へ帰った。

□問9 『平家物語』の冒頭部分を次のうちから一つ選び、記号で答えなさい。

ア 春はあけぼの。やうやうしろくなりゆく山ぎは、すこしあかりて……

イ 月日は百代の過客にして、行かふ年も又旅人也。

ウ 祇園精舎の鐘の声、諸行無常の響あり。

エ ゆく河の流れは絶えずして、しかももとの水にあらず。

四 次の各問いに答えなさい。

□問1 空欄に漢字一字を入れて慣用句を完成させるとき、他の三つとは異なるものを一つ選び、記号で答えなさい。

ア 先生にほめられたことを□にかける。

イ 孝行息子を持って□が高い。

ウ 入賞してライバルの□を明かす。

エ 最近の彼の行動は□に余る。

□問2 外来語と意味の組み合わせとして、正しいものを一つ選び、記号で答えなさい。

ア コモンセンス——常識　イ カテゴリー——情念

ウ ディテール——趣向　エ ビジョン——模倣

□問3 熟語の構成が他の三つとは異なるものを一つ選び、記号で答えなさい。

ア 帰郷　イ 開幕　ウ 特技　エ 抜群

□問4 次の文の——部と同じ意味・用法のものを一つ選び、記号で答えなさい。

今でもシェークスピアの文学は人々に愛されている。

ア 毎日わずかでも読書をしよう。

イ そんなことは子どもでも知っている。

ウ 彼は呼んでも来なかった。

エ 出かけたのは友人に会うためでもある。

□問5 次の俳句と同じ季節のものを一つ選び、記号で答えなさい。

ちらちらと陽炎（かげろふ）たちぬ猫の塚　（夏目漱石）

ア　露の玉蟻（あり）たぢたぢとなりにけり　（川端茅舎）

イ　山清水ささやくままに聞き入りぬ　（松本たかし）

ウ　映りたるつつじに緋鯉（ひごひ）現れし　（高浜虚子）

エ　寒雷やびりりびりりと真夜の玻璃（はり）　（加藤楸邨）

□問6　対義語の組み合わせとして、正しいものを一つ選び、記号で答えなさい。

ア　入念――克明　イ　感心――敬服

ウ　屈指――有数　エ　感情――理性

□問7　小説の冒頭文と作者の組み合わせが正しいものを一つ選び、記号で答えなさい。

ア「或（あ）る日の暮れ方のことである。」――島崎藤村

イ「親譲りの無鉄砲で子供の時から損ばかりしている。」――井伏鱒二

ウ「高瀬舟は京都の高瀬川を上下する小舟である。」――森鷗外

エ「メロスは激怒した。」――宮沢賢治

解答

一 問1 ㋐ ④ ㋑ ④ ㋒ ③ ㋓ ① ㋔ ②
問2 ③ 問3 ④ 問4 ⑤
問5 ④ 問6 ① 問7 ③

二 問1 a イ b ウ c ア
問2 オ 問3 ウ 問4 オ
問5 ウ 問6 オ 問7 オ

三 問1 あるじ 問2 エ 問3 c 問4 ア
問5 いうべきよう 問6 イ 問7 ア
問8 ウ 問9 イ

四 問1 ア 問2 オ 問3 イ 問4 ウ
問5 ア 問6 エ 問7 ウ 問8 ア
問9 ① オ ② ウ

配点

一 問1 各2点×5 他 各3点×6
二 各3点×9
三 問3・問9 各2点×2 他 各3点×7
四 各2点×10
計100点

解説

一 （論説文―大意・要旨、内容吟味、文脈把握、接続語、漢字の読み書き）

問1 ㋐ 自称 ① 紹介 ② 気象 ③ 照会 ④ 対称 ⑤ 証明
㋑ 信条 ① 相乗 ② 平常心 ③ 情景 ④ 条約 ⑤ 逆上
㋒ 自責 ① 成績 ② 痛惜 ③ 責任感 ④ 追跡 ⑤ 排斥
㋓ 一毛 ① 不毛 ② 妄想 ③ 盲目的 ④ 猛進 ⑤ 亡者
㋔ 終始 ① 就学 ② 有終 ③ 周知 ④ 執着 ⑤ 収拾

問2 Ⅰ 直後の「……心底には一モウの不純さもない」という内容を修飾する語として、まちがいなく、という意味の「たしかに」が入る。

Ⅱ 直前には「間伐材を放置せず再利用して割り箸は作られることになる」とあり、直後で「割り箸は間伐材の再利用であって……」と説明しているので、言い換えや説明を表す「つまり」が入る。

Ⅲ 直後の「割り箸の大量消費を奨励しようという意図はない」にかかる語としては、いうまでもなく、という意味の「むろん」が入る。

Ⅳ 直後で「そうならないためには、どうすればよいのか？」という新たなテーマを提起しているので、話題の転換を表す「では」が入る。

問3　直後で「己の正義が、いかに自己陶酔型の正義であったかを痛感させられた」と理由が説明されている。男は、正義感から「『なぜ老人に席を譲らないのか』」と若者を怒鳴りつけた。しかし「若者の足は義足だった」ことがわかり、――部ⓐ直後の段落で述べられているように「何か理由があるのではないか」と考え及ばず安直な正義を振りかざしたことに「自セキの念にかられた」(＝後悔して自分を責めた)のである。

問4　直後に「大衆が身近にできる森林保護活動として『使い捨ての割り箸を廃止しよう』という運動が生じた」とあり、「［Ⅱ］、……」で始まる段落に「割り箸は間伐材の再利用であって、割り箸を作るために森林が破壊されるのではない」とある。問3の例と同様に、「『徳の価値観』」を過信し確信した正義によって生じた例として述べられているので、⑤が適切。

問5　直後に「『他者に向けられる正義』ではなく、まずは『己の不完全性(＝悪)』を懲らしめることによって『より善い己』を目指そうとする『己自身に向けられる正義』のことなのである」と説明されている。

問6　「このような……」で始まる段落以降で述べられているように、「『まっとうな人』」の集まる社会であれば「規則も最少ですむ」が、「現代の社会正義論」はこうした点を見落とした政策論争のみがなされている。しかし、さらに次の段落にもあるように、「法規制による社会正義の実現は、正直者がバカを見ないために必要不可欠なこと」でもあるため、様々な立法措置がなされていることが――部ⓓの「為政者の正義」であるので、①が適切。

問7　本文には、「まっとうな正義」について説明するために「西郷南洲」の言葉を引用し、「『まっとうな社会』を造るという意味での社会正義の実現」については、「アリストテレス」の言葉を引用している。

二

(小説―情景・心情、内容吟味、文脈把握、語句の意味)

問1　a　「通暁」には、夜通しという意味の他に、ある物事についてよく知っているという意味がある。後の「女たらしの才能のある」から、「女の心理」をよく知っているという意味だと推察できる。

b　「うしろぐらい(後ろ暗い)」には、内心やましい点を持っている、うしろめたい、という意味がある。おかみさんが「私」のとなりに座ったことに対し、おかみさんの籠の内容物に他の乗客の誰よりも関心を持っていたのに、我慢して一瞥(ちらっと見ること)もくれなかったことで「成功したのかも知れない」と「私」は思っており、内心とは違う態度をとったことをbのように感じているのである。

c　「はたして」と読み、ここでは結果が思ったとおりであるという意味を表す。「『(桃とトマトを)隠して下さい。他の野郎たちが、うるさいから。』」というおかみさんの言ったとおり、「『……(桃とトマトを)売ってくれ』」と迫る男があらわれた、という文脈になる。「はたして」は、本文での意味のほかに、疑問や仮定の表現とともに疑いの気持ちや仮定であることを強調する気持ちを表す意味もある。

問2　「心理の駈引き」は、桃とトマトの入った籠をさげたおかみさんに対するものである。「内心は、私こそ誰よりも最も、その籠の内容物に関心を持っていた」が、「他の乗客が、その果物籠をめがけて集まり大騒ぎしているあいだも、私はそれには全く興味がなさそうに、窓の外の景色をぼんやり眺めていた」ことで、おかみさんは人波をかきわけて「私」のとなりに座ったのだと考えられる。

問3　妻の仕出かした「まずい事」とは、おかみさんがくれた桃とトマトの代金をおかみさんに「握らせようとした」ことである。桃とトマトを「すばやく妻の膝の上に乗せて」くれて、売ってくれと迫る男を「『売り物じゃないんだよ。』」と追い払っていることから、おかみさんは好意で桃とトマトをくれたのだとわかる。その代金を払うことはおかみさんの厚意を踏みにじることであり、「『売り物じゃないんだよ。』」と追い払っていたおかみさんの立場も台無しにしてしまうことにもなるので、ウが適切。

問4　直後の「乞食の負け惜しみ」「虚栄」という言葉に着目する。「虚栄」は自分をよく見せようという意味である。「人道」は人として行うべき道という意味であるが、「私」はおかみさんの言う「人道」から同情されて乞食のように物をほどこされたことが恥ずかしく、「乞食の負け惜しみ」や「虚栄」から――部③のように言っているのである。

問5　――部④の「あの時」は、「私」が「下の子は、餓死にきまった」と思い、「『蒸しパンでもあるといいんだがなあ。』」と口にし、「若い女のひと」が蒸しパンとお赤飯、卵を「私の膝の上に積み重ね」たときのことである。「私も妻も、一言も何もお礼を言うひまが、なかった」と同時に、――部④の直前「一種のにくしみを含めて言いたい」という心情が込められており、「『……あの時の乞食は、私です。』」という言葉からは、お嬢さん(＝若い女のひと)に対する感謝だけではなく、それ以上に食べ物をほどこされてプライドを傷つけられたと感じていることが読み取れる。

問6　「不体裁」は、格好が悪いという意味。〜〜〜部の後で描かれているように「『……にぎりめし一つを奪い合いしなければ生きてゆけないようになったら、おれはもう、生きるのをやめるよ。……それがもう、いまでは、おれの唯一の、せめてものプライドなんだから。』」と「私」はかねてから妻に宣言している。しかし実際には「私」は食べ物に執着し、「私」たち家族は食べ物をほどこされたことによって生きのびており、問4・問5でも考察したように、そのことを「私」は恥じていることから、「私」の食べ物に対する本心として、オが適切。

問7　本文は「私」の視点から描かれており、「仙台が……」で始まる段落では「ええ、もう、この下の子は、餓死にきまった、自分も三十七まで生きて来たばかりに、いろいろの苦労をなめるわい」など、独特の「語り口」が用いられている。

三

(古文―大意・要旨、内容吟味、文脈把握、語句の意味、品詞・用法、仮名遣い、口語訳、文学史)

〈口語訳〉　これも今となっては昔のことだが、ある僧が、主のところへ行った。酒などを勧めたが、氷魚が(今年)初めて出回ったので、主は、珍しく思って、ごちそうした。主は、用事があって、部屋の奥に入り、再び出てきたところ、この氷魚がことのほか少なくなっていたので、主はどうしたことかと思ったが、聞けないので、会話をしていると、この僧の鼻から氷魚が一匹、ふと出てきたので、主は、何だろうと思って、「その御鼻から氷魚が出ているのは、どういうことなのか」と言うと、即座に「近ごろの氷魚は鼻から降りますぞ」と言ったので、人は皆、「ははは」と笑った。

問1　「ある僧」が訪ねた「人」については、後に「あるじ、めづらしく思ひて、もてなしけり」とあり、「人」が「あるじ」と言い換えられている。

問2　「もてなす」には、歓待する、ごちそうする、などの意味がある。「氷魚」を、客人である僧にごちそうしたのである。

問3　a・b・dの「の」は、その文節が直後の名詞に係る連体修飾の用法。cの「の」は、その文節が主語になる用法で、「が」に置き換えることができる。

問4　直前に「あるじ、用の事ありて、内へ入て、又、出でたりけるに、この氷魚の、ことのほかにすくなく成たりければ」とある。戻ってきたときに氷魚が少なくなっていたことを主は不審に思ったのである。

問5　歴史的仮名遣いの語頭以外のハ行は現代仮名遣いではワ行に、「ア段＋う」は「オ段＋う」になるので、「いふべきやう」は「いうべきよう」となる。

問6　直前に「この僧の鼻より氷魚の一、ふと出でたりければ」とあるので、イが適切。

問7　——部⑥は「とりあへず」ともいう。現代語と同様「(ほかの事はさておいて)即座に」という意味のほか、あっという間に、たちまち、という意味もある。

問8　直前に「『このごろの氷魚は目鼻より降り候なるぞ』」とある。「氷魚(ひお)」を発音の似ている「雹(ひやう、ひょうのこと)」に掛けて、最近の氷魚は空からではなく鼻から降るのだとごまかしている。鼻から氷魚を出している僧が、そのように言ったことがおかしかったのである。

問9　『宇治拾遺物語』は、鎌倉時代に成立した説話集。内容は仏教説話と世俗説話に大別され、全体として、教訓性や啓蒙性は弱く、笑いやおかしみにまつわる話が多い。

四

(知識問題―語句の意味、熟語、ことわざ・慣用句、品詞・用法、表現技法、文学史)

問1　①はオの「いちもくさん」、②はイの「えそらごと」、③はエの「むぞうさ」、④はウの「かんこどり」。アは「だいだんえん」と読み、全てがめでたくおさまる結末、という意味。

問2　①は、稲の穂は実るほどに穂先が低く下がるように、人間も偉くなればなるほど謙虚な姿勢で人と接することが大切である、という意味なので、エが適切。②は、「～のような」を用いずに、「時」を「金」にたとえているので、アが適切。③は、真理に反していることを言っているようにみえて、実は真理を表しているので、ウが適切。④は、努力のかいもなく効果が上がらず疲れだけが残る、という意味なので、むだな苦労という意味のイが適切。オは「かいこん」と読み、過ちを後悔すること。

問3　①はエ、②はオ、③はウ、④はアがそれぞれあてはまる。イは対比という意味。

問4　「思い出される」の「れる」は自発の意味を表す助動詞で、同じ使われ方をしているものはウ。アとオは受け身、イは尊敬、エは可能の意味をそれぞれ表す。

問5　アの「枚挙にいとまがない」は、たくさんありすぎていちいち数えきれない、という意味なので、文脈に合わない。

問6　①はウで、相手の出方しだいでこちらの応じ方が決まるという意味。②はオで、立ち去る者は、見苦しくないようきれいに始末をしていくべきという意味。③はアで、力のある者や権力のある者の力を利用して、いばること。④はイで、いくら意見をしても全く効き目のないこと。エの「豚」を使った慣用句には、価値のわからない者に貴重なものを与えてもむだである、という意味の「豚に真珠」がある。

問7　ウの『夜明け前』の作者は島崎藤村。夏目漱石の作品には『こころ』『三四郎』などがある。

問8　物語の祖と言われる『竹取物語』、平安時代の『源氏物語』、鎌倉時代の『平家物語』、江戸時代の『おくのほそ道』の順となる。

問9　①　漢字で書くと「由無し言」で、つまらない、取るに足らない話、という意味。

② 文章は鎌倉時代の随筆『徒然草』の冒頭で、作者はウの兼好法師。吉田兼好とも言われる。この口語訳は、「することもなく手持ちぶさたなのにまかせて、一日中硯(すずり)に向かって、心の中に浮かんでは消えていくつまらないことを、あてもなく書きつけていると、(思わず熱中して)異常なほど、狂ったような気持ちになるものだ。」となる。

解答

一
問1 A エ B イ 問2 C ア F イ
問3 D 流通価値 E 文学価値
問4 (例) 科学の進歩により、人々は「人間とは何か」という問いの答えを文学ではなく科学に求めるようになった。(48字)
問5 ア 問6 オ 問7 エ

二
問1 A オ B イ C ウ
問2 ア 問3 ウ 問4 エ
問5 D イ E エ F ア
問6 (例) 親しさの段階分けをしても現実はうまくいかず、時間をかけなければ人と親しくなれないというつらさ。(47字)

三
問1 イ 消滅 ロ 警戒 ハ 概念
ニ 転地 ホ ろう
問2 (例) 選択と人工が加わっていないから。(16字)
問3 (例) 自と他の境目がはっきりしていない子供の、何でも擬人化して話しかける言葉を、詩として受け止めること。
問4 分析 問5 ア 問6 客観移入
問7 感情移入によって対象を自己に同化すること(20字)

四
問1 ① 島 ② 歯 ③ 虫 ④ 身
問2 ① 華美 ② 倹約 ③ 模倣 ④ 理論

配点

一 問1・問2 各2点×4 問4 6点
他 各3点×5
二 問2・問4 各3点×2 問6 6点
他 各2点×7
三 問1・問4 各2点×6 問2・問3 各4点×2
他 各3点×3
四 各2点×8
計100点

解説

一 (論説文―大意・要旨、内容吟味、文脈把握、脱文・脱語補充、ことわざ・慣用句)

問1 A 同じ段落で「人間とは何か」「自分とは誰か」という問いに対する答えを得る方法として、小説を読むことと最新の科学の発見を知ることの二つを比較している。一つ目の A の前部分を参考に、「DNAを調べたり、脳をスキャンしたりしたほうが」どのように「わかる」のかを考える。自分だけの考えではなく誰もがそうだと納得できるような様子を意味する語である「客観的」を補う。

B 「『聖書』は文字どおり『聖典』であると同時に『商品』だった」ことを、「本として最初に市場に出回った〈書き言葉〉が『聖書』であったという事実」がわかりやすく表しているという文脈になる。ある考えや思想などを、具体的な事物で表現しているという意味を表す語である「象徴的」を補う。

問2　C　直前の「それが市場でどれぐらい売れるか」が「消費者の嗜好」と同じであるという文脈なので、同じものを映すことを比喩的に用いる「鏡」が適切。

F　直前の文の「良心的な編集者や出版社や書店の夢」である「〈文学価値〉をもった本が、飛ぶように売れること」は「現実ではなかなか望めない」もので、自分たちの都合ばかりを考えたものである。身勝手な考えを意味する「虫がよい(いい)」という慣用句をつくる。

問3　D　直前に「すなわち」と言い換えの意味を表す語があるので、その前の「多くの人に売れる」と同じ意味を表す語を探す。「人類が書いた……」で始まる段落の「その本がどれほど売れる商品か、すなわち、その本にどれぐらいの〈流通価値〉があるか」に着目する。

E　「人類が書いた……」で始まる段落に「本は、常に〈文学価値〉と〈流通価値〉という、二つの異なった価値を内在する」とある。ここから、[E]には、前の[D]とは別の価値である「〈文学価値〉」を補う。

問4　「科学の急速な進歩」という観点から答えるとあるので、「『人間とは何か』……」で始まる段落に注目する。この段落の最後に「科学の重要性が増しているのは、どの国の大学でも文学部が容赦なく縮小されているのに、もっとも露骨に現れている」とあるように、人々は「『人間とは何か』」という問いの答えを文学ではなく科学に求めるようになった、という内容でまとめる。

問5　直前の段落に「新しい廉価な〈文化商品〉が次々と現れるようになった。新しい技術によって、レコードやラジオや映画といった、やはり『大量生産工業商品』である〈文化商品〉が二十世紀前半には出回る」とある。このことをふまえて、——部③「小説は……あまたある廉価な〈文化商品〉のうちの一つになってしまった」と述べられている。

問6　直前の段落に「大衆消費社会とは、マスメディアを通じて、……みながほぼ同じ情報を共有せざるをえない社会」とあり、さらに最終段落に「大衆消費社会においては、人はみながどういう本を買っているかを知っている。そして、知っているから、自分もその本を買い、それを知ったほかの人も、さらにその本を買う」とある。このことから「ある時ある本が爆発的に流通する」のである。

問7　「人類が書いた……」で始まる段落で述べられている筆者の考えとして、エが適切。アの「〈流通価値〉の低いものばかりになっている」、イの「解決を図ろうという思いがある」、ウの「〈大学の文学部が縮小される傾向は)世間が〈文化商品〉の価値を認めなくなってきているから」、オの「多くの人が好む一部の本の売れ行きを伸ばさざるを得ない」は、いずれも述べられていない。

二

(小説―情景・心情、内容吟味、文脈把握、脱文・脱語補充)

問1　A　前で「『自炊しなそうだもんね……』」と言われている本木のことを指す語が入ると判断できる。料理などをしていかにも人が暮らしているさまという意味の「生活感」が適切。

B　直前にある「危機感」と同様の意味の語が入ると判断できるので、差し迫った様子を意味する「切迫感」が適切。

C　自分たちがIターンの人たちを追い出してしまったような状況で抱いた感情のことを、直後で「心の狭さや後ろめたさを感じ」と表しているので「罪悪感」が適切。

問2　——部①は、直前で描かれているように、急に仕事を辞めるような相手にも、もったいないからとみかんを持たせるようなことを指すので、アが適切。もったいないからという理由など、直前の内容を説明していない他の選択肢は不適切。

問3　脱落文の内容から、この文の直前で、後から来たIターンの人(＝霧崎)が何かの話をしていることが読み取れる。霧崎が飲み会で「段階についての話」をしていたことが(ウ)前後で描かれている。

問4　憶測ではあるが、霧崎が幻の脚本を持ち逃げして盗作するのではないかということを、朱里たちに話してしまったことで、本木は気まずそうにしているのである。

問5　D　本木の話がよくわからないという衣花の様子を表す。納得がいかないという意味の「怪訝そうに」が適切。

E　直後に「頬を膨らませる」とあり、不平不満を顔に出しているので「不服そうに」が適切。

F　衣花は、霧崎に同情するような本木の言葉に納得いっていないが、「『ふうん』」と相槌を打って返答するのをやめているので、「つまらなそうに」が適切。

問6　――部③前で、衣花は「『……段階段階ごとに、現実がきれいに色分けできるわけないじゃない』」と言っており、それを受けて本木は「『……その一つ一つの段階を飛び越えるのって、相当時間も必要だし、……』」と言っている。いくら分析しても段階分けがうまくできるとは限らず、さらに実際にその段階を飛び越えて人と親しくするには時間をかけないといけない。そのことが霧崎のもつつらさであると読み取れる。

三

(論説文―内容吟味、文脈把握、脱文・脱語補充、漢字の読み書き)

問1　イ　消えてなくなること。「滅」の訓読みは「ほろ(びる)」。

ロ　危険に備えてあらかじめ用心すること。「戒」の訓読みは「いまし(める)」「いまし(め)」。

ハ　物事のおおまかな意味内容。「概」を使った熟語には、他に「概論」などがある。

ニ　療養などのために他の土地に移り住むこと。

ホ　「弄する」は、もてあそぶこと。「弄」を使った熟語には、他に「翻弄」などがある。

問2　「こういうのんきな認識の方式」とは、直前の段落の、子供の「自と他の境目がはっきりしていなくて、人間の感情が無生物の中へ自由に流れ込んで、それを擬人化」する認識のしかたを指している。そのような子供の認識が、詩が生まれるのに「不充分」であるとする理由を考える。――部①の直後の段落の「子供のときの『詩』を天成の詩人の作品と考えるのはすこし無理である。……選択と人工の加わる必要がある」から理由を読み取り、後半部分を中心に「～から。」に続くようにまとめる。

問3　「〝汎詩〟主義」の「汎」は広く全体に渡るという意味だが、「汎」の意味がわからなくても、本文の内容を手がかりにして文脈を正確にたどる。「幼児の〝汎詩〟主義」というのであるから、幼児の詩について述べられている冒頭の二段落に着目する。「子供は何でも自分の仲間のように感じることができるらしく、……大人が、子供は生まれながらの詩人だとおどろくことがすくなくない」、「子供の心には、……自と他の境目がはっきりしていなくて、人間の感情が無生物の中へ自由に流れ込んで、それを擬人化してしまう」とある。自と他の境目がはっきりしていない子供が何でも擬人化して話しかけ、それをすべて詩として受け止めることを、――部②のように述べている。

問4　「やかましい心の介入」で詩が消滅する、という文脈を読み取った後、「やかましい」という語に着目する。直前の段落に「こうしてものの見方がすこしずつやかましくなる」とあり、さらにその前に「幼児の〝汎詩〟主義の時代もやがて理性の発育とともにすこしずつ影がうすくなって、分析の時代に入る」と説明している。ここから、空欄にふさわしい語を抜き出す。

問5　直前の「作者の感情がつよく対象に流入する」に着目する。「対象」を、自分と同様に感情を持つものとして接するということになる。

問6　「俳句」について、最終段落に「心が自然に働きかけるのと同じように、いな、それよりずっと隠微でありながら、持続的に、したがって、より深刻な影響を周囲の万象がわれわれの心に及ぼしているのである。感情が外界に移入するのではなく、客観がわれわれの心の中へ移入する客観移入である……こうして生まれる詩が客観移入の詩歌であり、俳句はその典型だと言うことができる」と述べられている。ここから、筆者が考える「俳句の核心」に当たるものを抜き出す。

問7　「強引な情緒化」とは、無理矢理自分と同じ感情を持つものとする、という意味だとおさえたうえで、同様の内容を具体的に述べられている部分を探す。直前の文に「感情移入によって対象を自己に同化すること」とある。

四

（知識問題―ことわざ・慣用句、同義語・対義語、漢字の読み書き）

問1　①　海に出た後、頼りとする島が見つけられないということから、頼りにしてすがる所がないという意味で用いる。

②　歯が浮くように感じる違和感のように、不快な気持ちを表すときに用いる。

③　よくないことが起きそうな気がするときや、悪い予感がするときに用いる。

④　類義語には「自業自得」「自縄自縛(じじょうじばく)」などがある。

問2　①　「質素」の対義語で、派手でぜいたくという意味の「華美」。

②　「浪費」の対義語で、金や物をむだづかいせず切り詰める意味の「倹約」。

③　「創造」の対義語で、他のものをまねるという意味の「模倣」。

④　「実践」の対義語で、筋道の通った考えという意味の「理論」。

解答

一 問1 A ア B カ C ウ 問2 ウ 問3 エ
問4 知識の網の目 問5 ひとつひと～増します。
問6 (例) 九九を覚えること。 問7 イ 問8 ア
問9 ⑧ エ ⑩ ア 問10 イ
問11 (例) 概念[知識] 問12 無から有は生じません
問13 エ 問14 B

二 問1 a ウ b エ 問2 イ 問3 ア・ウ
問4 エ 問5 (1) A (例) 可能性
B (例) 中学校に進学する (2) 鍛冶の仕事に (3) ア
問6 オ

三 問1 ア 問2 鏡をまぼりて 問3 イ 問4 イ
問5 エ 問6 エ 問7 ウ

四 問1 ① エ ② ア ③ ウ
問2 エ 問3 イ 問4 ア 問5 ウ 問6 イ
問7 ア 問8 ア

配点

一 問5・問6・問11・問14 各3点×4 他 各2点×13
二 問5 各3点×4 他 各2点×7
三 問2・問6 各3点×2 他 各2点×5
四 各2点×10
計100点

解説

一 （論説文―大意・要旨、文脈把握、指示語、接続語、脱文・脱語補充、語句の意味、ことわざ・慣用句）

問1 A 直前の段落に「『いらっしゃいませ』が読めても十分ではありません。……意味がわからなければ日本語を読んだことにはなりません」とあり、直後で「モノがわかるためには、大量の意味記憶が必要です」と説明されているので、説明・言い換えを表す「つまり」が入る。

B 直前に「嫌だけど覚えなければならない。無駄だけど覚えなければならない」とあり、直後では「記憶そのものを排斥することは間違いです」と打ち消しているので、逆接を表す「でも」が入る。

C 直後に「次のような文が……」とあり、具体例が示されているので、例示を表す「たとえば」が入る。

問2 後で「意味ある文字列には見えません」と言い換えているので、「意味がわかるようにはなりません」とするウが適切。

問3 本文初めに「わかるためにはそれなりの基礎的な知識が必要です」とあり、――部②を含む段落では「これだけの知識を集積するのは大変なことなのです。生まれてから、小学校卒業くらいまでかからないと、……」と述べられているので、エが適切。

問4 直前の段落で「自分の心の中に動物の知識の網の目を作っている」ことが述べられており、――部③の少し前にもある「知識の網の目」を言い換えたものが、「自分の頭の中にある辞書」になっ

第1回 第2回 第3回 第4回 第5回 第6回 第7回 第8回 第9回 第10回 解答用紙

ている。

問5　直後に「一日中英語の網の目で暮らしているため、いやでも自分の中に英語の網の目が立ち上がるのです」とある。「網の目」については、直前の段落で「ひとつひとつだと不安定ですが、網の目になると安定度を増します。（31字）」と述べられている。

問6　「試練」については、同じ段落の冒頭に「数学の始めは九九ですす。これを覚えてしまわないことには計算は始まりません」と述べられているので、「九九を覚えること。（9字）」などとする。

問7　「天網恢々疎にして漏らさず」の説明である。直前の「決して獲物を逃すことはない」にあてはまるものとして、イの「悪いことをすると、いつか必ず露見する」が適切。

問8　直後に「まったく何も知識がなければそもそも網の目が出来ていませんから、網にひっかけること自体が出来ません」と述べられている。わからないことが見つかることを「網にひっかかる」と表現している。

問9　⑧「皆目（かいもく）」は、下に打消しの表現を伴って、少しも、まったく、全然、という意味。

⑩「見当（けんとう）」は、だいたいの方向、見込み、という意味。

問10　前に「網の目が違うのです」「こちらは網にひっかかりようもなく、ストンと抜けてゆきます」とあり、直後には「……理解するためにはEがエネルギーを表し、mが質量を表し、cが光速を表す、ということを知らなければなりません。これには科学についての知識の網の目が必要です」と述べられているので、イが適切。

問11　「わかるための素材」については、「$E=mc^2$……」で始まる段落に「エネルギーとはどういう概念なのか、……知っていなければなりません。エネルギーとはどういう概念かがわかっても、……関連する概念の網の目がなければ、こんな公式ひとつをもらってもなんのことだかわからないのです」と述べられているので、「概念」が適切。あるいは、「概念の網の目」のことを「知識の網の目」とも述べられているので、「知識」でもよい。

問12　同様のことは、直前で「（知識の網の目を作るには）無から有は生じません（10字）」と述べられている。

問13　略して「藪から棒」という。「藪から棒」は、いきなり藪の中から長い棒が突き出るように、唐突なことのたとえで、似た意味のことわざは、「寝耳に水」。アはありえないことが起こること、また冗談が思いがけず現実となることのたとえ。ウはもどかしいことのたとえ。イは立て続けに不運に見舞われることのたとえ。

問14　「生徒B」の発言は、本文で「何事であっても、わかるためには、それ相応の知識が要ります。知識の網の目を作らなければなりません」「誰もが長い時間をかけて知識の網の目を作り上げているのです」「知識を集積するのは大変なことなのです。……長い長い時間が必要なのです」と述べられていることと合致する。

二　（小説―大意・要旨、情景・心情、段落・文章構成、脱文・脱語補充、語句の意味）

問1　a「ひとしきり」は、しばらく続く様子のこと。

b「水臭い」は、他人行儀で親しみが薄く、よそよそしいこと。

問2　直前に「もし浩太が金屋子の神様に自分も立派な鍛冶職人になれるように祈っていたとしたら、……彼は聞き入れてくれない気がした。浩太を説得してくれと担任の先生から頼まれ、それを承諾した六郎が浩太に対して説得とはまったく逆の行動をしている」とある。本文の前に「浩太に鍛冶職人になるのを諦めるように説得するようもちかけられ」とあることから、「説得」とは、鍛冶職人になることを諦めるよう浩太を説得することを指すと読み取れる。金屋子の神様にお祈りする浩太の様子を見て、鍛冶職人になることを諦めるよう説得するのは難しいと六郎が感じていることが推察できる。

問3 ——部②の「この指」のことである、直前の「ちいさな指」という表現からは、まだ小さな浩太をいとおしく思う様子がうかがえる。また、直後に「浩太がどんな大人になるのか見てみたい気がする」という心情からは、浩太の未来を思う様子が読み取れるので、アとウが適切。

問4 直前に「玉鋼は鋼の最上のものである。ちいさな砂鉄をひとつひとつ集めて玉鋼は生まれる。親方はちいさなものをおろそかにせずひとつひとつ集めたものが一番強いということを少年の六郎に言って聞かせた。その時は親方の話の意味がよくわからなかった。それが十年、……と続けていくうちに理解できるようになった」とあるので、エが適切。

問5 (1) A ⑬の一つ目のA直後の「選択肢」と並立する語として、「可能性（3字）」などとする。同じ⑬の二つ目のAでは「可能性（を捨ててしまうことになる）」、⑯では「可能性（を広げる）」とつながる。

B ⑬の一つ目のB直後に「切り捨てようとする」「自分にとって意味がないと思っていたこと」とある。本文前のこれまでの経緯の説明に「中学には行かず六郎の仕事を継ぎたいと告げた」とあることから、浩太が「切り捨てようとする」「意味がないと思っていた」にあてはまる内容として、「中学校に進学する（8字）」などとする。

(2) Cの直後にあるように、「鍛冶職人に必要な仕事の姿勢」を指す言葉を探す。「承諾はしたものの、……」で始まる段落以降で、浩太を説得するために「……親方が言ったことと同じ話をしてみよう」と考えており、その六郎の親方の言葉として「『……鍛冶の仕事には何ひとつ無駄なもんはない。とにかく丁寧に仕事をやっていけ』」とある。「何ひとつ無駄なもんはない」という考え方と、進学することを「無駄だと思って切り捨てようとする」ことは相反するということを、⑭では話している。

(3) ——部⑤の前で、「『どんなに大変そうに見えるもんでも、……ひとつひとつ丁寧に集めていけばいつか必ずできるようになる。……』」と将来への助言ともいえるようなことを話す親方（六郎）に、「『ぼくも、ぼくの親方のようにいつかなれるんですね』」「『……ぼくの親方はあなただけです。……』」と言う浩太の言葉から、浩太の六郎に対する深い感謝の念が読み取れるので、アが適切。

問6 本文は、鍛冶職人の「六郎」と、鍛冶職人になりたいという少年「浩太」の間で交わされる会話を中心に、六郎と行動を共にしながら変化していく浩太の心情が描かれているので、「会話文を多用して描き、……」とするオが適切。六郎の変化を説明しているア・イは不適切。ウの「明るい筆致」、エの「幻想的」も不適切。

三 （古文・和歌—大意・要旨、文脈把握、脱文・脱語補充、品詞・用法、文学史）

〈口語訳〉 はし鷹の野守の鏡が欲しいものだ。相手が自分に好意を持っているか持っていないか、それとなく見てみよう

昔、天智天皇とおっしゃる帝が、野に出て鷹狩をなさったときに、御鷹が風に流れていなくなってしまった。昔は、野を守る者があったので、（野守を）お呼びになって、「鷹がいなくなってしまった。必ず探し出しなさい」とおっしゃると、（野守は）かしこまって、「御鷹は、あの丘の松の上の枝に、南を向いて、とまっております」と申したので、（帝は）びっくりされた。「そもそもお前は、地に向かって、頭を地につけて、他を見ることもない。どのようにして、こずえに

いる鷹の居所がわかったのだ」とお尋ねになると、野守の翁は「自分のような身分の低い者は、天皇のお顔を見ることはないのです。野のくぼみにたまる水を鏡として、頭の白さも知り、顔のしわをも数えるものなので、その鏡をじっと見つめて、御鷹の居所もわかったのです」と申したので、その後、野の中にたまる水を「野守の鏡」と言った、と言い伝えたが、「野守の鏡」とは徐国の君主の鏡である。その鏡は、人の心の中を照らす鏡で、すばらしい鏡なので、世の人は一人残らず欲しがった。それで、自分では持ちきれないと思って塚の下に埋めた、とまた人は言う。どれが本当なのだろう。

問1 「野守の鏡」については、本文後半で「その鏡は、人の心のうちを照らせる鏡にて、いみじき鏡なれば」と詳しく書かれている。

問2 この後で「野守のおきな」は、「『しばのうへにたまれる水を、鏡として、……その鏡をまぼりて、御鷹の木居を知れり』」と鷹の居所がわかった理由は「鏡をまぼりて(6字)」であることを話している。

問3 直後の「野守のおきな」の言葉に「『民は、公主におもてをまじふる事なし。……』」とあるので、イが適切。

問4 「かしら」は「頭」と書く。直後の「おもてのしわ(顔のしわ)」とともに挙げていることから、白髪のことをたとえた表現であると考えられる。

問5 助詞の「が」は、その文節が連体修飾語であることを示す意味があり、「の」に置き換えることができるので、「が」が適切。

問6 本文最後に「その鏡は、人の心のうちを照らせる鏡にて、いみじき鏡なれば、よの人、こぞりてほしがりけり。これに、さらに我持ちとげじと思ひて、塚の下にうづみてけりとぞ、またひと申しける」とあることと、エの内容が合致する。

問7 『俊頼髄脳』は、平安時代後期に成立した源俊頼による歌論書。勅撰和歌集とは、天皇の勅命により撰進された和歌集で、『古今和歌集』から『新古今和歌集』までの八つの和歌集を特に「八代集」という。成立は、『古今和歌集』『後撰和歌集』『拾遺和歌集』『後拾遺和歌集』『金葉和歌集』『詞花和歌集』『千載和歌集』『新古今和歌集』の順である。

四

(知識問題―漢字の読み書き、筆順・画数・部首、語句の意味、熟語、敬語・その他、文学史)

問1 ① 尊厳 ア 言及 イ 限度 ウ 幻覚 エ 厳粛
② 更迭 ア 更改 イ 硬質 ウ 公的 エ 高架
③ 不振 ア 審議 イ 侵害 ウ 振興 エ 浸透

問2 「捲土重来」は、一度敗れた者が、いったん引き下がりふたたび勢力を盛り返してくること。

問3 「生き馬の目を抜く」は、抜け目なくすばやく人を出し抜くことのたとえで、油断ができない様子のこと。

問4 ア「複」の部首は「ころもへん」。部首が「しめすへん」の漢字は「福」「祖」など。

問5 ウ「いただく」は「食べる」「飲む」の謙譲語。「先生」の動作に対しては尊敬語「召し上がる」を用いる。

問6 イ『智恵子抄』は、昭和十六年発表の高村光太郎の詩集。ア『若菜集』は、明治三十年発表の島崎藤村の第一詩集。ウ『月に吠える』は、大正六年発表の萩原朔太郎の詩集。エ『春と修羅』は、大正十三年発表の宮沢賢治の詩集。

問7 ア～ウは戯作者(小説家)である。『南総里見八犬伝』は、アの滝沢馬琴によって江戸時代後期に書かれた。イの井原西鶴は江戸時代前期の人で、代表作は『好色一代男』『日本永代蔵』など。ウの十返舎一九は江戸時代中期の人で、代表作は『東海道中膝栗毛』など。エの近松門左衛門は江戸時代前期の浄瑠璃作者で、代表作は『国性爺合戦』『曽根崎心中』など。

問8　『論語』の中で孔子の言葉として「吾十有五にして学に志す。三十にして立つ。四十にして惑はず。五十にして天命を知る。六十にして耳順ふ。七十にして心の欲する所に従へども矩を踰えず。（私は十五歳で学問に志した。三十歳で基礎ができて自立できるようになった。四十歳で心に迷うことがなくなった。五十歳で天の使命を自覚できた。六十歳では人の言うことが素直に理解できるようになった。七十歳になると自分の行動は人の道を外れることはなくなった。）」とあることから、「十五歳」を表す言葉として、アが適当。

解答

一 問1 Ⓐ オ Ⓑ イ 問2 Ⅰ オ Ⅱ ア
Ⅲ ウ 問3 イ 問4 半注意の状態で見ている(11字)
問5 ㋺・㋩・㊁ 問6 エ 問7 自然を観察
問8 ウ 問9 ウ・カ

二 問1 ① 渇望 ② 虐 ③ 過 ④ 牙 ⑤ 陥
問2 3 問3 ア 3 イ 4 ウ 1 問4 2
問5 1 問6 一体感 問7 4 問8 2
問9 3 問10 4 問11 1 問12 3
問13 1 問14 4 問15 2 問16 1

三 問1 a ア b イ c ア 問2 ① きわ
② まいりたまい 問3 (例) 成範卿が「や」を「ぞ」に変えて女房に返事をしたということ。(29字) 問4 ウ

四 ① オ ② ア ③ エ ④ イ ⑤ ケ

配点
一 問4・問7 各3点×2 問9 4点(完答)
他 各2点×11
二 問6・問7・問15 各3点×3 他 各2点×19
三 問3 4点 他 各2点×6
四 各1点×5
計100点

解説

一 (随筆―大意・要旨、内容吟味、文脈把握、接続語、語句の意味、文学史)

問1 Ⓐ 直前の「九時半ごろというのが気に入らない。きちんと九時半と時刻をきめて約束しなければいけない」という筆者の言葉から、オが適切。「コゴト(小言)」とは、細かいことを取り立てて叱ること。

Ⓑ 直後の「早くなんとか相手を見つけてくれないものかなアと心配」する様子から、イが適切。「やきもき」とは、気をもんでいらだつさま。

問2 Ⅰ 「私は待つのもいやだし、待たせるのもいやだ」という前から当然予想される内容が、後に「きちんと九時なら九時、……きめて約束する」と続いているので、順接の意味を表す「したがって」が入る。

Ⅱ 前の「アイマイないいかたもまた必要」な例が、後で『うちの娘ももう年ごろを過ぎてしまったので……』……これははっきりしないほうがいい」と挙げられているので、例示の意味を表す「たとえば」が入る。

Ⅲ 直前の「舟はたしかに五艘あったとかぞえることができた」という内容に対して、後で『舟が四五艘砂浜にひきあげられていた』と書くよりしかたがない」と相反する内容が述べられているので、逆接の意味を表す「しかし」が入る。

問3 イ以外はいずれも松尾芭蕉の句であり、そのうちア・ウ・オ

は『おくのほそ道』の中で詠まれた句である。

問4 「ソフトフォーカス」は、焦点をぼかしてやわらかい印象にすることである。――部②は、「牡丹の大きな花びらがはらりと散ってかさなった状景をよんでいる」部分について、牡丹の花びらに焦点をあて、その周辺は軽くぼかして見る様子を表している。蕪村の句を例に挙げたあと、本文後半でさらに筆者自身の体験談によって説明がされており、「このときの……」で始まる段落で、同様の表現として「半注意の状態で見ている(11字)」と述べられている。

問5 ――部③の「九時三十五分にお会いしましょう」は、「九時半ごろ」とするより客観的な正確さを大事にする「精神のありかた」である。㋺の「幾歳幾月と正確な年齢などをいう」は、正確さを大事にしていることが表れている。また、㋩の「時間のきざみめとしての時刻」も、「数学的な考えにつながる」ものであり、機械的な時間の正確さが表れている。㊁も正確に数を数えている。

問6 「主観的な内実」は自分の感覚によって得られたもので、「共通化しようとする」は他者に理解してもらえるようにすることなので、エが適切。

問7 ――部⑤「五艘と数を正確に書くと私の主観的なものが逃げてしまう」の「主観的なもの」は、「私」が感じている特別な感情を意味している。同様のことは、これより前の、「自然を観察するばあい……」で始まる段落に「自然を観察するばあい数をかぞえるような見かたをすると風趣が消えてしまう(35字)」と述べられている。

問8 同じ段落で「ほとんど意識していないが、見る対象を選択して見ている。では選択にもれた対象は見ていないのかというと、そうではない。はっきり注意していないだけで、見てはいるのである。……この部分が周囲に残像として記憶されるからかんじんの焦点が注意の対象として明確化するのである」と説明されている。このことによって、牡丹の花自体が濃く、花の周辺が薄い絵として浮かんでくるということなので、ウが適切。

問9 「自然を観察するばあい……」で始まる段落の、「牡丹の花びらを焦点として、……二三片とアイマイないいかたをすることが必要不可欠な条件なのである」という内容とウが合致する。最終段落の「そういう選択」は、「時刻を指定する……」で始まる段落で挙げられている「数学的な考え」と「芸術的な認識」のどちらかの選択を意味しており、この内容を述べているカも合致する。アの「漠然としたいいかた」は、「何時ごろ……」で始まる段落で「つかいかたによっては妥当かつ的確なのである」と述べられているが、「実にお薦めな言葉である」とは述べられていない。イの「蕪村の『牡丹散て』の句」は、「数をかぞえるような見かたをすると風趣が消えてしまう」ことの例として挙げられているので、合致しない。日本海がわの入江での風景について、筆者は「舟はたしかに五艘あったと数えることができた」と述べられているので、エも合致しない。また、見る対象の周囲の物について、「このときの……」で始まる段落で「はっきり注意していないだけで、見てはいるのである」と述べられているので、オも合致しない。

二

(論説文―内容吟味、文脈把握、接続語、脱文・脱語補充、漢字の読み書き、ことわざ・慣用句)

問1 ① 「渇望」とは、心から願望すること。「渇」の訓読みは「かわ(く)」。

② 「虐げる」とは、むごい扱いをするという意味。「虐」の音読みは「ギャク」。熟語は「残虐」「暴虐」など。

③ 「過」の音読みは「カ」。熟語は「過失」「過料」など。

④ 「牙」の音読みは「ガ」「ゲ」。熟語は「歯牙」「象牙」など。

⑤　「陥」の音読みは「カン」。熟語は「陥没」「陥落」など。

問2　「眉を顰める」とは、他人の行為に対して不快感を示すという意味。

問3　ア　直前で「変化するのはありうるだろう」と認めているが、直後に「変化には理由がある。私はそこが気になるとある。前の事柄を肯定しながら予想と反する内容が続いているので、「でも」が入る。

イ　直前の「日常が孤独」が、直後で「居場所がない」と言い換えられているので、「つまり」が入る。

ウ　直前の「所属する場はあっても、……疎外感を常日頃からどこかに抱えている」という内容を理由とした結果が、直後「非日常の場で、日常とはまったく違う人とのつながりを求めたくなる」と続いているので、「だから」が入る。

問4　「過不足なく自分が収まっていると思えない」状態について、直後の一文で具体的に列挙されている。それらを「疎外感を常日頃からどこかに抱えている」とまとめているので、2が適切。

問5　「無礼講」とは、身分など関係の上下を抜きにした宴のことであり、相手と対等な立場での関係にあることを「水平のつながり」と表している。ここでは、「力関係や利害関係」を抜きにして、人とつながり、ありのままの自分を出せる関係のことを言っている。

問6　デモや大相撲の応援などに参加してつながりを求めるのは、「ひとことで……」で始まる段落にあるように、「一体感に飢え」「疎外感を……抱えている」からである。そのような集まりに加わることによって得られるものが——部Dという文脈なので、それを言い換えた語としては「一体感」が適切。

問7　ここでの「暴力」はヘイトスピーチによる言葉の暴力を指し、それによって「精神に重傷を負わされた人たち」を「当事者同士」と表現している。「存在の根源を肯定し合える共感」とは、負った傷を互いが理解し、苦しみや痛みを共感できるということであるから、4が適切。

問8　直前に「つまり」とあるので、そのさらに前の「孤独を癒す居場所」を言い換えた内容が入る。デモに行く人が「まわりに同調しなくても理解し合える」という思いを抱いたり、ヘイトスピーチに対するカウンター行動に参加する人が「存在の根源を肯定し合える共感」を得たりしているように、安心感や共同性の感覚を求めているのである。

問9　——部Gの「そこ」は、共同性を感じられる「日常」を指す。「非日常の場に何度も参加するうち」「非日常から次第に日常へと変わっていく」ことで、次第に孤独ではなくなり、居場所としてしっくりくるようになるのである。

問10　直前の段落で述べられているように、「分かち合う言葉」によって苦しみや傷などの「負の感情を共有することで中和する」ことを繰り返した結果、その役割は果たされなくなってしまう。そのため、「共同体の物語は、排除の言葉として機能し出す」のである。

問11　「つながりの喜び」とは「共同性」のことで、「そこに所属しているという意識」のことである。一方、「裏切り者の排除」とは「排他性」のことで、「そこを自分が所有しているという意識」のことである。

問12　直後に「所属意識がその人のアイデンティティに深く根を下ろし、共同体の物語に……乗っ取られてしまうと、人はその物語に依存するしかなくなる」とある。獲得した「自分を偽らずにいられる居場所」が暴走を始めると「物語の解釈がどんどん変わって、厳しい資格審査」をするようになるので、その場に所属するために、物語に合わせて自分を偽るようになる。

問13 「共同性」が生み出す物語は、「言語化できない経験を言葉にし」、分かち合うものであり、それによって生じた「所属意識」はその人の「アイデンティティ」に深く根を下ろしている。「フィクション」とは、創作という意味で、言葉は実体をもたないのに「私たちはそのフィクションなしでは、生きられない」、つまり、その物語に依存するしかないので、1が適切。

問14 「語り続けられていくうちに」「耳当たりのよいように変容」し、「既成の物語と似てくる」という、実質的な部分をはなれた表面的な変化をすることをおさえる。「公の物語として排他性を発揮」し始めると、同様に表面的な次元で「規則を強要して取り締まる」ような状態になる、ということである。

問15 「私の考えでは、……」で始まる段落から、——部Oを含む段落までの内容に着目する。文学とは「言葉にならないことを言葉だけで表現するメディア」で、「使いすぎて定型化し空虚になった言語を更新し、新たな意味を発生させる」ものである。言葉で物語化し、共同性を批判する点を「たえず見直していく力の働きにも見出すことができる」とする2が適切。

問16 「日本の文学の多くの書き手たち」は「戦争を賛美する作家」と同じ精神性を持っており、「自分の物語を公のものに変え、世のより大きな公の物語の排他性に、加担してしまう」傾向があることをおさえる。日本の文学は、「他人の声なき声を聞くことは苦手である」という特徴があり、「自分の声」と「自分の声の物語を聞いてもらえる場」であることを重視している。

三

（古文―内容吟味、文脈把握、仮名遣い、口語訳）

〈口語訳〉 成範卿は、反逆の罪で地方に流されたが（許されて）京に戻ってきて、宮中に参内なさったところ、昔は、女房の部屋に立ち入ることが許された者だったが、今はそうではなかったので、女房の中から（ある女房が）、昔を思い出して、

宮中は昔と変わりませんが（あなたは今ではこの御簾の内側に入れません）、以前あなたが見たこの御簾の内側が懐かしいですか

と詠んできたので、（成範卿は）返事をしようと思って、灯籠の側に寄ったときに、小松大臣が参内なさったので、急いで立ち退こうとして、灯籠の火の、中にあるものをかき出す棒の端で、「や」の文字を消して、その横に「ぞ」の文字を書いて、御簾の中にさし入れて、出て行かれた。

女房が、取って見ると、（成範卿が）「ぞ」の文字一つで返歌をなされていたのは、まれにみる素晴らしさだった。

問1 a 「成範卿」が、今はそう（＝女房の部屋に立ち入ることが許された者）ではなかったということ。

b 「女房」が、昔（＝成範卿が部屋に入ることができたこと）を思い出してということ。

c 「成範卿」が、部屋から出て行かれたということ。

問2 歴史的仮名遣いの語頭以外の「は行」は現代仮名遣いでは「わ行」、「ゐ」は「い」と読むので、——部①は「きわ」、②は「まいりたまい」となる。

問3 ——部③は、急いで去ろうとする成範卿が、女房からの歌の「うちや恋しき（内側が懐かしいですか）」を「うちぞ恋しき（内側が懐かしいですよ）」に変えて女房に返事をしたということである。字数が限られているので、「成範卿が『や』を『ぞ』に変えて女房に返事をしたということ。」というような形で端的に説明する。

問4 ——部④は「有り難し」と書き、めったにないほど素晴らしい、すぐれているという意味なので、ウが適切。現代語の意味とは異なるので注意。

第1回 第2回 第3回 第4回 第5回 第6回 第7回 第8回 第9回 第10回 解答用紙

四

（知識問題―品詞・用法）

① 「ある」は、直後の名詞（体言）「日」を修飾する、活用のない自立語なので「連体詞」。

② 文末の「ある」は、「ら／り／る／る／れ／れ」と活用する、五段活用の「動詞」の終止形。

③ 「羅生門」は、門の固有の名称を表す「名詞」。

④ 「広い」は、終止形が「い」の音で終わるので「形容詞」で、「かろ／かっ・く／い／い／けれ」と活用するので連体形。形容詞に命令形はない。

⑤ 「に」は、直前の自立語「ほか」に付属する付属語で、活用しないので「助詞」。

解答

一
問1 ① イ ② エ
問2 a ウ b イ c ア
問3 ウ 問4 イ 問5 ア 問6 エ
問7 ア 問8 イ 問9 ウ 問10 ア

二
問1 1 イ 2 エ 3 ウ 問2 ウ
問3 エ 問4 ウ 問5 ア 問6 ウ
問7 イ 問8 エ 問9 ウ

三
問1 2 問2 3 問3 3・4 問4 1
問5 3 問6 2 問7 3 問8 2 問9 4
問10 3 問11 1 問12 4 問13 2

四
問1 エ 問2 イ 問3 ウ
問4 ① 背後 ② 泰然 ③ 様相 ④ 面持
⑤ おごそ ⑥ けんお

配点
一 問5・問9・問10 各3点×3 他 各2点×10
二 問7・問8 各3点×2 他 各2点×9
三 問13 3点 他 各2点×13
四 各2点×9
計100点

解説

一 (論説文—大意・要旨、内容吟味、文脈把握、脱文・脱語補充、漢字の読み書き、語句の意味)

問1 ① 装着 ア 壮絶 イ 装置 ウ 別荘 エ 情操
② 講じ ア 虚構 イ 新興 ウ 考案 エ 講演会

問2 a 「不毛」は、土地がやせていて作物が実らないという意味から、何も得るところがないこと。
b 「変哲もない」は、ありふれている、取り立てて言うほどのこともない、という意味。
c 「高踏」は、世俗を離れて自分を気高く保ち理想を追求する、という意味。

問3 「これは……」で始まる段落に「現在の住まいにあるものを最小限に絞って、不要なものを処分しきれば、住空間は、確実に快適になる」とあり、このことを根拠に「予想外に美しい空間が出現する」とつながるので、【ウ】に入る。

問4 直後に「世界第二位であったGDPを、目に見えない誇りとして頭の中にソウチャクしてしまった結果か、あるいは、戦後の物資の乏しい時代に経験したものへの渇望がどこかで幸福を測る感覚の目盛りを狂わせてしまったのかもしれない。……だから、いつの間にか日本人はものを過剰に買い込み、その異常なる量に鈍感になってしまった」と説明されているので、これらの内容と合致するイが適切。
問5　「ものを捨てるのは……」で始まる段落で、「『もったいない』をより前向きに発展させる意味で『捨てる』ことで、「簡潔さを背景にものの素敵さを日常空間の中で開花させることのできる繊細な感受性をたずさえた国の人に立ち返らなくてはいけない」と述べられている。
問6　後で「もったいないのは、捨てることではなく、廃棄を運命づけられた不毛なる生産が意図され、次々と実行に移されることではないか」と述べられている。廃棄を前提に大量に生産されることを筆者は「もったいない」と考えているので、エの例が適切。
問7　直前に「企業の」とある。「企業」の「大量生産・大量消費を加速」という状況を表現した言葉としては、自分本位であるという意味の「エゴイスティック(利己的)」が適切。
問8　直前の段落に「漆器が艶やかな漆黒をたたえて……いたとしても、……ものが溢れかえっているダイニングではその風情を味わうことは難しい」とあり、――部Eの直後には「ものを用いる時に、そこに潜在する美を発揮させられる空間や背景がわずかにあるだけで、暮らしの喜びは必ず生まれてくる」と述べられている。
問9　「豊かさ」については、「良質な……」で始まる段落に「良質な旅館に泊まると、感受性の感度が数ランク上がったように感じる。それは空間への気配りが行き届いているために安心して身も心も解放できるからである」とあり、さらにその次の段落で「これは一般の住まいにも当てはまる」と述べられている。――部Fの直前の段落には「簡潔さを背景にものの素敵さを日常空間の中で開花させることのできる繊細な感受性をたずさえた国の人に立ち返らなくてはいけない」とあるので、これらの内容と合致するウが適切。

問10　「ものを捨てるのは……」で始まる段落に「どうでもいい家財道具を世界一たくさん所有している国の人から脱皮して、簡潔さを背景にものの素敵さを日常空間の中で開花させることのできる繊細な感受性をたずさえた国の人に立ち返らなくてはいけない」と述べられていることとアが合致する。

二

(小説―主題・表題、大意・要旨、情景・心情、内容吟味、文脈把握、語句の意味、文学史)

問1　1　「天佑(天祐)」は天の助けという意味なのでイが適切。
2　なんとなく良くないことが起こりそうだと感じることなのでエが適切。
3　悪化の方向から安定した状態に落ち着く様子という意味なのでウが適切。
問2　主人が安井に自分のことを話していないか聞いてみたくてたまらなかったが、「こんな冗談交り……」で始まる場面で描かれているように、自分の弱点を自白する勇気も必要も認めなかったため、宗助は――部Aのようになっているのである。
問3　――部Bの「話」とは、蛙の夫婦は通りがかりの人間に石を投げられて殺されてしまうが、そういう心配がなく二十年も三十年も長くいられる人間の夫婦はめでたいというものである。
問4　直後で、主人の家で知ろうと思っていたことは何も知ることができず、このような不安はこれから先何度も天が繰り返させ、自分は逃げて回ることになるという宗助の心情が描かれている。
問5　前で、御米は、今回は淘汰されなかったものの、「『今度は己の番かもしれない』」という宗助の言葉を、「冗談とも聞き、又本気とも聞いた」とある。宗助の将来がその言葉通りになるか判断できない御米と、宗助自身も同じような気持ちであるということなので、「判断しかねている」と説明しているアが適切。

問6　――部Eは、ようやく春らしくなって心が晴れやかになっている御米に対する宗助の言葉である。晴れやかな春の描写のあとに寒く厳しい「冬」になることを話しているのは、春が来て小康でありつつも、不安なことがこれからも起こる予感がしている宗助の心情が表れているである。

問7　「金魚」「蛙」「頭つきの魚」は、水棲生物としての共通点はあるが、文章に「ぬめりを帯び」させるための比喩として用いられているのではないので、アは不適切。主人は「……話を持って行った」うえに「話を……いくらでも続ける」など社交になれた様子が描かれており、宗助はそんな主人と自分を比べて「主人の様に太平楽には行かなかった」と思っているので、イは適切。「頭を破られる恐れ」は、蛙の夫婦を例として人間の夫婦が長く一緒にいられるありがたさを話しているだけであり、「彼の頭を掠めんとした雨雲」も、結局は宗助の頭に触れずに過ぎたと描かれているので、ウの「悲劇が起こることの必然性が語られる」は不適切。「梅」は早春に咲き、梅が「散りかけた」後で「漸く春らしくなった」ことが描かれているので、エも不適切。

問8　本文と設問の会話から、宗助は安井に何らかの後ろめたさを抱いており、安井と関係のありそうな主人に安井のことを聞いてみたいと思いながらも、自分のことを話す勇気も必要も認めなかったことで、こうした不安はこれからも繰り返されることを宗助が予感していることが読み取れる。安井に対する後ろめたさが、小六や御米との関係にも影響していることから、エが適切。

問9　夏目漱石の作品はウで、『三四郎』『それから』『門』は夏目漱石の前期の三部作といわれる。他の作者は、アは谷崎潤一郎、イは島崎藤村、エは芥川龍之介、オは菊池寛、カは樋口一葉、キは志賀直哉。問8のそれぞれ生徒の名前がヒントになっている。

三 （詩と鑑賞文―大意・要旨、内容吟味、文脈把握、指示語、漢字の読み書き、語句の意味、品詞・用法、表現技法）

問1　A　午睡　1　垂範　2　睡魔　3　炊事　4　水郷

問2　B　災い　1　被害　2　危険　3　災厄　4　多忙

問3　戸をたたく音を二回くり返して表現しているので、実際の物音を表す3と語句をくり返す4が適切。1は人間ではないものを人間に見立てて表現する技法、2は「～ような」などを用いてたとえる技法、5は「～ような」などを用いずに他のものにたとえる技法、6は主語と述語を入れかえるなど文を普通の順序とは逆にする技法。

問4　「積もれり」の「り」は「～ている」という意味の存続の助動詞なので、1が適切。

問5　解説文の「浦島太郎の……」で始まる段落で、「(この詩の主人公は)二階の窓から故郷のほうに向かって、革命の狼煙ならぬ立身の狼煙をあげている」と説明しているので、3が適切。「立身」とは、世の中に認められて地位を得ること。

問6　④は「目覚ましい」と書き、目が覚めるほどすばらしい、驚くほど立派であるという意味である。

問7　「文語」は、現在私たちが使っている「口語」に対し、平安時代の言語を基礎にした言葉のこと。3の「もゆる(燃ゆる)」は文語で、口語では「もえる(燃える)」である。

問8　「そんなこと」は、直前の「寓話的な詩ながら書き手の今の心境を語ってもいる」、「自分の思いを託すのに、時代もの風な舞台を借りてくるというアイディア」を指している。さらに――部⑥の直後の段落で、作家修行中の身である作者が、故郷の母が送ってくれた荷物に感謝していることを解説していることから、2が適切。

問9　――部⑦は、「玉手箱」と対するもので、故郷から届いた「箱」のことであり、詩では第4連で初めて登場する。1・3・6連の「箱(手箱)」は「玉手箱」である。

問10　直前にある、「脱落寸前のはじっこにいる」日本語を拾い上げるという「使命」なので、3が適切。

問11　――部⑨と1は断定の助動詞。2は動詞「でる」の未然形、3と4は格助詞。

問12　直前で述べられている「ふだんの粗い言い方」を、詩を読み書くことで直したり整えたりしていくことである。

問13　解説文で、「玉手箱」の詩は時代もの風な舞台を借りて「浦島太郎のお話を下敷きにしている」と述べられているので、「浦島太郎とは無関係な表現だ」とあるアは合致しない。イは「この……」で始まる段落で述べられている内容と合致する。解説文の作者に「文化の伝承」の話をしたのは中学の先生であり、その先生に言われたように、雛人形を飾るなどできることをしている様子が述べられているので、ウは合致しない。アは×、イは○、ウは×となるので、2が適切。

四

(知識問題―漢字の読み書き、ことわざ・慣用句、品詞・用法)

問1　アの「懐古」は「回顧」、イの「感賞」は「鑑賞」、ウの「境隅」は「境遇」が正しい。

問2　イの「棚からぼたもち」は、思いがけず幸運を得るという意味。何もしないではよい結果を得られないという意味の「まかぬ種は生えぬ」が反対の意味になっている。

問3　ウの「降ろす」は、「～を」のついた目的語をともなうので他動詞。他はすべて自動詞。

問4　①　背中のほう。「背」の訓読みは「せ」「せ(い)」「そむ(く)」。

②　「泰然自若(たいぜんじじゃく)」は、落ち着いていて物事に動じない様子。

③　物事の様子。「相」の音読みは他に「ショウ」で、熟語は「首相」「相伴」など。

④　気持ちが表れている顔つき。「面」の訓読みは他に「おもて」「つら」。

⑤　訓読みは他に「きび(しい)」。音読みは「ゲン」「ゴン」で、熟語は「威厳」「荘厳」など。

⑥　ひどくきらうこと。「悪」を「オ」と読む熟語は他に「悪寒」「憎悪」など。

解答

一 問1 ㋐③ ㋑② ㋒④ ㋓① ㋔⑤
問2 ② 問3 ④ 問4 ③
問5 ④ 問6 ① 問7 ⑤

二 問1 ①ア ②イ ③エ
問2 a イ b ア 問3 エ 問4 ウ 問5 イ
問6 エ 問7 イ 問8 ウ 問9 エ 問10 ア

三 問1 A こずえ B おもうよう
問2 (例) 気の毒な様子だなあ。 問3 ① 問4 ③

四 問1 ①オ ②ウ
問2 ①態・然 ②順・満
問3 イ 問4 エ 問5 イ
問6 ①ア ②絶・滅・雪 問7 エ

配点

一 問1 各2点×5 問3・問4 各4点×2
他 各3点×4

二 問1・問2 各2点×5
問5・問10 各4点×2 他 各3点×6

三 問1 各2点×2 問2 4点 他 各3点×2

四 各2点×10(問2・問6②各完答)

計100点

解説

一 (論説文―大意・要旨、内容吟味、文脈把握、脱文・脱語補充、漢字の読み書き)

問1 ㋐ 掲載 ①採用 ②栽培 ③搭載、④開催 ⑤裁判員
㋑ 感興 ①交響曲 ②不興 ③驚嘆 ④恐竜 ⑤恭順
㋒ 無常 ①情報 ②罪状 ③洗浄 ④常備 ⑤禅定
㋓ 虚心 ①虚無感 ②巨額 ③拒絶 ④去来 ⑤特許
㋔ 座談 ①弾丸 ②階段 ③遮断機 ④団欒 ⑤談合

問2 筆者の心情は、「だが、……」で始まる段落で「私が感じたショックのなかには、恐怖や怒りや悲しみや混乱と共に、説明し難い未知の感覚が含まれていた。今から考えるとそれは殆ど喜びに近いものだったと思う。……自分はそれを望んでいたのではないか。〈私〉の核にあるものが歌を通じて否応なく明らかになり、それによって未知の誰かの強い反応を……引き出すことを」と述べられている。

問3 直前に「歌人論でありながらこの文章には引用歌が一首もない」とあることに着目する。歌の引用がない「歌人論」は一般的には考えられず、自分は「歌人」として認められていない、人間

第1回 第2回 第3回 第4回 第5回 第6回 第7回 第8回 第9回 第10回 解答用紙

として否定されたように筆者が感じていることが読み取れる。

問4　直後の、「百済」と「インカ」を入れ替えても全く問題なく一首が成立してしまうという意見を受け、「作者である私のなかで『百済』も『インカ』も全く同じようなものでしかなかったということである」と理由が加えられ、さらにその後で「歌には全く誤魔化しようがなく〈私〉が現れるということを改めて知らされた」と筆者の考えが述べられているので、③が適切。「生に根ざしたもの（＝言葉）」は、本文冒頭からの批評のなかの「具体的な物質感と生活感……もののあわれや無ジョウ観を根っこにしたところの死生観」という、筆者の歌に欠如していると評された言葉を、端的に表したものである。

問5　直前で被爆国の日本人であれば外来語で「アトミック・ボム」とは言わないのではないかという趣旨の批判を受け、「この歌は外国人観光客が原爆資料館を見て驚いて詠んだ歌と変わらないということだろう。……それは作者である私の原爆に対するスタンスが、外国人観光客と大差ないものだったということに尽きる」と述べられているので、「……当事者意識を欠いた〈私〉が露見してしまった」とする④が適切。

問6　筆者の考えは、これより前の段落で「歌に関してはひとりひとりが自分の進める方向に〈踏み込む〉ことしかできないというのが私の実感である。そして自らの〈踏み込み〉の意味は、どのような作者にとっても自分ひとりでは把握しきれないものなのではないか」「だからこそ作歌を通じて明らかになる未知の〈私〉が、読みによって他者の〈私〉を潜るという双方向のコミュニケーションが意味を持つのだろう。……それによって結果的に未知の〈私〉が照らし出されるのは、こわいがやはりいいことだと思う」と述べられている。

問7　空欄Bについて、後で「何か危険な矛盾のようなものを思った」と説明が加えられている。このことを言い換えた表現としては、「ひやりとするものを感じた」とある⑤が適切。納得しながらもかすかな危険を感じている様子なので、強い動揺や感情を表す①・②・③・④はあてはまらない。

二

（小説―情景・心情、内容吟味、文脈把握、脱文・脱語補充、漢字の読み書き、語句の意味）

問1　①　到底　ア　根底　イ　平身低頭　ウ　大抵
エ　提携
②　生地　ア　転記　イ　生糸　ウ　基調
エ　皆既月食
③　無我夢中　ア　濃霧　イ　有無　ウ　責務
エ　夢想

問2　a　「いなす」は、相手の追及などを軽くあしらう、という意味なのでイが適切。
b　最後まで、徹底的に、という意味なのでアが適切。

問3　Ⅰは、直後の「あんなサークル、たかが学生の集まりだ。……」という気持ちにあてはまる表現として、強い決意を表す「きっと」が適切。Ⅱは、直前の「ふと思い出して、母が料理書を並べている本棚をのぞき込む」から、しまわれたあとすっかり忘れられていた本であることが読み取れるので、古くなって形が崩れた様子を表す「よれよれ」が適切。Ⅲは、有紀が「ブラスバンド部に入部し、……トロンボーンを抱えている」姿のことを彩子が思い返しているので、好きなことを自由にやっている様子を表す「のびのびと」が適切。Ⅳは、本文の前書きに「彩子は……両親と不仲になっていた」とあることから、母がためらいながらおそるおそる手を伸ばした様子を表す「おずおずと」が適切。

問4　直前にあるように「かつてのダイアナは……うきうきした楽しい気持ちで暮らしていた」ので、これと対義になるものが入る。
問5　前に「『ママ、どうしたの』」「『待ってて。何か軽いものを作るわ』」とあり、彩子が体調の悪い母のために作ろうとしていることが読み取れる。
問6　直後に「『ありがとう。とてもよく出来ているわ。……よかった』」とあることから、自分を気遣う彩子の行動に心から感謝する母の様子が読み取れる。
問7　直前に「どれだけ心配をかけたか」とあり、直後には「庭仕事と家事で荒れた、それでも柔らかくて頼れる、母の手」とあることから、母に心配をかけてきたことに対する申し訳なさと、自分を育ててくれたことに対する感謝が読み取れる。
問8　直後に「彩子は主張した。はっとりけいいちとダイアナを会わせるきっかけを作るべきだ、と。根負けした父は、彩子の手紙をあくまでも匿名のファンレターとして、はっとりけいいちに渡すことを約束した」とある。語注にあるように、「はっとりけいいち」は「ダイアナの父親」であり、ダイアナとはっとりけいいちを会わせるためには彩子の父の力が必要だった、ということが読み取れる。さらに「はっとりけいいちが彼女の職場を訪れることを今何よりも強く願っている」とあるので、ウが適切。
問9　前に「『ホットビスケット焼いたの。パパも食べるでしょ』」「自分の足で立とうとしている自分に気づいて欲しい、と祈るような思いだった」とあり、父が「にっこり」したことから、そんな彩子の気持ちを受け入れている様子が読み取れる。また「手を洗ってくるよ」は、彩子の焼いたホットビスケットを食べるための行動なので、エが適切。
問10　本文中において「——(ダッシュ)」が三箇所で使用されており、直後に、説明や引用などがあるので、アが適切。イは「時間の流れに従って」、ウは「臨場感を伴って主人公の経験が描かれている」、エは「すべて直接話法で書かれている」という部分が合致しない。

三

（古文—文脈把握、脱文・脱語補充、仮名遣い、口語訳）

〈口語訳〉　ある川のほとりに、蟻が遊んでいた。急に水かさが増して、その蟻をさらって流れた。（蟻が）浮いたり沈んだりしているところに、鳩が木の枝からこれを見て、

「気の毒な様子だなあ」

と枝をちょっと食い切って河の中に落としたので、蟻はこれに乗って水際に上がった。このようなときに、ある人が竿の先にとりもちをつけて、その鳩をとらえようとした。蟻が心に思うことには、

「ただ今の恩を返したい」

と思って、その人の足にしっかりと食いついたので、（人は）おびえあがって、竿をどこかに投げ捨てた。その人にはことの成り行きがわかるだろうか、いやわからない。しかし、鳩はこの事情を知っていて、どこへともなく飛び去った。

問1　A　歴史的仮名遣いの「ゑ・ゐ」は、現代仮名遣いでは「え・い」になる。
B　歴史的仮名遣いで語頭以外の「は行」は「わ行」、「ア段＋う」は「オ段＋う」になる。
問2　「（川に流された蟻が）浮いたり沈んだりしている」のを見て鳩が思ったことなので、ここでの「あはれなる」は、気の毒な、という意味を表す。
問3　川に流されてしまった蟻を、鳩が枝を落とすことで助けている。助けられた蟻は、人にとらえられそうな鳩を見て、今こそ鳩に助けてもらった恩を返そう、と思ったのである。

問4　──部イの「色」は、成り行き、事情、という意味。係助詞「や」と文末の連体形「知る」が係り結びになっており、「～だろうか、いや～ない」という反語の意味になるので、3が適切。

四

(知識問題―脱文・脱語補充、語句の意味、熟語、ことわざ・慣用句、文と文節、品詞・用法、文学史、古文、漢文)

問1　①　順に、「うごうのしゅう」、「ばきゃくをあらわす」、「うのめたかのめ」、「とらのおをふむ」、「さばをよむ」と読む。

②　「烏合の衆」は、規律も統一もない烏(からす)の群れにたとえている。「馬脚を露す」は、芝居の馬の脚を演じる役者が、うっかり自分の足を見せてしまうことから。「鵜の目鷹の目」は、警戒心の強い鵜や鷹が、魚などの獲物を探すときの鋭い目つきにたとえている。「虎の尾を踏む」は、強暴な虎の尾を踏むことから。「鯖を読む」は、魚市場などで魚の数を数えるとき、傷みやすい鯖は早口で数えるため、数え直すと実数とは違うことが多かったことから、という説がある。

問2　①　「きゅうたいいぜん」と読む。

②　「じゅんぷうまんぱん」と読む。

問3　「さらに」は用言を修飾する副詞で、ここでは、より程度が高まるという意味なので、イを修飾している。

問4　エは、自立語で活用がなく、「ところ」という体言を修飾しているので、連体詞。他は、自立語で活用があり、言い切りの形が「ある」となるので、動詞。

問5　イの『雪国』の作者は川端康成なので、正しくない。

問6　①　一句が五字なので「五言」。四句で構成されているので「絶句」。

②　一句、二句、四句の最後の文字が、それぞれ「絶(ぜつ)」「滅(めつ)」「雪(せつ)」で韻を踏んでいる。

問7　口語訳は「和歌というものは、人の心(の動き)を種として、さまざまな言の葉となったものである。この世に生きている人は、かかわるできごとやすることがたくさんあるので、心に思うことを、見るものや、聞くものにたくして、言葉に表しているのである。」となる。「やまとうた(大和歌)」は日本固有の歌のことで、漢詩である「からうた(唐歌)」に対して「和歌」という。アは和歌に詠みこまれる名所や旧跡などのこと。ウは一つの言葉に二つの意味をもたせるもの。オは天と地のこと。

第1回 第2回 第3回 第4回 第5回 第6回 第7回 第8回 第9回 第10回 解答用紙

解答

一 問1 A 説明し〜わせる［仲間う〜大きい］
B 可能な〜ョン力［可能な〜ション］ 問2 ア
問3 ウ 問4 あうん 問5 日本は〜いった
問6 エ 問7 ウ 問8 C

二 問1 1 おたねおばあさま 2 友兄さん［友之助］
3 幾ちゃん 4 文子（さん） 問2 ④
問3 ①・⑤ 問4 （例） 玉子が自分の弟そっくりに成長したことを嬉しく思ったから。（28字）
問5 ③・⑤ 問6 ⑤ 問7 ①・②・④

三 問1 ① ウ ② イ 問2 オ 問3 エ
問4 エ 問5 オ

四 問1 (1) イ (2) エ (3) ア (4) ア (5) イ
問2 ウ 問3 ウ 問4 エ 問5 イ 問6 エ

配点

一 問5・問6・問8 各4点×3 他 各3点×6
二 問3〜問5・問7 各4点×4（問3・問5・問7各完答） 他 各3点×6
三 問1 各2点×2 他 各3点×4
四 各2点×10
計100点

解説

一 （論説文―内容吟味、文脈把握、脱文・脱語補充、ことわざ・慣用句）

問1 ――部①は、直後の段落で述べられているように、「コミュニケーションのスタイル」の違いによって分けられる社会によるものである。まず、空欄Bについて、アメリカでは何を「持つことが必要」なのかを考える。「アメリカのような……」で始まる段落で、「『ローコンテクスト社会』であるアメリカでは「可能な限り論理的に話し、語義の明確な言葉を連ねて、誤解の少ないコミュニケーション力（41字）」を持った人が優秀な人ということになる、と説明されている。空欄Aについて、アラブ諸国について述べられている部分を探すと、「一方、アラブ諸国……」で始まる段落で「仲間うちだと言葉で限定しなくても、何となく通じ合える部分が大きい（32字）」と説明されている。また、アラブ諸国は「『ハイコンテクスト社会』であると述べられているが、その『ハイコンテクスト社会』について、「『ハイコンテクスト』……」で始まる段落で「論理的な言葉で客観的にいちいち説明しなくても、相手の意図を察し合い、お互いの意図を通じ合わせる」とも説明されているので、ここから抜き出してもよい。

問2 ② は、「ハイコンテクスト文化」におけるコミュニケーションの例を挙げている部分である。直前の段落の「論理的な言葉で客観的にいちいち説明しなくても、相手の意図を察し合い、お互いの意図を通じ合わせる」様子として、言葉による説明がなくても夫と妻のやりとりが成立している、アが適切。

問3　「この愚痴はかなり本質を突いている」は、はっきり言ってくれないとわからないと言う若い人に対して「マニュアル世代は困る」と年配者が思うのも無理はない、ということである。前の段落にあるように、日本は元々「『ハイコンテクスト社会』」で、「論理的な言葉で客観的にいちいち説明しなくても、相手の意図を察し合い、お互いの意図を通じ合わせる」ことができるはずなのに、それができなくなったことで「この愚痴」が生まれたのである。

問4　「あうんの呼吸」は、お互いの気持ちや調子がぴたりと合う、という意味。「あうん(阿吽)」の「あ」は吐く息、「うん」は吸う息のこと。

問5　直後の二段落で、日本の歴史とそれを背景とした日本の共通語の発達について述べられている。さらに「同じ時代……」から続く二段落で、「欧米の先進国」のコミュニケーションの背景と比較し、なぜ日本で「世界一の『ハイコンテクスト社会』ができたのか」という問いに対する筆者の考えとして、「日本は東洋の端っこにある島国だったために、二百六十年もの間、戦争をすることなく、文化をゆったりと発酵させていった(56字)」と理由が述べられている。

問6　――部⑥は、直前の文の「ついつい身振り手振りが大きい人のほうを『非言語コミュニケーションに長けている』と感じてしまう」ことに対して、「そんな単純な話」ではないということである。「身振り手振り」と「非言語コミュニケーション」について、「アメリカは多言語民族国家……」で始まる段落で、アメリカが「ローコンテクスト社会」であることをふまえて、「アメリカは多言語民族国家だから……非言語コミュニケーションについても意識的でなければならない」、「かくして、非言語コミュニケーションも含めた自己表現能力は重要な能力となる」と筆者は主張しているので、エが適切。

問7　直前の段落の「家に帰ってみると、愛車が何者かによってバラバラに解体されていた」のを見たときの、日本人の反応を述べた文章があてはまる。大げさな身振りをするアメリカ人とは反対であり、「計測が難しい」ものであるので、ウが適切。

問8　脱落している文の内容から、「社会人」にとって「アクションによる表現」が重要であることについて述べられている部分を探す。「アメリカの名門私立大学……」で始まる段落以降で「アメリカの名門私立大学の多くには演劇学科が設置されている」ことと、その学生たちは俳優ではなく「ビジネスマンになる人がほとんどである」ことが説明されている。それらの背景として、脱落している文の内容が入り、「そう考えているから、日本人が法学部や経済学部に進む感覚で演劇学科に入ってくる」と続く文脈になっているので、［C］に補うのが適切。

［二］

(小説―主題・表題、情景・心情、内容吟味、文脈把握、敬語・その他)

問1　「私(玉子)」の父の次兄が「友兄さん(友之助)」である。「友兄さん」は「私」の父のことを「幾ちゃん」、「私」の母のことを「文子さん」と呼んでいる。また、「私」の母が会話のなかで、「友兄さん」の母親のことを「おたねおばあさま」と呼んでいる。

問2　(　A　)には、「暮れる前に訪ねてきたお客様」と母が「話し込んでいる」ことを表すものが入るので、日が出ている時間帯からの状況を示す④が適切。

問3　Ⅰと「違うもの」を選ぶことに注意。Ⅱは丁寧語、Ⅵは謙譲語である。他はⅠと同じ尊敬語。

問4　「私」が友兄さんを駅まで送る場面で、友兄さんが「『……あなたはお父さんにほんとに似ている、さっき見た時、幾ちゃんに会ったようで、私はどうしていいか解らない程嬉しかった』」と話していることをふまえて、「私(玉子)」が自分の弟にそっくりに成長したことを嬉しく思った心情を説明する。

問5　前で、友兄さんに父親に似ていると言われて「そうなのかと思った。不思議な気持ちであった」と思っていることから、③が適切。また、「私の父が生きていればこんな感じの人なのかも知れない」とも思っていることから、⑤も適切。——部イの「からっと軽くなったようなものが残った」からは、良い印象の心情が読み取れるので、他の選択肢は不適切。

問6　「母から父は遠くなった」と感じた「私」の心情である。疑いや口惜しさなどの父に対する感情だけでなく、父の存在自体も母から「遠くなった」ことを「寂しい」と感じている。

問7　友兄さんが家を訪れたこと、「私」が友兄さんを駅まで送っていくときに話したことなど、日々の暮らしの中で起こる出来事をきっかけにして、登場人物の感情の動きが描かれているので、①は適切。問4でも考察したように、早世した自分の弟にそっくりに成長した「私」を友兄さんは嬉しく思っているので、②も適切。③の「なお消えなかった夫への怒りや不満」は不適切。問5でも考察したように、「私」は友兄さんに亡き父の姿を思っているので、④は適切。⑤の「狂おしいまでに父を追い求める玉子の姿」は描かれていないので、不適切。

三

(古文―大意・要旨、内容吟味、文脈把握、指示語、口語訳)

〈口語訳〉　幼児を育てる方法は、はいまわるころからむしろの上に置いて、好きなようにはわせ、足が立つようになったころには、自由気ままに走り回らせ、幼児には絹の下着やはかまを着せないという(昔からの)教えにしたがって、着るものは薄着にし、風にも日光にも当たって、なるべく外で遊び、食べ物は量を食べすぎるのは悪いけれども、大体は(幼児の)欲しがるままに与えてこそ、病気もせず、健康に成長するものであるが、身分の高い裕福な家に生まれた幼児は、付き人や守り役などという者が大勢つきそって、風邪をおひきになりますよ、お腹をお壊しになりますよ、またはお怪我なさるかも(しれませんよ)などと言って、やわらかい(絹の)着物を何枚も重ねて着せ、食べ物ははかりで量ったりして(制限して)、はいまわるときを始めとして、身動きできないほど強く抱きしめてめったにお屋敷の外にも出さないので、足の機能も自然と(発達が)遅く、やせ細り、(身体の)ほかの部分も弱く、思いがけない病気になって、成長できないことが多い。医者は言うまでもなく(そのようにすべきでないと思っている)。乳母や守り役、または付き人まで、このようにすべきではないと思う者もいるけれど、万が一ご病気(やお怪我)があっては(大変だ)と、自分の(保身の)ことばかりを思って、言い出しもせず愚かにも、身分の高い人の子供は身分の低い人(の子供)とは違うと思う者もいる。人間が平等に血液と精気とを備えてこの世に生まれてくる点では、身分の高い低いが、どんな関係があるだろうか(関係はない)。古い言葉の、幼児をかわいがりすぎて甘やかすことは、かえってその子を駄目にする原因になるというのはその通りで、(過保護な子供は)かわいそうに思われる。

問1　①　身動きできないほど強く抱きしめて、めったにお屋敷の外にも出さないのは、「付き人や守り役」である。

②　幼児をかわいがりすぎて甘やかすことはかえってその子を駄目にするのだという古い言葉はまさにその通りであり、そういう子供はかわいそうだと思っているのは、「作者」である。

問2　「すぐ(過ぐ)」は「過ぎる」、「あし(悪し)」は「悪い」という意味。Aをふまえて、「おほかたはそのこころにしたがひて」とあるので、食べ物の量について述べているオが適切。

問3 ——部Bの直前と直後に「もし御いたみありてはと、その身の事のみ思ひて」、「上つかたの御子は下ざまとはちがひたると思ふもあり」とある。もし子供に病気や怪我をさせて自分の責任になったら大変だという思いと、身分の高い人の子供と身分が低い人の子供は違うのだという思いから、本心を言いださないのである。

問4 ——部C・Dの前までで、身分の高い裕福な家に生まれた幼児はなにかと過保護にされるが、周りの人間は保身のために過保護であっても何も言わず、そのことが「おろか」であるとされている。それを受けて、「幼児を大切にすることは、まさに幼児（の健康）を損なう原因である」ということが述べられているのである。

問5 本文前半では、幼児は自然のままに育てることで健康に成長すること、後半では身分の高い裕福な家に生まれた子は過保護にされるが、過保護になりすぎるのは幼児の健康を損なうのだと述べられているので、オが適切。

四

（知識問題―漢字の読み書き、語句の意味、熟語、ことわざ・慣用句、文学史、漢文）

問1 (1) 組成　ア 措置　イ 改組　ウ 阻害　エ 平素
(2) 感銘　ア 盟友　イ 命題　ウ 鳴動　エ 銘柄
(3) 典礼　ア 典拠　イ 展望　ウ 添付　エ 転嫁
(4) 擁立　ア 擁護　イ 中庸　ウ 寛容　エ 要衝
(5) 繁忙　ア 搬入　イ 繁茂　ウ 頒布　エ 氾濫

問2 ア 正しくは「ぶあい」と読み、割合を少数で表したもの。
イ 正しくは熟字訓で「よせ」と読み、落語などを行う演芸場のこと。
ウ 「ふくいん」で正しい。喜ばしい、よい知らせという意味。「音」を「イン」と読む熟語は他に「母音（ぼいん）」「子音（しいん）」などがある。
エ 正しくは「いしょく」と読み、特定の仕事を人に任せて頼むこと。

問3 ア 正しくは「異口同音」で、多くの人が口をそろえて同じことを言うこと。
イ 正しくは「絶体絶命」で、どうしても逃れられない困難な場合や立場にあること。
ウ 「意味深長」で正しい。表面に表れない意味を奥に含んでいるさま。
エ 正しくは「縦横無尽」で、自由自在に行うこと。

問4 「他山の石」は、よその山から出たつまらない石でも、自分の宝石を磨くための砥石（といし）として役立つことがあるということから、自分に直接関係のないところで起こった、よくない出来事やつまらない言動でも、それを参考にすれば自分の知徳を磨く助けになるということなので、エが適切。アの意味のことわざは「隣の芝生は青い」「隣の花は赤い」など。イの意味のことわざは「対岸の火事」など。ウの意味のことわざは「虎の威を借りる狐」など。

問5 A 「五月雨を降り残してや光堂」は、すべてのものを朽ちさせる五月雨も、この光堂だけは降り残したのだろうか、今も昔のように光り輝いているよ、という意味。
B 「五月雨をあつめて早し最上川」は、降り続く五月雨を集めて水かさが増え、すばらしい速さで最上川は流れ下っているよ、という意味。A・Bともに俳諧紀行文『おくのほそ道』に収められた句である。

問6 〈口語訳〉 朝焼け雲に染まる白帝城に朝早く別れを告げてから千里も離れた江陵まで一日で行く。
川の両岸からの猿の鳴き声がやまないうちに、

（私の乗った）小船はたくさんの山々の間を過ぎていった。

李白の『早発白帝城（早に白帝城を発す）』という作品である。一句が七文字、四句で構成されているので七言絶句。「間（カン）」「還（カン）」「山（サン）」が押韻しているので、エが適切。漢詩では、一句が七文字の場合は七言、五文字の場合は五言、四句の構成を絶句、八句の構成を律詩という。七言絶句では、一句・二句・四句の末尾で押韻する。

解答

一 問1 ①・④　問2 A ②　B ⑤　C ④　D ①
問3 X ③　Y ④
問4 (例) 技術が情報化された一種の知識の組み合わせになった分、修得しやすくなったから。(38字)
問5 (1) ②　(2) 奇妙な機械の部分品　問6 ⑤

二 問1 イ　問2 大和言葉　問3 A 破壊　B 歌論
[「歌よみに与ふる書」]　C 生きた日本語　D 運用
問4 ア　問5 イ　問6 (例) 子規の俳句と短歌の革新精神はつねに明晰で、その言葉は力強く、その闘志は並の軍人では到底敵わない(47字)　問7 俳句と短歌の革新
問8 イ→エ→ウ→ア　問9 正岡子規　問10 ア
問11 a 侵　b 甲板　c 官吏　d 未練

三 問1 1　問2 4　問3 4　問4 2　問5 3
問6 1　問7 3　問8 3　問9 4

四 1 検索　2 竹刀　3 徹夜　4 罷免
5 哲学　6 翻訳　7 憤る　8 とむら
9 ちくいち　10 しぐれ

配点
一 問2・問3 各2点×6　問4 5点
他 各3点×4(問1完答)
二 問3・問7・問8・問10 各3点×7(問8完答)
問6 5点　問11 各1点×4　他 各2点×5
三 問5・問8・問9 各3点×3　他 各2点×6
四 各1点×10
計100点

解説

一 (論説文―内容吟味、文脈把握、接続語、脱文・脱語補充、ことわざ・慣用句)

問1 直後の段落に「自分の人格を作りあげていく(=アイデンティティーを形成していく)場合、何が中心になるかというと、それは現実経験のほかにはありません」とあるので、Ⅰはあてはまる。Ⅱ・Ⅲ・Ⅳのある段落で、「現実の厳しい経験、未知なるものが突然現れる驚きが、自己のアイデンティティーを作り上げている」のは、「たんなるイメージ」や「頭の中の経験」ではなく、「肉体の中へ深く刻みこまれるような全身的な体験」であると述べられているので、Ⅱ・Ⅲはあてはまらないが、Ⅳはあてはまる。現実の経験や体験ではないⅤ・Ⅵもあてはまらない。

問2 A 前の「肉体の中へ深く刻みこまれるような全身的な体験」が減りつつあることは事実だということの具体例として「現代の青年たち」の例が後で挙げられているので、「たとえば」が入る。

B 「現代の青年たちは学校を卒業するときにも、かつての青年ほどは希望も不安も感じない」という前の内容に対し、後で理由

が述べられているので、「なぜなら」が入る。

C　前に、人格形成に役立つ現実体験の比較例として南極や北極への冒険の話題があり、それに加えて後で、人格を形成していくための重要な場所について述べられているので、累加（添加）の意味の接続語である「さらに」が入る。

D　前でベテランの大工が「『大工というものは一生修行ですよ』といっていることと、後でその大工が『今どきこんなことといっていると、時代からとり残されますがね』」とつけたしていることは相反する内容なので、逆接の意味の「しかし」が入る。

問3　X「たかをくくる」は、せいぜいそんな程度だろうと決めてかかること。

Y「天職」は、天から授かった職業のことで、その人の才能や性格に最も合った職業、という意味でも用いられる。

問4「これ」は、直前で述べられているように、現在の「技術の修得」のことである。直後の段落で、――部イのようになっている理由として、「現代では技術そのものが現実体験ではなくて、情報化された一種の知識の組み合わせになっていて、その分だけたいへん修得しやすいかたちに変わっているから」と述べられているので、この部分を指定字数以内にまとめる。

問5（1）直後の段落で、――部ウの説明として、「トラックというものは、いかなる運転手でも動くような機械でなくてはならないので」、「技術の修得が短期間の知識の修得になる一方、人間そのものが交換可能な知識の体系に変わった」と述べられているので、②が適切。

（2）最後の段落に「人間もまた情報化され、肉体も気質も持たない観念的な存在に変質しつつある」とあり、これが後で「奇妙な機械の部分品になりつつある」とたとえられている。

問6　――部エの直後で「そのひとつの理由」として、「ものに触れる体験」を通して「自分で意識できない自己の部分を豊かにし」、「人間の個性とはそうした無意識なものの集積として生まれるもの」であることが述べられている。

二（小説―情景・心情、内容吟味、文脈把握、段落・文章構成、指示語、脱文・脱語補充、漢字の読み書き、文学史）

問1「『……外国からオカされるかもしれぬ……』」というときの感情なので、イが適切。

問2　②は、旧派の歌よみが国歌である歌で使わなければならないとしている固有のもので、「軍艦のカンパンを掃除せよ」を「いくさぶねのふないたをはききよめよ」と直したような日本語のことである。「『要するに……』」で始まる発言で、子規が「日本の固有語」として話している「大和言葉（4字）」が適切。

問3「子規は、歌論を……」で始まる場面で、子規は、大和言葉は生きた日本語ではないということを話しており、続けて、自身の歌論（『歌よみに与ふる書』）でも主張した内容として、外国語や外国の文学思想が日本文学を破壊するという考えは間違いであるということを述べている。また、――部③直前で、英国の軍艦やドイツの大砲を買っても、それを日本人が運用することによって勝てば、勝利は日本人のものだとも話している。これらの内容から、Aは「破壊」、Bは「歌論」または「『歌よみに与ふる書』」、Cは「生きた日本語」、Dは「運用」が入る。

問4　直前で真之が「『……本は道具だからな』」と言ったことに対するものである。直後で描かれているように、子規はわずかな家計でも書物を買っては愛蔵しているような人物であるので、真之の発言に「ひっかかった」のだとわかる。

問5　子規がとりださせた「切りぬき」は自分が書いた俳句と短歌

の革新論に関するものばかりで、真之がそれらの切りぬきを読んでいる間も子規は感想を聞いている。

問6　子規のすさまじい革新精神とたけだけしい戦闘精神で書かれた俳句と短歌の革新論に関する切りぬきを読み終えた、真之の発言である。その感想として、直前で子規を軍人にたとえて、子規の戦いの主題と論理(＝俳句と短歌の革新精神)はつねに明晰で、砲弾のように一語一語の言葉が強く、その闘志は軍人などが足もとにもおよばないものであったと描かれている。これらの内容から、子規の俳句と短歌の革新精神はつねに明晰であること、言葉が力強いこと、闘志は軍人など足もとにもおよばないこと、といった内容を含め、「～という驚き。」に続く形でまとめる。

問7　――部⑦を含む子規の言葉を受けて、真之が「『……升サンは、俳句と短歌というものの既成概念をひっくりかえそうとしている。……』」と話している。これは「真之は一時間……」で始まる段落で「俳句と短歌の革新(8字)」と表現されている。

問8　俳句と短歌の既成概念をひっくりかえそうとしている子規の考えをふまえ、真之も「『……それを考えている』」と言っている場面である。子規は海軍に対することだと思って「『海軍をひっくり』」と言う→イ(海軍ではなく概念をだと否定する)→エ(軍艦とかきがらのたとえ話を始める)→ウ(軍艦とかきがらのたとえから人間と智恵の話をする)→ア(人間と智恵の話の続き)、という流れになる。

問9　「子規」とは、『歌よみに与ふる書』の筆者である「正岡子規」のことである。

問10　「『子規』の考えに合致しないもの」を選ぶことに注意。生きた日本語として外国語や外国の文学思想もとりいれるべきで、漢語でも西洋語でも日本人が作った以上は日本文学であると子規は話しているので、アは合致しないが、イは合致する。さらに、日本の固有語だけをつかうことに対して、「『……日本国はなりたたぬ……』」「『……固陋はいけんぞな』」と話しているのでウは合致する。エも「真之は一時間……」で始まる段落から最後の場面までで描かれている内容と合致する。

問11　a　音読みは「シン」で、「侵害」「侵攻」などの熟語がある。

b　船舶の上部にある木板などで張りつめた広く平らな床のこと。デッキともいう。

c　国の役人のこと。日本においては、主に旧憲法下でこの名称が使われていた。

d　心残りがあり、あきらめきれないこと。

三

(古文―主題・表題、大意・要旨、内容吟味、文脈把握、指示語、語句の意味、口語訳)

〈口語訳〉　今は昔、天竺に、留志長者という世にも富裕な長者があった。総じて蔵もいくつも持ち、豊かであったが、心がいやしく、妻子にも、ましてや従者にも(よい)物を食べさせ、(よい)着物を着せることもない。自分が欲しいものは、人にも見せず、隠して食べるほど、飽くことなく多く物が欲しいので、妻に「飯、酒、果物など、たっぷりと食べ物を用意してくれ。私に憑いて物惜しみをさせるけちの神様を祭ろう」と言ったので、「物惜しみする心を失くそうとするのは、よいことです」と(妻は)喜んで、さまざまに(食べ物や酒などを)そろえて、たっぷりと渡すと、(留志長者はそれを)受け取って、「人に見られない所へ行ってゆっくり食べよう」と思って、(食べ物を)容器に入れ、瓶子に酒を入れるなどして、持って出た。「この木の下には鳥がいる、あそこには雀がいる」などと(場所を)選んで、人里離れた山の中の木陰で、鳥や動物もいない所で一人で食べた。心の楽しさは、たとえようもなかったので、口ずさむことには、「今曠野中、食飯飲酒大安楽、猶過毗沙門天、勝天帝釈」(と唱えた)。この意味は「今日は人のいない所に一人いて、物を食べ、酒を飲む。安楽なること、毗沙門、帝釈にも勝る」という意味で、(留志長者が)そう言っているのを、帝釈天がしっかりとご覧になった。(帝釈天は)腹立たしいと思われたのだろうか、留志長者の姿に化けなさって、その(留志長者の)家にいらっしゃって、「私が山で物惜しみの神を祭ったご利益だろうか、その(物惜しみの)神が離れて、物が惜しくなくなったので、このようにするぞ」と言って、蔵をあけさせて、妻子をはじめ、従者たちだけでなく、よその人々も、修行者、乞食にいたるまで、宝物を取り出して配り与えなさったので、皆喜んで分け合っていると、本物の長者が帰ってきた。

蔵をすべてあけて、このようにたくさんの宝物を皆人々が取り合っている(のを見て)、驚きあきれ、悲しいことは、言いようもない。「どうしてこのようなことをするのか」と大声で騒いだが、自分と同じ姿の人が現れてこのようにするので、不思議なことこの上ない。「あれは姿を変えた者だ。私こそが本物だ」と言うけれど、聞き入れる者はない。帝に訴え申し上げると、「母上に尋ねなさい」と仰せがあったので、母に尋ねると、「人に物を与える人こそが私の子でございましょう」と申すので、どうしようもない。「腰のあたりに、ほくろというものの跡がございました。それを証拠としてご覧ください」と言うので、(腰のあたりを)あけて見ると、帝釈天は当たり前のように腰のほくろをまねなさった。二人とも同じようにほくろの跡があるので、どうしようもなくて、仏の御許に二人一緒に参ると、その時、帝釈天は、もとの姿になって(仏の)御前にいらっしゃるので、説明申し上げる方法がないと(留志長者が)思っていると、仏の御力によって、すぐに煩悩を初めて脱した状態が表れて、悪い心が離れたので、物を惜しむ心もなくなった。

このように帝釈天は人を導かれること限りない。理由もなく長者の財産を失わせようとどうしてお思いになるだろうか、いやお思いにならない。強欲の報いによって地獄に落ちるところを気の毒に思われる(帝釈天の)心によって、このようにおはからいになるのはすばらしいことだ。

問1　「まことの長者」が驚いて、帝の仰せに従って母に尋ねているので、主語は「留志長者」である。

問2　引用を表す助詞「と」や「とて」に着目する。本文中では、「惜しと……」で始まる場面に「……とて、蔵どもをあけさせて」とある。直前の「我、山にて、物惜しむ神を祭りたる験にや、……物の惜しからねば、かくするぞ」が、留志長者に化けた帝釈天の会話部分である。

問3　形容詞「頼もし」には、富裕だ、豊かだ、という意味がある。ここでは、直後の「長者」を修飾しており、連体形になっている。

問4　直後に「我に憑きて物惜しまする慳貪の神祭らん」とあり、留志長者の意図は、直前に「おのれ物のほしければ、……物の飽かず多くほしければ」とあるので、この内容と合致する2が適切。

問5　直前にある「『今日人なき所に一人ゐて、……帝釈にもまさりたり』」という留志長者の発言を聞いて、帝釈天は「憎し」と思ったのである。

問6　直前に「『あれは変化の物ぞ……』」とある。前に「まことの長者は帰りたる」とあるので、「私が本物の留志長者である」とする1が適切。

問7　文末の「やは」は、反語を表す係助詞で、「～か、いや～ではない」という意味になる。――部5は、「(帝釈天が)それをまねなさらないことがあろうか、いやない」すなわち、当然まねなさる、ということである。

問8　直前に「仏の御力にて、やがて須蛇洹果を証したれば、悪しき心離れたれば」と説明されているので、「仏の力を使って留志長者のけちな心を改めさせた」とする3が適切。

問9　本文最後に「かやうに帝釈は人を導かせ給ふ事はかりなし。……慳貪の業によりて地獄に落つべきを哀れませ給ふ御志によりて、……めでたけれ」とあることと、4が合致する。

四

（漢字の読み書き）

問1　1　それがどこに書いてあるかを調べてさがすこと。「検」は調べる、「索」は探し求めるという意味がある。

2　「竹刀」は熟字訓。熟語の形で覚えておく。

3　貫き通す、終わりまでやる、という意味。他に「徹底」「貫徹」などの熟語がある。

4　「罷免」は、一方的に職務をやめさせること。「罷」には、仕事をやめる、やめさせる、という意味がある。「免」の訓読みは「まぬか（れる）」。

5　人生や世界・事物の根本的な原理を探究する学問のこと。

6　「翻」の訓読みは「ひるがえ（る）」「ひるがえ（す）」。

7　うらみや怒りの気持ちを持つという意味。「憤慨」「悲憤」などの熟語がある。

8　人の死を悲しみいたむこと。音読みは「チョウ」。「弔意」「慶弔」などの熟語がある。

9　順を追って一つ一つする様子。他に「逐次」「逐語訳」などの熟語がある。

10　「時雨」は熟字訓。秋の終わりから冬の初めごろに、降ったりやんだりする小雨のこと。冬の季語としても使われる。

第1回 第2回 第3回 第4回 第5回 第6回 第7回 第8回 第9回 第10回 解答用紙

解答

一 問1 ①エ ②ア ③エ ④オ ⑤ウ
問2 イ・オ・キ 問3 イ 問4 オ
問5 エ 問6 ア 問7 ウ 問8 オ

二 問1 a ア b ウ c エ
問2 A ア B ア C エ
問3 イ 問4 ウ 問5 ウ 問6 エ
問7 ア 問8 ウ 問9 エ 問10 イ

三 問1 イ 問2 B ア F エ
問3 エ 問4 イ 問5 イ
問6 イ 問7 エ 問8 ウ

四 問1 a エ b イ c オ d イ
問2 a オ b ウ

配点

一 問3・問5～問8 各3点×5 他 各2点×9
二 問3・問6～問10 各3点×6 他 各2点×8
三 問5～問7 各3点×3 他 各2点×6
四 各2点×6
計100点

解説

一 (論説文―大意・要旨、内容吟味、文脈把握、脱文・脱語補充、漢字の読み書き)

問1 ① 促し ア 即興 イ 四則 ウ 捕捉 エ 督促 オ 側溝
② 生成 ア 生薬 イ 整理 ウ 精選 エ 性根 オ 正義
③ 棄却 ア 気概 イ 既存 ウ 危機 エ 投棄 オ 軌道
④ 帰結 ア 可決 イ 清潔 ウ 欠員 エ 洞穴 オ 結実
⑤ 修辞 ア 集約 イ 因習 ウ 修繕 エ 終了 オ 改宗

問2 アは「友だちと話して」いるときの言葉なので、――部Aと同じ意味ではない。実感がないことのたとえとしての「容れ物」のことであるイは同じ意味で、その「容れ物」の中身として実感のある語のウは同じ意味ではない。「自分で操っている言語」であるエも同じ意味ではない。他人の言語であるオは同じ意味。カは使用者自身による差異の言葉なので同じ意味ではない。キは自分の実感が伴わない言葉のことなので同じ意味。

問3 前に「容れ物だけがあって、中身がない」とあることから、「脳内の『デスクトップ』」とは、中身がない「容れ物」を置いておく場所であると考えられる。さらに――部Bの直後で、「容れ物」に合う「中身」を探すということが書かれている。

問4　C は、直前の言葉だけは知っていても「実物を見たことがない」、「見たことのない景色、経験したことのない感動」を指すので、「欠落感」が入る。F は、後で「豊かにならない」と言い換えられているので、「富裕化」が入る。

問5　――部D前後で、言葉だけがあって身体実感が伴わない、あるいは身体実感はあるが言葉にならないという「絶えざる不均衡(つりあいがとれていないこと)」を高いレベルに維持する、「創造的な言語活動(=言葉に見合う身体実感)」を獲得しなければならないという緊張状態が言語的成熟を促す、と述べられているので、エが適切。身体実感と言葉の不均衡を説明していない他の選択肢は不適切。

問6　直後で述べられているように、他人の用法を真似せずに自分の「なまの身体実感」を言葉にのせれば、オリジナルな言語表現ができあがると思い込んでいることである。

問7　「この言語に……」で始まる段落で、今の日本人は身体実感を重んじた結果、言語資源が貧しくなり、――部Gのような言葉をトーンや表情で使い分ける技術だけが習熟していったと述べられているが、「逆を……」で始まる段落で、他者の言語を取り込み、それに合う身体実感を分節するという方法でしか思考や感情は豊かにならないと筆者は主張している。Ⅰは、後に「そうか、……語彙が増えていかないのか」という発言があるので、この内容を言い換えているものが入る。Ⅱは、「だったら……」と前の内容を受けて話しはじめているので、「あらゆる感情を『ヤバイ』で表現する人は、……以外の言葉が使えなくなるんじゃないかしら」とつながる内容が入る。

問8　★は、直後に「意味はなんとなくわかるけれど、さっぱり身体的に同期しない」とあるので、言葉の意味はわからないが、身体実感があること、という内容になると判断できる。

二

(小説―情景・心情、内容吟味、文脈把握、段落・文章構成、脱文・脱語補充、漢字の読み書き、語句の意味、品詞・用法)

問1　a　接触　ア　触発　イ　修飾　ウ　職務　エ　食糧
b　装着　ア　創刊　イ　階層　ウ　装備　エ　騒動
c　標識　ア　漂白剤　イ　投票　ウ　評価　エ　標準

問2　A　勢い込んで向こう見ずに、夢中で何かを行う様子なので、アが適切。
B　不愉快な気持ちが表情に表れている様子なので、アが適切。
C　悔しがって足を踏み鳴らす様子なので、エが適切。

問3　直後に、「次はぼくの番だ。……ぼくがトップをキープできれば本当に優勝できる」とあるように、最終的な勝敗が自分にかかっていると自覚したことで心臓の鼓動が速くなっているのである。

問4　直前で「駄目かもしれない」と「ぼく」はあきらめかけていたが、直後に「モー次郎が少しずつ晃二を引き離していた」と、不安が解消される展開になっているので、安心している気持ちを表す、「ほっとする」が適切。

問5　――部3「スピードの」の「の」は、その文節が主語であることを示す格助詞で、「が」に置き換えることができる。同様に、「が」に置き換えることができる格助詞としては、ウが適切。アはその文節が連体修飾語であることを示す格助詞。イは「こと」に置き換えられる体言代用の格助詞。エは接続助詞「のに」の一部。

問6　晃二との衝突のあと、走り出せずに泣き顔でいるモー次郎に対して観客が声援を送っている場面なので、エが適切。

問7　直前で、「差がつかなくていらいらしているようだ。焦っているのが伝わってきて、にやついてしまいそうになる」、「動揺させてペースを崩そうというのだろう。……まだ勝負のときじゃない。冷静に走り続ける」という、加倉井に対する「ぼく」の心情が描かれている。

問8　「アスファルトを強く蹴って前へ前へと進む」という客観的な描写と、「ひゅうひゅうと」「ごうごうと」「みしみしと」といった擬音語や擬態語で実際には見えない身体の様子を表現して力の限り走っている様子を描いている。

問9　直前の段落に「トライアスロンの三種目で勝負すれば、圧倒的に加倉井のほうが強いだろう」とあるが、その後「でも、今日は……勝負はランのみだ。絶対に王子の帰還を阻んでやる」という、加倉井とのレースに対する「ぼく」の意気込みが強調されている。

問10　「白いゴールテープがぼくの胸にあった」とあることから、わずかの差で加倉井に勝ったことが読み取れる。「ひとりの女の子の声」に後押しされて勝つことができたことを、文を通常の順序とは逆にする倒置法で表現し、劇的に描いている。

三　（古文―主題・表題、内容吟味、文脈把握、脱文・脱語補充、語句の意味、口語訳、文学史）

〈口語訳〉　人の心は素直なものではないから、偽りがないとはいえない。けれども、もともと正直な人だって、どうしていないことがあろうか。自分は素直ではないけれども、人の賢さを見てうらやむのが普通である。極めて愚かな人は、たまたま賢い人を見ると、これを憎むものである。「大きな利益を得ようと思って、小さな利益を受けない、偽りに（うわべを）よそおって名声を得ようとしている」と悪口を言う。

自分の心と（賢者の行いが）違っているので、この悪口を言うのだから（次のことが）わかってしまう。これらの人は、愚かな性質が賢い性質に変化することはなく、偽りにせよ小利を断ることができない。うそにも賢人から学ぶこともできない。

狂人のまねをして大通りを走ったら、つまりは狂人である。悪人のまねだと言って人を殺したら、悪人である。一日に千里を走るという馬に見習うのは駿馬の仲間である。舜を学ぶ者は舜の仲間である。うわべだけでも賢者を手本にしようとする者を賢人といっていいのである。

問1　「なきにしもあらず」は、「無し」を「あらず（そうではない）」と否定しているので、なくはない、という意味になる。「偽り」がないこともない、という意味なので「嘘をつかないこともない」とするイが適切。

問2　B　「おのづから」は、ひとりでに、自然と、という意味なので、アが適切。

F　「すなはち」には、つまり、そのまま、という意味があるので、エが適切。直後の「狂人である」にかかって、「つまりは狂人である」という意味になる。

問3　「常」には、ふだん、普通、という意味がある。ここでは「人の賢さを見てうらやむ」のが普通である、という文脈になる。

問4　アは「愚かなる人」が、賢い人を見ると、これを憎む、ということ。イは「賢なる人」が、小さな利益を受けない、ということ。ウは「愚かなる人」が、「賢なる人」の悪口を言う、ということ。エも「愚かなる人」が、偽りにせよ小利を断ることができない、ということなので、イのみ主語が異なる。

問5　直後に「おのれが心に違へるによりて、この嘲りをなす」と理由が示されている。「嘲り（嘲る）」は、ばかにして悪く言ったり笑ったりすること。

問6　「移る」には、移動する、転じる、変化する、などの意味がある。「～べからず」には、「～してはならない」、「～できない」、「～はずがない」などの意味があり、――部Eは、下愚の性(愚かな性質)が変化は変化することがない、という文脈になる。

問7　「適切でないもの」を選ぶことに注意。――部G「偽りても賢を学ばむを賢といふべし」は、うわべだけでも賢人を手本にしようとする者を賢人といっていいのである、という意味なので、エが不適切。

問8　『徒然草』は、一三三一年頃(鎌倉時代末期)成立した兼好法師による随筆。アの『方丈記』は一二一二年頃(鎌倉時代前期)成立した鴨長明による随筆、イの『平家物語』は一二四〇年頃(鎌倉時代前期)成立した作者未詳の軍記物語、ウの『雨月物語』は一七七六年(江戸時代中期)に成立した上田秋成による読本、エの『更級日記』は一〇六〇年頃成立した菅原孝標女による日記なので、『徒然草』より後の時代の作品は『雨月物語』である。

四

(知識問題―語句の意味、ことわざ・慣用句、文と文節、品詞・用法)

問1　a　「木で／鼻を／くくったような／祖父の／写真を／見ると、／当時の／ことが／しのばれる」の九文節に分けることができる。自立語は一つの文節に一つだけであり、付属語のみで文節を作ることはできない。

b　「木(名詞)／で(助詞)／鼻(名詞)／を(助詞)／くくっ(動詞)／た(助動詞)／ような(助動詞)／祖父(名詞)／の(助詞)／写真(名詞)／を(助詞)／見る(動詞)／と(助詞)、／当時(名詞)／の(助詞)／こと(名詞)／が(助詞)／しのば(動詞)／れる(助動詞)」の十九単語になる。

c　――部①は、「まるで……のようだ」という意味の様態を表す助動詞で、オが同じ用法。アとエは例示、イとウは不確かな断定。

d　――部②は自発の助動詞で、イが同じ用法。アは受身、ウとエは可能、オは尊敬。

問2　a　「提灯」と「釣り鐘」は、形は似ているが、大きさや重さ、材質や用途などは全く異なるということから、オが適切。

b　立てかけた板に水を流せばさっと流れるように、流ちょうに話すことをたとえたことわざなので、ウが適切。よいイメージで用いることが多い。

解答

一
問1 a ア b イ c エ
問2 あ エ い ウ う ア
問3 ウ 問4 ア 問5 イ 問6 イ
問7 イ 問8 ウ 問9 エ
問10 イ 問11 エ 問12 エ

二
問1 エ 問2 オ 問3 ウ 問4 オ
問5 ウ 問6 イ 問7 イ

三
問1 世をばそむく 問2 エ 問3 エ
問4 春 問5 ① ア ② イ ③ エ
問6 C 横笛 D 滝口［入道］
問7 ウ 問8 ア 問9 ウ

四
問1 エ 問2 ア 問3 ウ 問4 イ
問5 ウ 問6 エ 問7 ウ

配点
一 問4～問6・問9～問12 各3点×7 他 各2点×9
二 各3点×7
三 問7・問8 各3点×2 他 各2点×10
四 各2点×7
計100点

解説

一 （論説文―大意・要旨、内容吟味、文脈把握、接続語、脱文・脱語補充、漢字の読み書き、文と文節）

問1 a 硬直性 ア 硬貨 イ 攻防 ウ 更衣室 エ 抵抗
b 散策 ア 昨晩 イ 画策 ウ 交錯 エ 削除
c 小規模 ア 祈願 イ 破棄 ウ 寄贈 エ 規範

問2 あ 直前には「レールの上しか走ることができない」とあり、直後には「レールからあえて外れ、脱線する」とある。どちらかといえば、いっそのこと、という意味の「むしろ」が適切。
い 直前には「イディオムは……好都合でない。数学は……扱いにくい」とあり、直後には「言語の不自由さをすて、数学的自由さをもった手段はないか」とある。前の事柄を受けて、次の事柄を導いているので、「そこで」が適切。
う 直前の「残念だと思うかもしれない」に、直後の「ある嫉妬すら感じるかもしれない」と付け加えているので、累加を表す「さらには」が適切。

問3 【C】の直後に「寺田寅彦が……」とあり、脱落文の「従来のような……新しい展開が難しいと考える学者」の具体例になっているので、ここに補う。

問4 直後で「その上へ車をのせてやれば、何もしなくても自然にレールに沿って走って行く」と説明が加えられているので、アが適切。

問5　「こういう言語を……」から始まる二段落で、「イディオム」について、「それ(＝レール)にのっている限り、伝達は容易に行なわれる」こと、「こういうイディオムだけを使って、新しいことを考え出すのはきわめて難しい」こと、「反射的に使われるようになってしまっている言語にとって、それ(＝レールから外れること)は至難のことである」と説明されている。

問6　「外国語」について、直後で「数学は創造的思考をすすめる方法としては申し分がないけれども、いかんせん人間の感覚が扱いにくい」と述べられている。そのうえで、「外国語」は、「言語であって、しかも、言語の不自由さをすて、数学的自由さをもった手段であり、「母国語と数学の中間にあって、母国語でも数学でも難しいような言語的創造を行なうことができるはず」だとあるので、ア・ウ・エは適切。「数学的世界に近づき」とは述べられていないので、イは不適切。

問7　「散歩が／日常性からの／離脱を／意味して／いるのは／注目して／よかろう」で、七文節に分けることができる。

問8　［5］は、「散歩」について述べられている部分であり、「すこしずつ変化する嘱目の景色をながめながら、散サクしている」ときのことなので、「心をリラックスさせる」とするウが適切。

問9　直後で「イディオムとしての土地はよく知っているかもしれないが、固定した見方しかできなくなっている。それに比べて、行きずりの訪問者はイディオムを知らない」ので「他方では土地の人のびっくりするような発見もできる」のだと説明されている。

問10　「天与の不満」については、直前の段落で「その土地に住んでいないことを残念だと思う」「ある嫉妬すら感じる」ようなことをいうのだと説明されており、その「天与の不満」が「精神を活性化して、対象と同化しようという欲求を起こすことになる」のだと述べられているので、イが適切。「残念に思う」ことや「嫉妬すら感じる」ことを説明していない他の選択肢は不適切。

問11　直前で、旅行先のことをその土地の人と同じように知る必要はなく、「新しい土地が触発するものを楽しめばよい」のであり、そのようにして学んだ語学は実用価値が少なくても創造的思考(トラヴェラーズ・ヴァリュー)をもつことができると述べられている。そのうえで、これまでの語学に創造性が欠けていたとすれば、この「トラヴェラーズ・ヴュー」「旅行者的視点」が見失われていたからだ、ということが――部8で述べられているので、エが適切。外国語を「新しい土地が触発するものを楽し」むような、旅行者的視点で学ぶことを説明していない他の選択肢は不適切。

問12　エは「こういう言語を……」で始まる段落で「母国語のかなりの部分が、この意味でのイディオムになっている」とした後に「こういうイディオムだけを使って、新しいことを考え出すのはきわめて難しい」と述べられていることと合致する。「独創的思考」に「旅行が有効」であり、「トラヴェラーズ・ヴュー」は「創造的思考の手段として有効」であることは述べられているが、アの内容は述べられていないので合致しない。「住めば都という状態がまずい」のは、旅人にはおもしろいものが見られても、住みつくと見えなくなることなので、「認められなくなる」とあるイも合致しない。ウの「母国語に近い外国語を学ぶ」も合致しない。

［二］

（小説―大意・要旨、情景・心情、内容吟味、文脈把握）

問1　――部A後で、将棋の定跡や囲碁の定石を覚えることが勝てることに早く近づくと姉や祖母が話しているのに、紗英は早くも近くもなくていいと言っていたが、定跡や定石(＝型)を覚えることが「『いちばん美しいの』」という姉の言葉に対しては、「美しくないなら花を活ける意味がない」と紗英が思っていることから、エが適切。アの「関心を持っている」、イの「家族の考え方に理解を示す」、ウの「勝つことにこだわりを持つ」「負けを認めざるをえなくなっている」、オの「紗英が自分から型の話を持ち出してきた」「家族が説得をあきらめてしまっている」はいずれも描かれていないので不適切。

問2　前で、祖母は「『型があるから自由になれるんだ』」と言っており、それを受けて紗英は「毎朝のラジオ体操が祖母を助ける。……決まった体操から型通りに始めることで、一日をなんとかまわしていくことができたのかもしれない。」と考えている。

問3　紗英が型を意識して活けた花を見た、朝倉くんの言葉である。冒頭の場面にあるように、これまでの紗英は、「『型ばかり教わってるでしょう、誰が活けても同じ型。あたしはもっとあたしの好きなように』」という考えだった。

問4　直後で、紗英は「『……これがあたし、っていえるような花を活けたい……』」と言っており、「さえこ」ではなくちゃんと「紗英」という名前で呼んでほしいと話している。

問5　本気になった紗英を意外に思いながらも、「『紗英の花は、じっとしていない。今は型を守って動かないけど、これからどこかに向かおうとする勢いがある』」と評し、「『俺、ちょっとどきどきした』」と話しているように、これからの紗英の花を「『……面白くなりそうだ』」と朝倉くんは言っているので、「腕を競い合う、よきライバル」とあるウは不適切。

問6　「切磋琢磨」「一朝一夕」は、型を会得しようとしている紗英を象徴して用いているわけではないので、イが不適切。

問7　アの「気持ちを継続するのは難しい」「前途多難」は読み取れないので不適切。祖母の言葉をきっかけに型を自分のものにしようと思い、本気になった紗英に朝倉くんも気づいていることから、イは適切。ウの「家族から離れ、自立していく」、エの「扱う花の種類を変えるくらいの工夫があれば」は読み取れないので不適切。紗英の朝倉くんに対する想いは最後の場面で少し描かれているが、「想いが通じ合っている」ことまでは描かれていないので、オも不適切。

三　（古文―内容吟味、文脈把握、指示語、脱文・脱語補充、口語訳、文学史）

〈口語訳〉　横笛はこのことを伝え聞いて、「自分を捨てても仕方ないが、出家までもしたことは残念だ。たとえ出家したとしても、どうしてそのことを教えてくれなかったのか。時頼が強情だとしても、訪ねて恨みを言おう」と思いつつ、ある日の暮れ方に都を出て、嵯峨の方へとさまよい歩いていく。季節は二月十日過ぎのことなので、梅津の里の春風に(漂う)、梅の香りも心地よく、大井川の月影も、霞が立ちこめておぼろであった。並々ならぬ恋しさも、誰のせいかと思うばかりである。往生院とは聞いていたが、はっきりとどこの僧坊ともわからないので、ここで立ち止まりあそこでたたずみ、訪ねあぐねているのが気の毒であった。(そんな中、)住み荒らした僧坊に、経を唱える声がした。滝口入道(時頼)の声と聞いてわかり、「私はここまで訪ねて参りました。出家されておいでても、今一度お目にかかりたい」と連れていた女に言わせると、滝口入道は胸が高鳴り、ついたての隙からのぞいて見れば、本当に訪ねあぐねていた様子がかわいそうに思えて、どんな道心者でも心が揺さぶられただろう。すぐに人をやって、「ここにはそんな人はいない。家を間違えたのではないか」と、ついに会わずに追い返した。横笛は情けなく恨めしかったけれども、仕方なく涙をこらえて帰っていった。

問1 「知らせてくれなかった」内容で、直前の「世をばそむく(＝出家したこと)」を指す。

問2 出家した滝口に対して、横笛が思っていることである。前に「横笛これをつたへきいて」とある。「われ」は横笛を指し、引用の助詞「と」の直前までが横笛の思いになる。

問3 aは「横笛」が、さまよい歩いていく、ということ。bは「横笛」が、経を唱える声を滝口入道の声と聞いてわかり、ということ。cは「滝口」が、横笛の様子をかわいそうに思えて、ということ。dは「滝口」が、横笛を追い返すために人をやって、ということなので、エが適切。

問4 Ⅰ 前の「きさらぎ(如月)」は「二月」のことなので、季節は春。古文では一～三月は春、四～六月は夏、七～九月は秋、十～十二月は冬で、現代の季節の感覚とは少しずれているので注意する。

問5 ① 滝口に対する横笛の思いなので、アが適切。

② 「かしこにたたずみ」と対句になっているので、「たたずむ(＝じっと立っている)」と同様の意味のイが適切。

③ 横笛に対する滝口の思いなので、エが適切。

問6 C 滝口の僧坊まで訪ねた理由を、お供の女に言わせているので、「横笛」である。

D 横笛を追い返すために人をやって「ここにはそんな人(＝滝口入道)はいない」と伝えたということなので、「滝口」または「入道」である。

問7 直前で描かれているように、訪ねてきた横笛を見た滝口は、「まことに尋ねかねたるけしきいたはしう」と思って――部Eのようにしているのである。

問8 「力なう(力無し)」は、「自分の力ではどうしようもない、仕方ない」という意味なので、アが適切。「力なう」を的確に説明していないイ、エは不適切。「涙をおさへて」は「涙をこらえて」という意味なので、「号泣しつつ」とあるウも不適切。

問9 『平家物語』の冒頭であるウでは、仏教思想に基づいた無常観が語られている。他の冒頭部分の作品名は、アは『枕草子』、イは『おくのほそ道』、エは『方丈記』。

四 (知識問題―同義語・対義語、熟語、ことわざ・慣用句、品詞・用法、敬語・その他、文学史)

問1 アは、自慢するという意味の「鼻にかける」、イは、誇らしい気持ちであるという意味の「鼻が高い」、ウは、出し抜いてあっと言わせるという意味の「鼻を明かす」である。エは、程度がひどくて見過ごすことができないという意味の「目に余る」となる。

問2 アの「コモンセンス」は、常識、良識、という意味なので、正しい。イの「カテゴリー」は、種類、区分、という意味であり、「情念」は「エモーション」である。ウの「ディテール」は、細部(の情報)という意味であり、「趣向」は「アイデア」などである。エの「ビジョン」は、視覚、想像力、未来像、という意味であり、「模倣」は「イミテーション」である。

問3 アの「帰郷」、イの「開幕」、エの「抜群」は、下の字が上の字の目的語になり、下から上へ読むことのできる構成になっている。ウの「特技」は、上の字が下の字を修飾する構成になっている。

問4 「今でも」と、イの「子どもでも」の「でも」は副助詞で、一例を挙げて他を類推させる用法。アの「わずかでも」は接続助詞で、仮定の逆接を示す用法。ウの「呼んでも」も接続助詞で、確定の逆接を示す用法。エの「会うためでもある」は、助動詞「だ」の連用形「で」に、同類のうちの一つであることを示す副助詞「も」が接続したもの。

問5　「ちらちらと……」の俳句の季語は「陽炎」で、季節は「春」。アの季語は「露」で、季節は「秋」。イの季語は「清水」で、季節は「夏」。ウの季語は「つつじ」で、季節は「春」。エの季語は「寒雷」で、季語は「冬」。

問6　アの「入念」は、細かな点にもよく注意すること、「克明」は、細かいところまで明らかにする様子という意味なので、同義語。イの「感心」は、深く心に感じること、「敬服」は、感心して尊敬の念を抱くことなので、同義語。ウの「屈指」は、多くの中で指折り数えられるほど特に優れていること、「有数」は、優れていて数少ないことなので、同義語。エの「感情」は、物事にふれて起こる喜びや悲しみという意味で、対義語は、一時的な感情に左右されず、筋道を立てて物事を判断することを意味する「理性」なので、エが適切。

問7　アは『羅生門』の冒頭で、作者は芥川龍之介。イは『坊っちゃん』の冒頭で、作者は夏目漱石。ウは『高瀬舟』の冒頭で、作者は森鷗外なので、正しい。エは『走れメロス』の冒頭で、作者は太宰治。

解答用紙

一

問1 ㋐ ㋑ ㋒ ㋓ ㋔
問2
問3
問4
問5
問6
問7

二

問1 a b c
問2
問3
問4
問5
問6
問7

三

問1
問2
問3
問4
問5
問6
問7
問8
問9

四

問1
問2
問3
問4
問5
問6
問7
問8
問9 ① ②

一	二	三	四	
/28	/27	/25	/20	/100

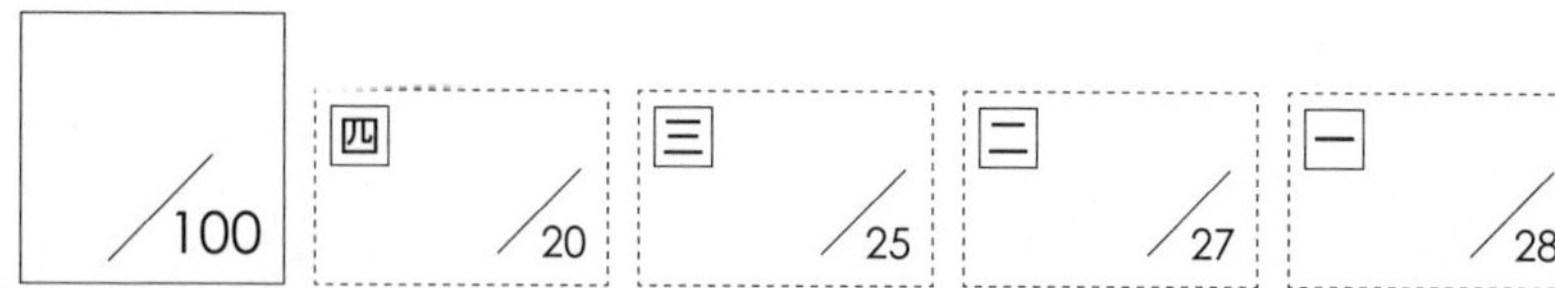

解答用紙

一

問1 A B

問2 C F

問3 D E

問4

問5

問6

問7

二

問1 A B C

問2

問3

問4

問5 D E F

問6

三

問1
イ
ロ
ハ
ニ
ホ

問2

問3

問4

問5

問6

問7

四

問1
①
②
③
④

問2
①
②
③
④

/100	四 /16	三 /29	二 /26	一 /29

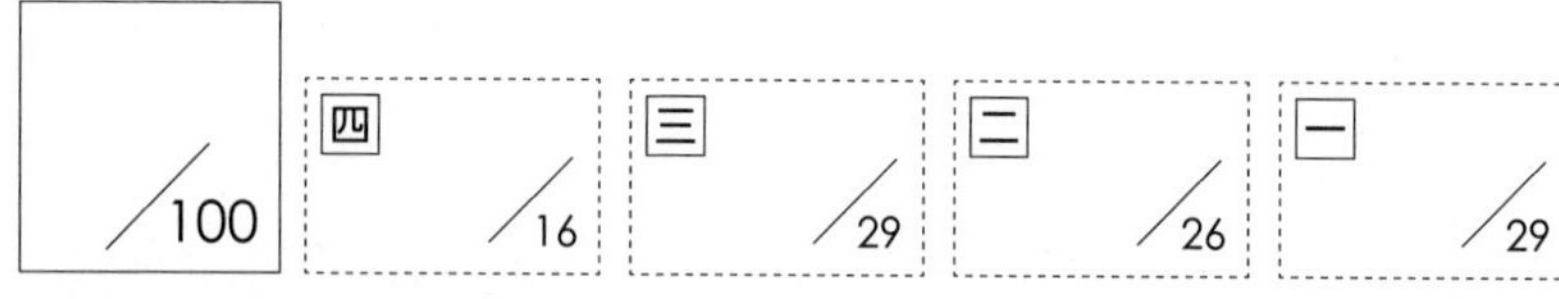

解答用紙

一

問1 A
B
C
問2
問3
問4
問5
∫
問6
問7
問8
問9 ⑧
⑩
問10
問11
問12
問13
問14 生徒

二

問1 a
b
問2
問3
・
問4
問5 (1) A
B
(2)
(3)
問6

三

問1
問2
問3
問4
問5
問6
問7

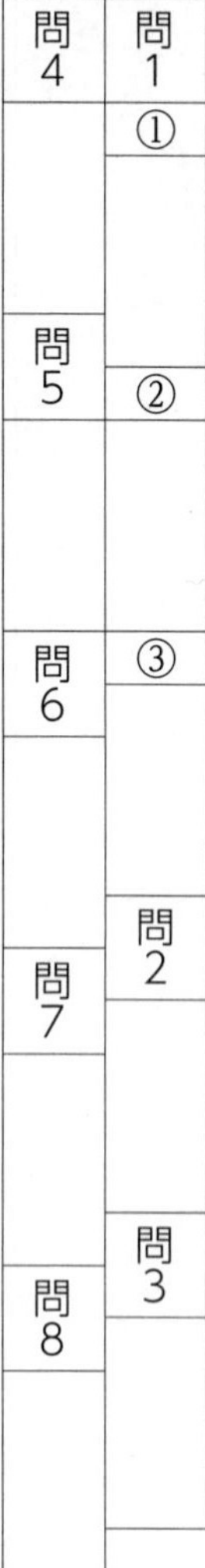

問1
①
②
③
問2
問3
問4
問5
問6
問7
問8

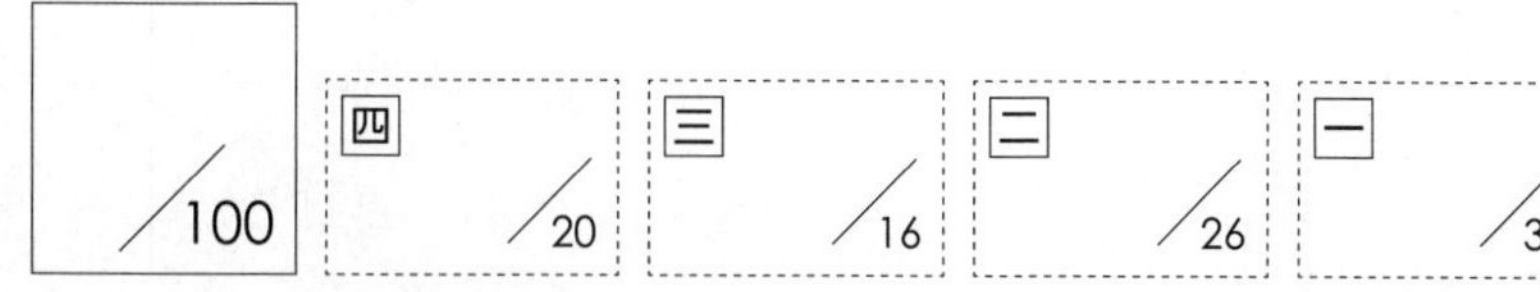

/100
四 /20
三 /16
二 /26
一 /38

解答用紙

一

問1 Ⓐ Ⓑ

問2 Ⅰ Ⅱ Ⅲ

問3

問4

問5 ・ ・

問6

問7

問8

問9

二

問1 ①　②　げ　③　ち　④　⑤　って

問2

問3 ア　イ　ウ

問4

問5

問6

問7

問8

問9

問10

問11

問12

問13

問14

問15

問16

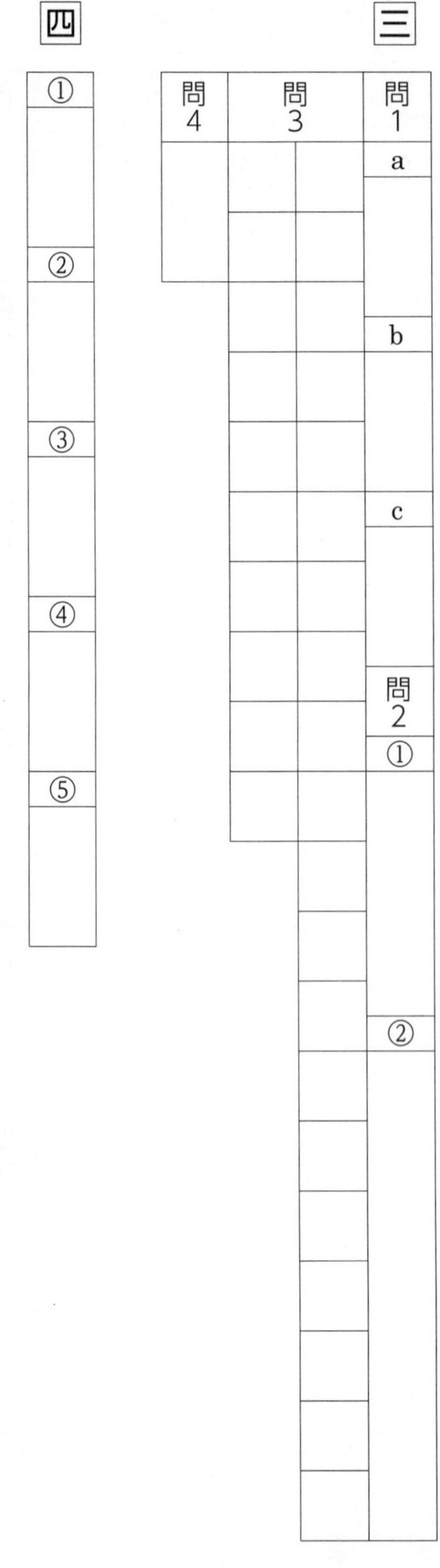
三
問1
a
b
c
問2
①
②
問3
問4
四
①
②
③
④
⑤

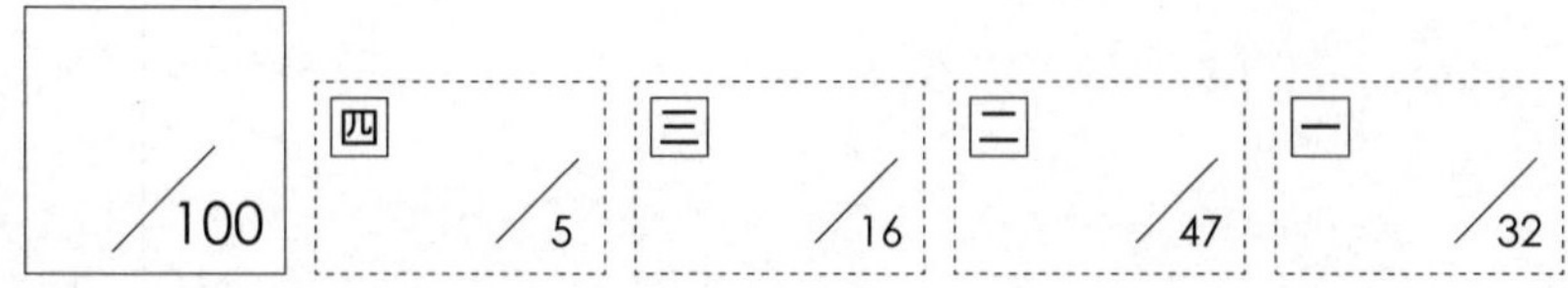
100
四
5
三
16
二
47
一
32

解答用紙

一

問1 ① ②
問2 a b c
問3
問4
問5
問6
問7
問8
問9
問10

二

問1 1 2 3
問2
問3
問4
問5
問6
問7
問8
問9

三

問1
問2
問3 ・
問4
問5
問6
問7
問8
問9
問10
問11
問12
問13

四

問1
問2
問3
問4 ① ② ③ ④ ⑤ ⑥ ち か

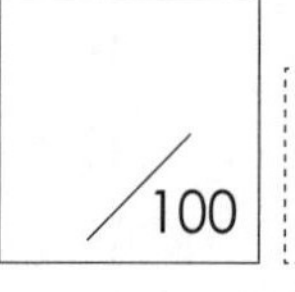

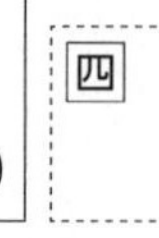

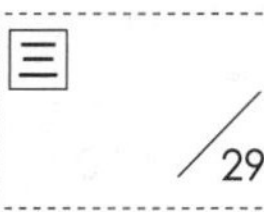

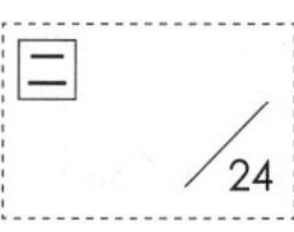

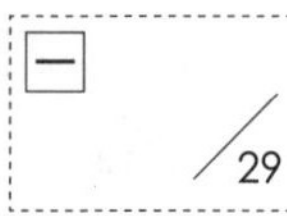

65 第6回 解答用紙

一

問1 ㋐ ㋑ ㋒ ㋓ ㋔

問2

問3

問4

問5

問6

問7

二

問1 ① ② ③

問2 a b

問3

問4

問5

問6

問7

問8

問9

問10

三

問1 A B

問2

問3

問4

四

問1 ① ②

問2 ① 旧 依 ② 風 帆

問3

問4

問5

問6 ① ②

問7

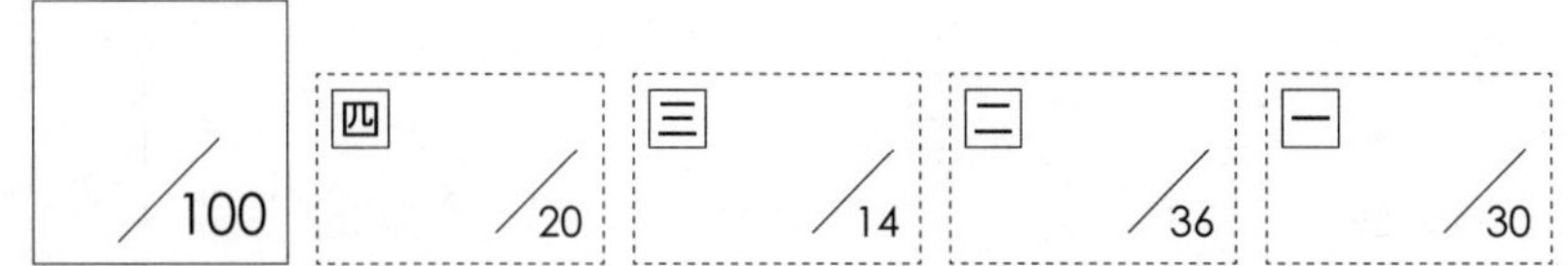

65 第7回 解答用紙

一

問1 A 〜 B 〜

問2

問3

問4

問5 〜 から

問6

問7

問8

二

問1 1 2 3 4

問2

問3

問4

問5

問6

問7

三

問1 ① ②

問2

問3

問4

問5

四

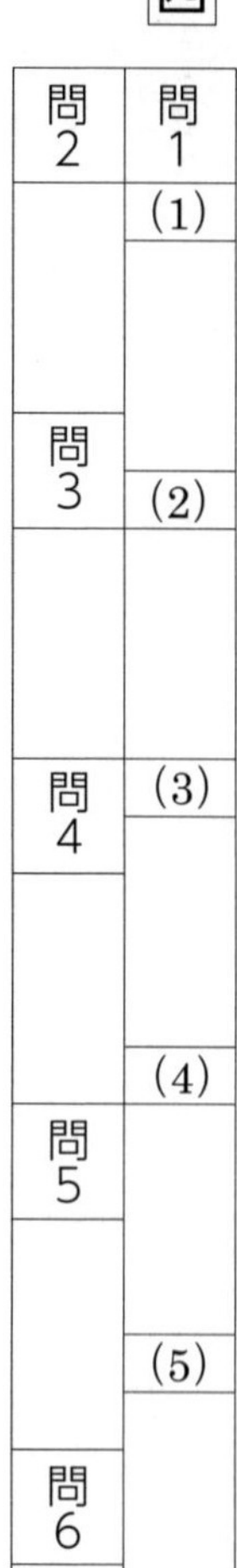

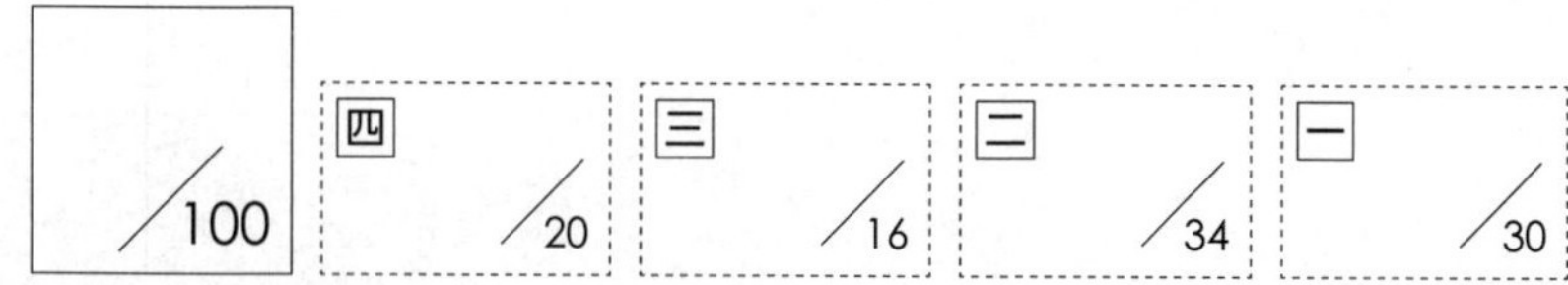

一

問1
問2 A B C D
問3 X Y
問4
問5 (1) (2)
問6

二

問1
問2
問3 A B C D
問4
問5
問6
という驚き。
問7
↓
↓
↓
問8

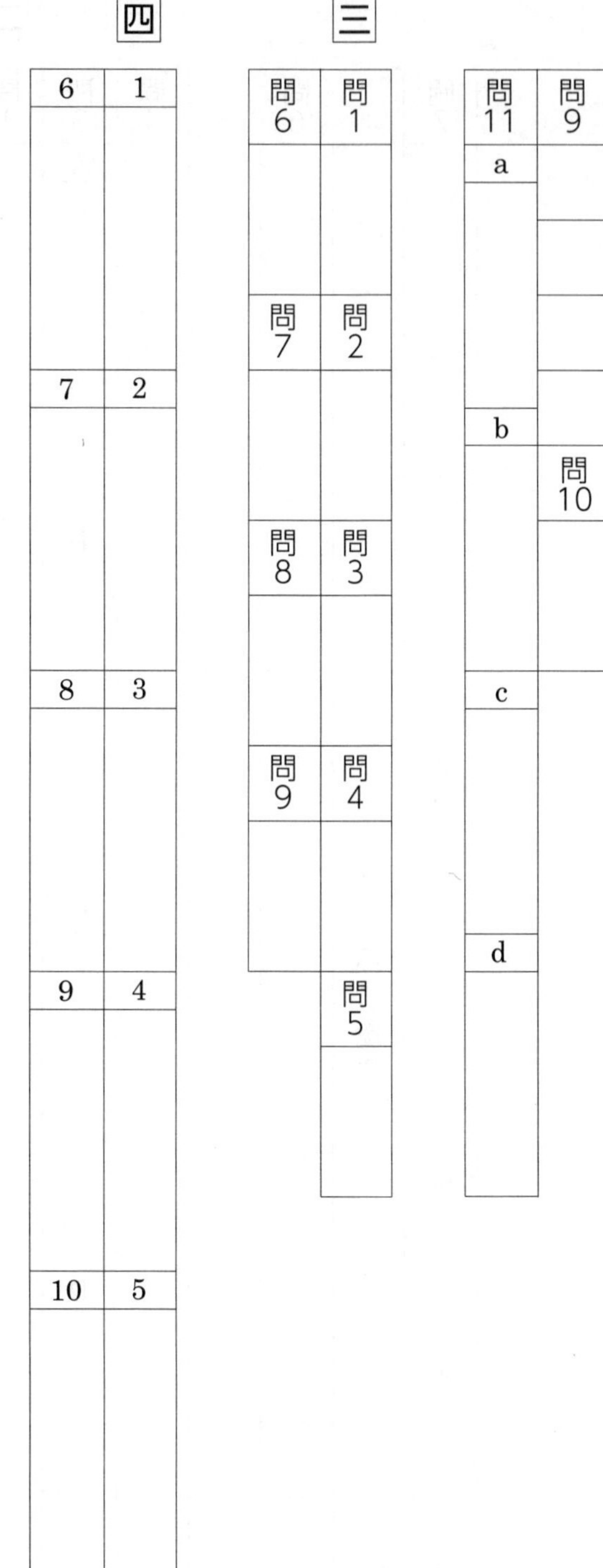
三
問1
問2
問3
問4
問5
問6
問7
問8
問9
問9
問10
問11
a
b
c
d
四
1
2
3
4
5
6
7
8
9
10

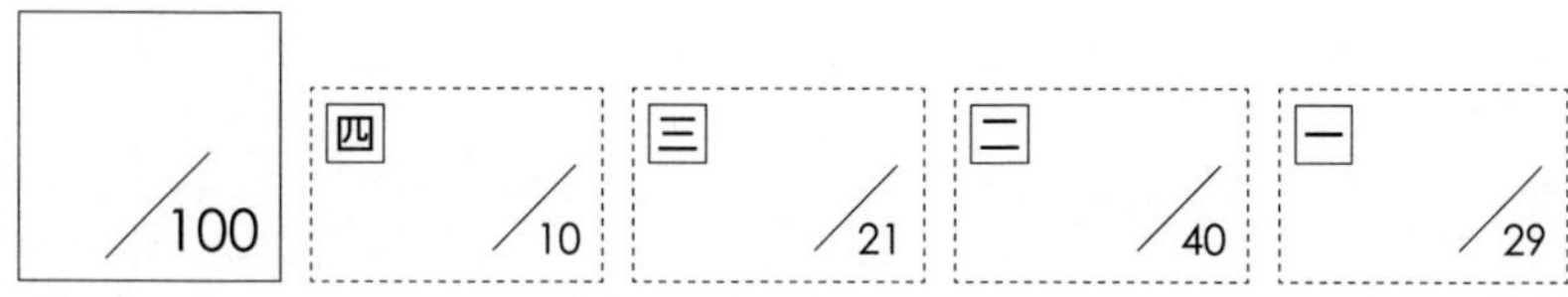
／100
四 ／10
三 ／21
二 ／40
一 ／29

解答用紙

一

問1 ① ② ③ ④ ⑤

問2 ・ ・

問3

問4

問5

問6

問7

問8

二

問1 a b c

問2 A B C

問3

問4

問5

問6

問7

問8

問9

問10

三

問1

問2 B F

問3

問4

問5

問6

問7

問8

四

問1 a b c d

問2 a b

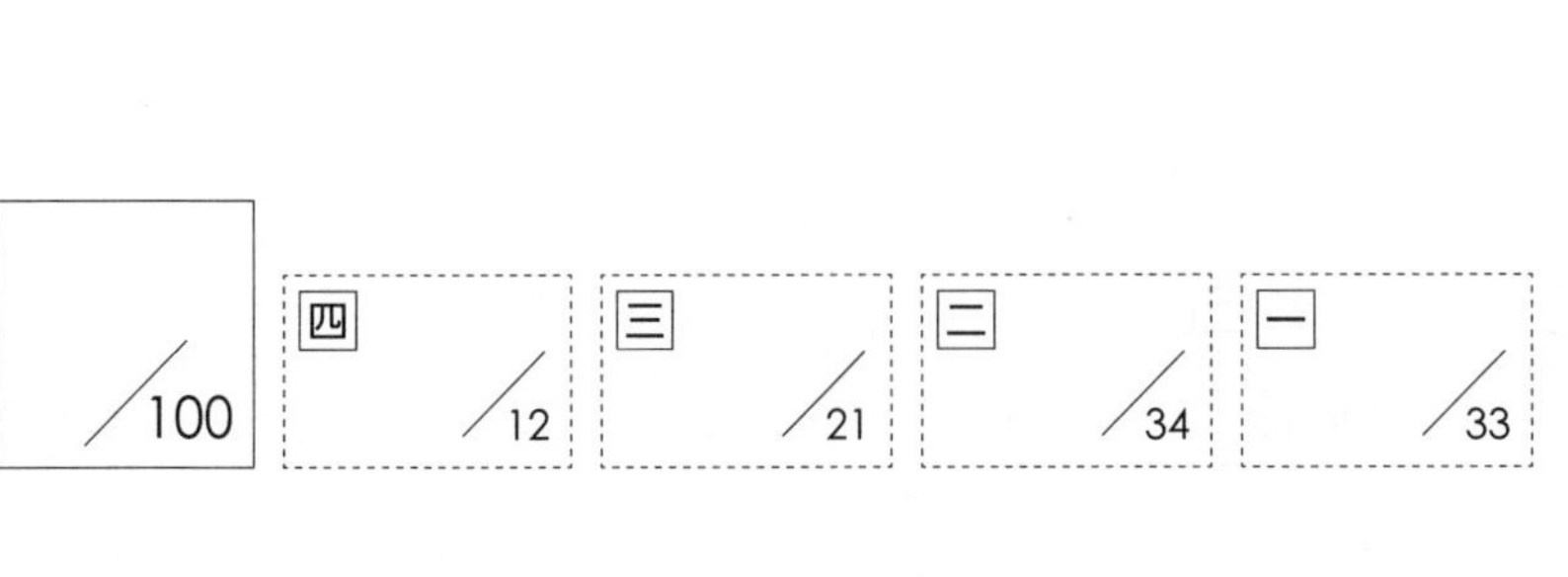

解答用紙

一

問1 a / b / c
問2 あ / い / う
問3
問4
問5
問6
問7
問8
問9
問10
問11
問12

二

問1
問2
問3
問4
問5
問6
問7

三

問1
問2
問3
問4
問5 ① / ② / ③
問6 C / D
問7
問8
問9

四

問1
問2
問3
問4
問5
問6
問7

/100	四 /14	三 /26	二 /21	一 /39

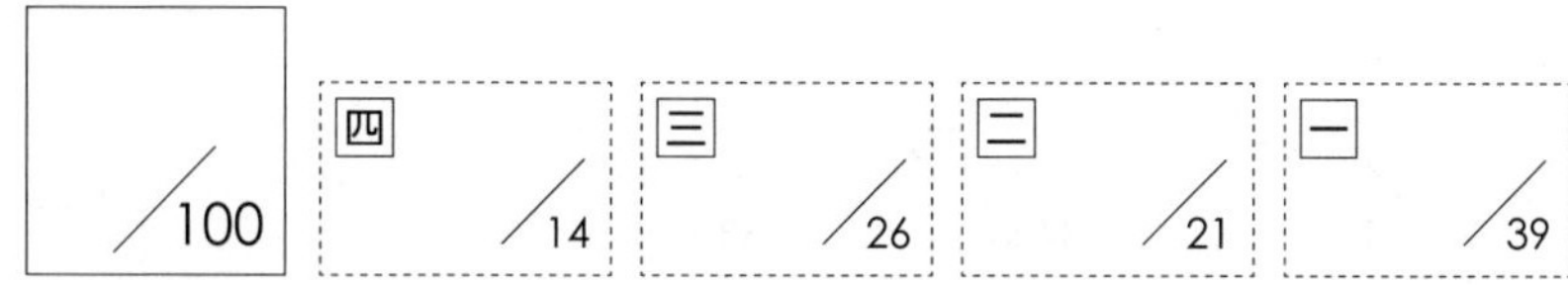

高校入試実戦シリーズ
実力判定テスト10 改訂版　国語　偏差値65

2020年 5 月13日　初版発行
2022年12月16日　3刷発行

発行者　佐藤　孝彦
発行所　東京学参株式会社
〒153-0043　東京都目黒区東山2−6−4
URL　http://www.gakusan.co.jp/
編集部　TEL　03 (3794) 3002
FAX　03 (3794) 3062
E-mail　hensyu@gakusan.co.jp
※本書の編集責任はすべて弊社にあります。内容に関するお問い合わせ等は、編集部まで、なるべくメールにてお願い致します。
営業部　TEL　03 (3794) 3154
FAX　03 (3794) 3164
E-mail　shoten@gakusan.co.jp
※ご注文・出版予定のお問い合わせ等は営業部までお願い致します。
印刷所　株式会社ウイル・コーポレーション

ISBN 978-4-8141-1659-1